C·H·Beck

PAPERBACK

Jürgen Trabant

Globalesisch oder was?

Ein Plädoyer für Europas
Sprachen

C.H.Beck

Originalausgabe

© Verlag C.H.Beck oHG, München 2014
Satz: Fotosatz Amann, Memmingen
Druck und Bindung: Pustet, Regensburg
Umschlaggestaltung: Kunst oder Reklame, München
Gedruckt auf säurefreiem, alterungsbeständigem Papier
(hergestellt aus chlorfrei gebleichtem Zellstoff)
Printed in Germany
ISBN 978 3 406 65990 4

www.beck.de

à ma langue fraternelle

INHALT

Die Sprachen trennen allerdings die Nationen, aber nur um sie auf eine tiefere und schönere Weise wieder inniger zu verbinden; sie gleichen darin den Meeren, die, anfangs furchtsam an den Küsten umschifft, die länderverbindendsten Strassen geworden sind.

(Wilhelm von Humboldt)

VOR-WORT AUF EINEN NACH-RUF?

Ich bin überzeugt, dass in Europa beides nebeneinander leben kann:
die Beheimatung in der eigenen Muttersprache und in ihrer Poesie und
ein praktikables Englisch für alle Lebenslagen und Lebensalter.

Von der Hoffnung, dass dies möglich ist, oder besser: von der verzwei-
felten Hoffnung, dass dies möglich sein muss, ist auch das vorliegende
Buch getragen, das allerdings der Beheimatung in der eigenen Sprache
und dem praktikablen Englisch noch die Befreundung mit einer weiteren europäischen Sprache hinzufügt. Dennoch kann ich dem Bundes-
präsidenten, von dem der einleitend zitierte Satz stammt, nicht zustimmen, weil er diese Empfehlung zum Nebeneinander von Muttersprache
und Lingua-franca-Englisch so vorgebracht hat, dass sie in Wirklichkeit
gegen die «Beheimatung» in der eigenen Sprache ausschlägt. Joachim
Gauck bedauert in seiner Europarede vom 22. Februar 2013 das Fehlen
einer europäischen Öffentlichkeit, für die er offensichtlich die babylo-
nische Verwirrung Europas verantwortlich macht:

Zunächst fehlt uns dazu einfach eine gemeinsame Verkehrssprache. In
Europa sind 23 Amtssprachen anerkannt, zahllose andere Sprachen
und Dialekte kommen noch hinzu.

Folglich setzt sich der Präsident für einen irgendwie öffentlich geförder-
ten Englischunterricht für alle Deutschen und Europäer ein, damit diese endlich eine einzige Sprache haben und eine europäische Öffentlichkeit (und einen «richtigen» Demos) bilden können:

Die junge Generation wächst ohnehin mit Englisch als Lingua franca auf. Ich finde aber, wir sollten die sprachliche Integration nicht einfach dem Lauf der Dinge überlassen. Mehr Europa heißt nämlich nicht nur Mehrsprachigkeit für die Eliten, sondern Mehrsprachigkeit für immer größere Bevölkerungsgruppen, für immer mehr Menschen, schließlich für alle!

Mit «Mehrsprachigkeit» ist hier – wie fast immer im derzeitigen öffentlichen Diskurs über Sprachen – nur das Beherrschen des Englischen gemeint. Das Plädoyer für Englisch für alle passt zu anderen Passagen der Rede, die sich für eine stärkere Vereinheitlichung Europas im Bereich von Finanzen, Wirtschaft, Außenpolitik und Verteidigung aussprechen. Ganz abgesehen vom zentralstaatlichen Geschmack solcher Passagen ist die Empfehlung «sprachlicher Integration», also weiterer und intensiveren Englischunterrichts, nun aber einfach überflüssig. Man braucht die Deutschen nicht aufzufordern, fleißig Englisch zu lernen. Über das «praktikable Englisch für alle Lebenslagen und Lebensalter» (wieso eigentlich Alter?) verfügen sie meistens schon, oder sie erwerben es eifrig. Dazu brauchen sie keine präsidentielle Ermahnung. Man müsste sie viel eher auffordern, die «Beheimatung» in ihrer eigenen Sprache nicht zu vergessen. Denn so fröhlich harmlos, wie es hier daher kommt, ist das praktikable Englisch gerade nicht für die Beheimatung in der Muttersprache. Es setzt sich vielerorts gegen diese durch und damit über diese. Von einem «Nebeneinander» kann gar nicht mehr die Rede sein. Es muss also darum gehen, diesen Konkurrenten zu bändigen und einzuhegen, wenn die «Heimat» nicht auf das traute Heim zusammenschnurren soll und wenn die muttersprachliche «Poesie» nicht nur noch in der Nacht aus betrunkenen Mündern ehemaliger Muttersprachler erklingen soll, die tagsüber und normalerweise «praktikables Englisch» reden.

So wie der Präsident ihn gesagt hat, taugt der zitierte Satz eher zum Nachruf auf die europäischen Sprachen und auf das Deutsche als zum Vorwort eines Plädoyers für europäische Mehrsprachigkeit. Mein Buch will Letzteres sein. Aber solche Abschieds-Worte wie die des höchsten Repräsentanten eines Landes, das durch seine Sprache definiert ist, stürzen es auch immer wieder in tiefe Verzweiflung.

HEUTE

1. MEHRSPRACHIGKEIT IM VEREINTEN EUROPA. REALLY?

Offensichtlich ist die Zeit gekommen, einen kulturellen und gesellschaftlichen Prozess auch noch aktiv mit den Segnungen der Wissenschaft zu versehen, der sich ohnehin – gleichsam naturgesetzlich – vollzieht: die Anglisierung Europas. Die Erlernung des globalen Englisch (Globalesisch) durch die europäischen Völker wird jetzt unter dem Etikett der «Mehrsprachigkeit» von der Soziologie (Gerhards 2010) begrüßt und unter dem Etikett der «sprachlichen Gerechtigkeit» von der Sozialphilosophie (van Parijs 2011) massiv propagandistisch unterstützt. Mehrsprachigkeit finden alle gut, sie ist einer jener Zustände, die geradezu den Rang eines unbezweifelten Wertes erreicht haben, der von allen Menschen als positiv und erstrebenswert angesehen wird, wie Gesundheit oder Wohlstand. «Mehrsprachigkeit im vereinten Europa», das ist so gut wie «Gesundheit im vereinten Europa», «Wohlstand im vereinten Europa» oder «Glück im vereinten Europa». Wer könnte etwas dagegen haben? Ein Buch, das dieses Ziel befördert, ist also unangreifbar.

1.1. Diglossie und Einsprachigkeit

Jürgen Gerhards beschreibt eindrucksvoll die politischen und gesellschaftlichen Entwicklungen, die zu der dramatischen Veränderung der Sprachwelt der Europäischen Union beitragen. Englisch breitet sich als Verkehrssprache Europas unaufhaltsam und ungeheuer rasch aus. Die

Entwicklung verläuft zwar in den verschiedenen Ländern unterschiedlich schnell, und sie weist deutliche gesellschaftliche Differenzen auf, sie verstärkt sich aber massiv in den jüngeren Generationen breiter Schichten aller europäischen Länder. Die Gründe für diesen unaufhaltsamen Aufstieg des Englischen sind im Wesentlichen praktischer Natur: die Ermöglichung und Erweiterung internationalen – und gerade nicht nur europäischen! – Austauschs und berufliche Kompetenzerweiterung.

Doch der unter dem Terminus «Mehrsprachigkeit» beschriebene Prozess der sprachlichen Globalisierung Europas ist nicht eigentlich die Gewinnung von Mehrsprachigkeit, sondern einer – gesellschaftlichen und individuellen – Zweisprachigkeit, und zwar einer ganz besonderen, einer Zweisprachigkeit nämlich, bei der es nur um *eine* Sprache geht: um das Englische als Zweit-Sprache Europas. Deren Kenntnis ist das «Kapital», um dessen Mehrung es Gerhards geht: «Transnationales sprachliches Kapital als Ressource in einer globalisierten Welt» lautet der Untertitel seines Buches. «Mehrsprachigkeit» meint hier nur eine ganz bestimmte «Diglossie», wie die Linguistik das nennt, eine Sprachkonstellation, bei der eine Sprache die «Hochsprache» (high) ist, Sprache für die hohen Diskurse (hier insbesondere: Geschäfte, Finanzen, Wissenschaft), und die andere die Sprache für niedere Diskurse (low), die Alltagssprache oder «Vernakularsprache» (von lat. *verna*: der Haussklave, *vernaculus*: einheimisch). Die «Mehrsprachigkeit», die hier so enthusiastisch befördert wird, ist die *Diglossie* Englisch high – andere Sprache low.[1] Bei der hier entstehenden Diglossie ist die jeweilige niedrige Sprache völlig gleichgültig, es kann Deutsch, Niederländisch, Finnisch oder sonstwas sein. Und sie ist auch gleichgültig im Sinne von «wurscht»: Dem Beförderer dieser «Mehrsprachigkeit» nämlich ist das Schicksal der niederen Sprache völlig egal. Es geht nur um die «hohe» Sprache.

Es geht auch nicht um *andere* Zweisprachigkeiten, etwa Türkisch-Deutsch oder Sorbisch-Deutsch oder Deutsch-Französisch oder Italienisch-Niederländisch. Diese Sprachen und diese Konstellationen sind völlig unerheblich. Denn sie stellen kein oder nur höchst geringes «Kapital» dar. «Transnationales sprachliches Kapital» – ökonomischen

Wert, berufliches Fortkommen, Erfolg, Geld, das durch den Besitz der zweiten Sprache verdient werden kann – garantiert nur die hohe, teure Sprache. Das ist die Sprache, die von den meisten gesprochen wird, nur diese verspricht hohe Rendite. Alles andere kann man vergessen. Das deutet darauf hin, dass es letztlich nicht einmal um Zweisprachigkeit geht, sondern um die Eine Sprache, die Hohe Sprache. Damit ist auch schon das Endziel des hier beförderten Prozesses sichtbar: *Ein*-Sprachigkeit. Nur die Eine Hohe Sprache ist kapitalträchtig. Alles andere ist überflüssig, wenn nicht gar schädlich.

Deswegen plädiert Gerhards auch nicht dafür, dass etwa englische Muttersprachler mehrsprachig werden und eine zweite Sprache lernen sollen. Das müsste er ja eigentlich, wenn es um europäische *Mehr*sprachigkeit ginge. Aber warum sollten englische Muttersprachler eine zweite Sprache lernen? Ihnen verspräche die «Mehrsprachigkeit» kapitalseitig nichts. Sie haben den Zustand schon erreicht, das Endziel: die englische Einsprachigkeit. Aber dafür zu werben, traut sich Gerhards nicht, wo doch Mehrsprachigkeit so etwas Schönes und Gutes ist.

Schon gar nicht geht es bei der Mehrsprachigkeit im vereinten Europa um *Mehr*sprachigkeit, also um mehr als zwei Sprachen. Mehrsprachigkeit wäre ja nur wertvoll, wenn *Sprachigkeit* selbst einen Wert darstellte, wenn das Erlernen zum Beispiel des Maltesischen oder des Lateinischen als solches als eine wertvolle Angelegenheit angesehen würde. Das ist aber nicht der Fall.

Dass es letztlich nur um die eine Sprache und um die englische Einsprachigkeit geht, zeigt die Herzlosigkeit, mit der mit den anderen Sprachen umgesprungen wird. Nicht nur bringen alle anderen europäischen Sprachen geringere «Rendite», weil keine so viele Sprecher hat wie das Englische, keine also einen so hohen *kommunikativen* Wert. Die anderen Sprachen haben auch nicht einmal den Wert, der ihnen von ihren Liebhabern immer zugeschrieben wird: nämlich *geistigen* oder *kognitiven* Wert als besondere Arten der «Weltansicht». Und sie haben auch keinen *kulturellen* Wert, weil sie gar nicht mit einer bestimmten Kultur verbunden sind. Kultur wird hier nämlich als etwas Sprachunabhängiges verstanden. Die Sprachen außer Englisch sind insgesamt nicht viel wert, weswegen man sie ohne Bedauern auch zugunsten des Englischen aufgeben kann. Für dieses spricht dann allerdings auch *nur* der «kommunikative» Renditewert, weil es ja ebenso wenig wie die anderen Sprachen irgendwelchen kognitiven oder kulturellen Wert hat.

Nichts spricht also letztlich für «Mehrsprachigkeit», alles für Einsprachigkeit, denn nur dann flutscht die Kommunikation, auf die es allein ankommt. «Sprache», das versteht sich von selbst, ist hier bloß als eine Technik zur «Übermittlung von Informationen» (Gerhards 2010: 23) betrachtet, mit der «Menschen ihre Handlungsabsichten koordinieren und miteinander kooperieren» (ebd.: 24). Sie ist ein rein praktisch-kommunikatives Zeichensystem.[2]

1.2. Das Modell

Historisch interessant ist, dass hier – nur nicht offen – eine Politik vorangetrieben wird, die schon einmal in Europa mit großem Erfolg in Gang gesetzt und durchgesetzt wurde. Beim ersten Mal hatte man sich nur nicht hinter wohlklingenden Euphemismen – wie «Mehrsprachigkeit» – versteckt. Damals hießen die entsprechenden Termini: Uniformierung und Revolution. In der Französischen Revolution nämlich stellten die politischen Akteure fest, dass es für die Organisation des demokratischen Staates und des nationalen Wirtschaftsraums höchst unpassend ist, dass die auf dem Territorium des Staates lebende Bevölkerung – die Nation – verschiedene Sprachen spricht, denn diese behindern die Herstellung eines einheitlichen politischen und ökonomischen Raums. Die Durchsetzung einer einheitlichen Sprache wurde als politische und ökonomische Notwendigkeit erkannt: Die verschiedenen Sprachen im Vielvölkerstaat Frankreich waren Hindernisse der Modernisierung und der Demokratisierung und waren dementsprechend zu beseitigen: «anéantir les patois», «die Regionalsprachen vernichten», und «uniformer le langage», «die Sprache vereinheitlichen», schrieb der entscheidende Kulturpolitiker, der Abbé Grégoire, der Ersten Französischen Republik auf die politische Agenda.[3] Niemand kam auf die Idee, diese patriotische und ökonomische Notwendigkeit unter dem sentimentalen Ausdruck der «Mehrsprachigkeit» zu verkaufen. Es ging darum, das Land sprachlich zu vereinheitlichen, so wie man die Maßeinheiten (*poids et mesures*) und die administrativen Einheiten (*départements*) vereinheitlicht hatte. Und die ideologische Pille, die das Volk damals zu schlucken hatte, hieß nicht «Mehrsprachigkeit», sondern «Nation» oder «République», das heißt Demokratie. Diese braucht eine einheitliche Sprache: «La République, une et indivisible, dans son territoire, dans son système politique, doit être une et indivisible dans son langage» («Die Republik, eins und unteilbar in ihrem Territorium, ihrem politischen System, muss eins und unteilbar in ihrer Sprache sein»), fordert der jakobinische «grammairien-patriote» Domergue (Busse 1992: 183). Niemand machte im republikanischen Frankreich den Bretonen oder Okzitaniern vor, sie könnten ihre alten Sprachen bewahren und das Französische dazu erwerben, sie könnten also «mehrsprachig» werden. Das hat niemanden interessiert, und das fand auch niemand besonders wertvoll. Das Bretonische, Okzitanische oder sonstige Regionalsprachen und Dialekte wurden direkt und ausdrücklich als niedrig, reaktionär, hinterwäldlerisch, nicht fortschrittlich verunglimpft. Man nannte sie – und nennt sie immer noch – «patois», ein verächtlicher Ausdruck (der vielleicht von *patte*, «Pfote», abgeleitet ist). Sie galten als alter Müll, den man hinter sich lässt, um sich dem Fortschritt und der schönen neuen Welt der Republik anzuschließen. Die entsprechende Propaganda, aber auch eine massive Erziehungspolitik (die zum Beispiel das Sprechen der alten Sprache in der Schule unter Strafe stellte), vor allem dann in der Dritten Republik, der Vollstreckerin der Französischen Revolution hundert Jahre nach dieser, bewirkten, dass die Franzosen in einem beispiellos schnellen Spracherlernungsprozess Französisch lernten und dass aus einem vielsprachigen ein weitgehend einsprachiges Land wurde. Die alten Sprachen hatten und haben ein paar wenige Rückzugsgebiete, es gibt sozusagen asterixartige Widerstandsnester, aber viel ist von ihnen nicht übrig: In der Bretagne kann kaum noch jemand Bretonisch als Erstsprache, das Okzitanische ist so gut wie verschwunden, die deutschen Dialekte haben sich verflüchtigt. Das transregionalsprachliche «Kapital» des Französischen war so schlagend erfolgreich, dass jeder Widerstand zwecklos war. Der Soziologe Pierre Bourdieu (1982) hat diesen Prozess in schöner marxistischer Offenheit als Akkumulation symbolischen und sprachlichen Kapitals seitens der französischen Bourgeoisie beschrieben, allerdings in deutlich kritischer Absicht, während die aktuelle Sprachsoziologie die Anhäufung des transnationalen Sprachkapitals im europäischen Vereinheitlichungsprozess völlig affirmativ propagiert.

Die republikanische Uniformierung Frankreichs war das brutale, aber ehrliche Ziel republikanisch-jakobinischer Sprachpolitik. Diese wurde dann in allen Nationalstaaten Europas zum Modell: Ungarn hat nach dem «Ausgleich» gnadenlos magyarisiert, die Deutschen wollten die Polen auf ihrem Staatsgebiet germanisieren, Spanien wollte den Katalanen und Basken ihre Sprachen austreiben.

Machen wir uns also nichts vor. Genau das soll jetzt in Europa geschehen: Die Europäer sollen endlich eine Sprache sprechen. Das Kapital hat schon längst die nationalen Grenzen überschritten, die alte nationalsprachliche Organisation ist obsolet geworden, die neuen Weiten verlangen eine europäische, ja eine globale sprachliche Organisation. Marx und Engels haben das schon im *Kommunistischen Manifest* 1848 mit hellsichtiger Kraft gewünscht:

An die Stelle der alten, durch Landeserzeugnisse befriedigten Bedürfnisse treten neue, welche die Produkte der entferntesten Länder und Klimate zu ihrer Befriedigung erheischen. An die Stelle der alten lokalen und nationalen Selbstgenügsamkeit und Abgeschlossenheit tritt ein allseitiger Verkehr, eine allseitige Abhängigkeit der Nationen voneinander. Und wie in der materiellen, so auch in der geistigen Produktion. Die geistigen Erzeugnisse der einzelnen Nationen werden Gemeingut. Die nationale Einseitigkeit und Beschränktheit wird mehr und mehr unmöglich, und aus den vielen nationalen und lokalen Literaturen bildet sich eine Weltliteratur. (Marx/Engels 1848: 466)

Auf die Sprachen bezogen kann man fortfahren: Für den allseitigen Verkehr geht aus den vielen nationalen und lokalen Sprachen eine Welt-Sprache hervor. Auf der revolutionären Modernisierung der Welt durch die Bourgeoisie und das Kapital baut unsere schöne neue globale

Welt auf. Die neuen Propagandisten der europäischen Einheitssprache scheinen allemal diesen rationalen Marxschen Modernismus zu unterschreiben. In der Welt-Soziologie – zum Beispiel bei Therborn (2011) – erscheinen die Sprachen ebenso wie die Religionen als «vormoderne» Reste der alten – vorglobalisierten – Welt. Sprachen sind Überbleibsel überholter Lebensverhältnisse, der alten «idyllischen Verhältnisse», die Marx verspottet.

1.3. Welt-Republik

Wie in der revolutionären französischen Republik mit ihrer rationalen ökonomischen und demokratischen Organisation ist nun also auch in Europa eine einheitliche Sprache notwendig geworden. Das ist jedenfalls die Grundannahme der progressiven Soziologie und Sozialphilosophie. Völlig merkwürdig und irgendwie unmodern ist es daher, dass das politisch organisierte Europa, die Europäische Union, sich nicht traut, eine jakobinische Sprachpolitik zu konzipieren und zu implementieren, die den Forderungen der Wirtschaft und den etwas phantasielosen Demokratietheorien entspräche. Das hat gewiss damit zu tun, dass die Sprache, um die es geht, das Englische, auch die Sprache eines Mitgliedslandes der EU ist und eine hegemoniale Stellung bekäme, wenn sie offiziell zur Einheitssprache der Union erklärt würde. Das hätte Frankreich niemals zugelassen (Deutschland schon, es träumt ja davon). Vor allem aber um die nationalsprachliche Vergangenheit und Sensibilität, die «Identität» der Nationen, zu schonen, verfolgt die EU keine – jedenfalls keine offizielle – Politik der sprachlichen Uniformierung. Die offizielle Politik der EU fördert die Mehrsprachigkeit.[4] Der soziologische Sprachkapitalismus kritisiert diese falsche Sprachpolitik natürlich heftig.

Aber die EU braucht gar keine Uniformierungs-Politik, weil die Wirtschaft selbst dies Geschäft erledigt. Wirtschaft und Finanzen operieren europäisch und global. Die Wirtschaft hat daher die Sprachpolitik der Nationalstaaten selbst neu organisiert, sie braucht dazu keine EU. Nicht nur wird in den großen Firmenzentralen längst globalesisch gesprochen. Die Wirtschaft drängt auch die nationalen Erziehungssysteme zum Englischen und, da diese zu langsam sind, etabliert in eigener Regie ein privates englischsprachiges Erziehungssystem, das vom Kindergarten bis zum MBA nahtlos in der globalen Sprache durchlaufen werden kann. Rührend ist, dass sich sogar diese Anglisierungs-Sprachpolitik der Privatwirtschaft nicht ganz traut, ihre jakobinische Brutalität zu zeigen. Sie betreibt ihre Uniformierungs-Politik unter dem Etikett der «Mehrsprachigkeit». Die privaten englischsprachigen Schulen affichieren sich gern als «mehrsprachig» oder «bilingual». Selbst die völlig einsprachige globalophone Jacobs University in Bremen leistete sich einen Professor für europäische Mehrsprachigkeit.

Aber die privaten Schulen sind natürlich keine Schulen des jeweiligen Landes, sie sind auch nicht wirklich «bilinguale» Schulen. Sie sind Schulen der Welt-Republik, die sich genauso verhalten wie die Schulen der französischen Dritten Republik, in denen alle Fächer in der Sprache der Republik unterrichtet wurden: «Immersion» war und ist die Hauptstrategie der Uniformierung, der «Universalisierung», der allgemeinen Verbreitung der Einen Sprache. Alle Fächer werden in der Sprache der Welt-Republik gelehrt, damit am Ende auch alle Kinder die eine und unteilbare («une et indivisible») Sprache der universalen Republik sprechen. Der einzige Unterschied zu den Schulen der Dritten Republik ist tatsächlich, dass noch die globalesischsten Schulen auch Unterricht in der alten Sprache der Eingeborenen anbieten – wegen der «Mehrsprachigkeit». Das taten die Schulen der französischen Republik nicht. Sie tun es erst neuerdings, seitdem die Eingeborenensprachen keine Gefahr mehr für die Einheitssprache darstellen, das heißt seitdem die ganze Nation französisch spricht. Ein bisschen Folklore schadet nie.[5]

Nun leitet auch noch die Soziologie das Wasser der Mehrsprachigkeit auf die globalen Mühlen der Industrie und des Handels. Sie benutzt das Prestige, das seit einigen Jahren mit dem Ausdruck «Mehrsprachigkeit» verbunden ist. In der modernen Welt sind mehrsprachige Individuen ideale Teilnehmer am internationalen Netzwerk. Die Psycholinguistik feiert seit etwa dreißig Jahren die mehrsprachige Kindererziehung, die diese Chancen gleichsam mühelos eröffnet (jedenfalls wenn eine der Sprachen Englisch ist). Die Sprachdidaktik versucht, die muttersprachliche Mehrsprachigkeit nachzuspielen.[6] Die Soziologie beschwört nun vor allem die Möglichkeiten beruflicher Qualifikation und gesteigerter Mobilität des Arbeitnehmers durch Mehrsprachigkeit und die dadurch mögliche weltweite «Vergesellschaftung», also die Ermöglichung globaler praktischer Kommunikation und Kooperation.

Das entscheidende Argument einer wirklichen Theorie der Mehrsprachigkeit allerdings spart sie aus, nämlich dass Sprachen wertvolle geistige Gebilde sind, deren Erlernung eine kostbare intellektuelle und emotionale Bereicherung ist. Denn erstens interessiert das Argument natürlich vom ökonomischen Standpunkt niemanden. Und zweitens wäre es auch der angestrebten Einsprachigkeit letztlich abträglich. Und damit es gar nicht erst vorgebracht wird, wird das Argument drittens sogar als wissenschaftlich unhaltbar zurückgewiesen.

Es bleibt vom Mehrsprachigkeits-Hype eigentlich nur die Effektivitätsbehauptung und die Globetrotter-Romantik. Die Rede vom «Kapital» ist daher völlig wörtlich zu nehmen: Der Besitz des Englischen ist Kapital als ökonomischer Wert, es ist nicht einmal nennenswertes symbolisches Kapital. Kulturellen Wert hat das Englische im Sprachkapitalismus anscheinend nicht, braucht es offensichtlich nicht zu haben, jedenfalls wird ein solcher nicht erwähnt. Der mit diesem englischen Kapital mögliche Zugang zu Shakespeare oder zu Hemingway wird nicht einmal skizziert oder als zusätzlicher Gewinn – oder gar als Haupt-Rendite – des Englisch-Besitzes gepriesen. Englisch ist einfach Kapital. Aber es soll irgendwie doch auch noch schön und gut sein, also muss es zumindest «mehrsprachig» sein.

1.4. Sprachen als Weltansichten

Wenn die verschiedenen Sprachen der Menschen nur verschiedene Laute wären, die ein für alle Menschen gleiches Denken transportieren, oder wenn sie nur Oberflächenkräuselungen einer universalen Sprache des Geistes (*language of thought*), eines *Mentalese*, wären, dann brauchte man sich in der Tat nicht groß um sie zu sorgen. Ob man diese oder jene Sprache spricht, ob sie so oder so klingt, wäre dann einfach ziemlich gleichgültig. Jede Sorge um (*cura linguae*) oder Liebe zur Sprache (*amor linguae*) wäre dann in der Tat verfehlt – oder sentimental, wie ein anderer Soziologe, Abram de Swaan (2004), in einem brillanten zynischen Artikel gesagt hat.

Aber anscheinend erleben das doch die Sprecher – jedenfalls viele Sprecher – ganz anders. Ohne noch darüber nachzudenken, ob sich in ihren Sprachen ein besonderes «Denken» manifestiert oder ob in ihnen ein besonderer «Geist» herrscht, haben viele Menschen eine besondere emotionale Nähe zu ihrer Sprache. «Meine Sprache» wird dabei zumeist die Erstsprache sein, es kann aber auch eine später gelernte sein (politisch verfolgte Emigranten wandern oft in die Sprache der neuen Heimat aus), oder es können auch mehrere «eigene» Sprachen sein. Die meisten Menschen finden ihre Sprache schön, sie hören sie gern, sie hängen an ihr und an den Menschen, die sie sprechen. Sie haben eine große körperliche und seelische Nähe zu einer Sprache und empfinden sie deswegen als die «eigene». Das hängt oft (durchaus nicht immer) damit zusammen, dass man diese Sprache schon im Mutterleib gehört und gespürt hat. Der Klang und der Rhythmus der Sprache wiegen den Fötus im Körper der Mutter, noch bevor der neugeborene Mensch diesen Klang und diesen Rhythmus dann in der Welt hört und selber einstimmt in diesen Klang und diesen Rhythmus. Die Bindung des Menschen an seine Sprache ist daher zumeist außerordentlich tief, die Sprache ist in seinen Körper eingeschrieben und kein gleichgültiger Klang. Dass dies so ist, ist experimentell gut abgesichert.

Wir wissen darüber hinaus, dass die – Liebe und Bindung erzeugende – Besonderheit der jeweiligen Sprache noch weiter geht: Sprachen sind nicht nur verschiedene Klänge und Rhythmen. Es ist ja nicht so, dass wir, wenn wir von einer Sprache in eine andere übergehen, nur die Laute, die Signifikanten, austauschen, sondern wir steigen in eine andere Welt von Bedeutungen ein: Man sagt auf deutsch ja (noch) nicht «Wie tust du tun?», wo die Engländer «How do you do?» sagen. Das «Staatsoberhaupt» heißt auf Englisch nicht «statesoverhead». «She sings» ist nur eine Möglichkeit, den deutschen Satz «sie singt» wiederzugeben, es könnte ja auch sein, dass der deutsche Sprecher das sagen wollte, was der Engländer mit «she is singing» ausdrückt. Eine andere Sprache zu sprechen heißt also nicht nur, eine Lautsequenz an die Stelle einer anderen Lautsequenz zu setzen, die für denselben Inhalt steht, sondern eine andere Sprache zu sprechen heißt, den Inhalt ganz anders zu strukturieren. Das, was wir «meinen», also das, worauf wir uns in der Welt beziehen mit unserem Sprechen, bleibt mehr oder minder dasselbe, so bei unserem Beispiel die Frage nach dem Befinden des Angesprochenen (die natürlich gar keine wirkliche Frage ist, sondern ein Gruß). Aber dieses «Gemeinte» wird eben nicht nur mit verschiedenen Lauten bezeichnet, sondern auch inhaltlich, das heißt in den an den Wörtern «klebenden» Bedeutungen, völlig anders gefasst. Das ist schon bei so simplen Beispielen evident: «Wie geht es Ihnen?» meint gewiss dasselbe wie «How do you do?», aber ganz offensichtlich ist der «Inhalt» der beiden Sätze in den beiden Sprachen unterschiedlich strukturiert. Während der Engländer etwas selber «tut» (you do), gibt es im Deutschen ein unpersönliches «Gehen» (es geht), dem der Aktant im Dativ zugeordnet ist, es handelt sich um etwas, was dem Du widerfährt (dir). Außerdem ist dieses Du im Deutschen als eines dargestellt, zu dem das Ich in einer «höflichen, distanten» Beziehung steht (Ihnen), ein Unterschied, den der Englischsprecher sprachlich nicht markiert. Im Französischen ist es wieder anders: Das «Gehen» ist kein unpersönliches, sondern wie im Englischen eine Handlung des Du (Comment allez-vous? Also: *Wie gehen Sie?), aber es ist gegenüber dem Englischen eine Bewegung (Gehen), kein unspezifiziertes «Tun». Außerdem ist das französische höflich adressierte Du als «Ihr», also als 2. Person Plural (vous), gefasst gegenüber dem Deutschen, wo das höflich adressierte Du eine dritte Person Plural (Sie) ist.

Es ist mir völlig unverständlich, wie jemand behaupten kann, diese strukturellen Differenzen zwischen Sprachen seien keine Unterschiede des «Denkens». Was sollen sie denn sonst sein? Die Frage nach dem Befinden meines Gegenübers wird doch jeweils völlig anders «gedacht», sie wird in den drei Sprachen inhaltlich ziemlich unterschiedlich gestaltet. Dies ist nicht nur ein verschiedener Laut. Richtig ist, dass «dasselbe» getan wird, dass die Sprecher mit ihren Äußerungen jeweils «dieselbe» Handlung in der Welt vollziehen wollen. Aber dieses Selbe wird eben jeweils ziemlich anders «betrachtet». Nichts anderes meint Humboldts bekannter Satz von den Sprachen als «Weltansichten».[7]

Und nur von hier aus, also von einer über die praktisch-kommunikative Funktion hinausgehenden Sprachauffassung (die praktische Kommunikation soll bei Gott nicht verachtet werden, sie ist nur nicht alles), kann eine den Sprachen gerecht werdende Politik entfaltet werden. Denn das in den Sprachen sedimentierte «Denken» – zusammen mit den Klängen und Rhythmen – macht Sprachen zu kostbaren Gegenständen menschlicher poetischer Schöpfung oder besser noch: zu kostbaren Techniken menschlicher Kreativität (und zu geliebten gemeinschafts- und identitätsstiftenden Praktiken). Und ich denke, dass nur eine den Sprachen gerecht werdende Politik auch eine den Menschen gerecht werdende Politik ist, sprachliche Gerechtigkeit.[8]

1.5. Gegen Weltansichten

Was die Akteure jeweils für Sprache halten, ist in der Tat der Angelpunkt jeder Sprachpolitik. Jürgen Gerhards bemüht sich im zentralen sprachtheoretischen Kapitel seines Buches über die Mehrsprachigkeit energisch darum, die Auffassung zu widerlegen, dass Sprachen «Weltansichten» sind. Denn es muss ihm ja darum gehen, die Dramatik der Veränderungen der europäischen Sprachkonstellation, vor allem deren Verluste – es soll ja im Gegenteil gerade Kapital akkumuliert werden –, herunterzuspielen. Klagen über verlorene «Weltansichten» werden als «sentimental» diskreditiert. Sprache wird als «Kommunikationsinstrument» von der «metaphysischen Last», dem *metaphysical garbage* (wie John Joseph das einmal ironisch genannt hat), der einzelsprachgebundenen Semantik befreit. Die Einzelsprache wird damit indifferent, sie erscheint nur noch als Kommunikationshindernis ohne weiteren kognitiven oder «sentimentalen» Wert und kann folglich zugunsten des Globalesischen entsorgt werden, das grenzenlose Kommunikation erlaubt.

Gerhards schließt sich bei der Zurückweisung der Weltansichts-These der universalistischen Partei der amerikanischen Sprachwissenschaft an, die diese tiefe, das heißt semantische sprachliche Verschiedenheit seit Jahren mit großer polemischer Leidenschaft als Unsinn kritisiert hat. Sie hat das deswegen so leidenschaftlich getan, weil sie einen extremen und deswegen falschen Relativismus, nämlich einen Determinismus des Denkens durch die Sprache, bekämpfen wollte, wie er in Amerika im Anschluss an Whorf (1956) vertreten wurde. Whorf wird dabei für die Auffassung verantwortlich gemacht, dass sprachliche Strukturen das Denken völlig determinieren, und zwar so, dass sie den Sprecher einer Sprache in ganz bestimmte Denkkategorien einschließen, sodass dann auch zwischen dem Denken in verschiedenen Sprachen keine Vermittlung mehr möglich ist. Das ist in der Tat in einer extrem relativistischen Lesart bis hin zu politischen Exklusionen getrieben worden: Du sprichst eine andere Sprache, also kannst du mich gar nicht verstehen.[9] Dagegen kämpft unter Berufung auf Noam Chomsky der universalistische Psychologe Steven Pinker, auf den sich Gerhards bezieht, mit geradezu religiösem Hass: «But it is wrong, all wrong» ruft er aus (Pinker 1994: 57), ohne jene Auffassung wirklich zu widerlegen. Er kann ja nicht wirklich leugnen, dass zum Beispiel das romanische Verbalsystem anders funktioniert als das deutsche, dass manche Sprachen Genera haben und manche nicht, dass das Lateinische keine Artikel kennt, das Griechische, die romanischen Sprachen und das Deutsche aber schon. Aber auch der unscheinbare Artikel «bedeutet» natürlich etwas, und wenn eine Sprache keine Artikel hat, dann drückt sie diesen besonderen grammatischen Inhalt eben nicht aus. Wenn Sprachen wie die romanischen den Unterschied zwischen einem Imperfekt (it. *cantava*) und einem einfachen Perfekt (*cantò*) machen, dann gestalten sie hier eine Bedeutung, die das Deutsche nicht kennt. Es ist auch unleugbar, dass die Wortschätze der Sprachen nicht koinzidieren. Es ist fast peinlich, hierfür noch Beispiele angeben zu müssen: Das Französische macht einen ziemlich deutlichen Unterschied zwischen *rivière* und *fleuve*, Englisch und Deutsch haben da jeweils nur ein Wort. Das Lateinische unterscheidet zwischen glänzendem und mattem Weiß und Schwarz (*candidus/albus, niger/ater*). Die Semantiken («das Denken») der Sprachen sind verschieden. Pinker aber möchte im Anschluss an den Philosophen Fodor, der eine universale *language of thought* erfunden hat, unbedingt, dass alle Menschen gleich denken. Dieses gemeinsame, angeborene Denken nennt Pinker *Mentalese*. Das ist zwar sehr kosmopolitisch und irgendwie friedfertig gedacht, es ist nur ebenso extremistisch wie der extreme Relativismus. Und deswegen ist es genauso falsch. Und vor allem ist die Annahme eines universellen «Mentalesisch» nicht mehr als eine Annahme, ein kognitiv-psychologisches Konstrukt, und mitnichten, wie Gerhards annimmt, eine wissenschaftlich bewiesene Tatsache.

Jedenfalls war es sehr voreilig, sich auf die Seite dieser scheinbar siegreichen Fraktion der Psycholinguistik zu schlagen. Die semantischen Unterschiede zwischen den Sprachen kann man sich nicht einfach wegwünschen, wie Pinker das mit seinen Beschwörungen – «it is all wrong» – tut. Mehr, als dass verschiedene Semantiken in den Sprachen festzustellen sind, sagt ja die Auffassung von den «Weltansichten» nicht. Man hat – da haben die universalistischen Kritiker recht – allerlei zusätzliche Schlüsse aus bestimmten strukturellen Zügen von Sprachen gezogen: wie zum Beispiel, dass die Franzosen «abstrakt» denken (und die Deutschen konkret) oder dass die Hopi-Indianer die Zeit nicht denken können, weil sie keine Temporal-Morpheme beim Verb haben (diese grammatische Analyse von Whorf hat sich dann auch noch als falsch herausgestellt). Die Relativisten haben vor allem behauptet, man stecke in diesen spezifischen Semantiken fest wie in einem geistigen Gefängnis. Dies ist einfach nicht der Fall, wir denken immer über die Sprache hinaus.

Aber um die Weltansichts-These aufrechtzuerhalten, ist erstens die Annahme solcher weitgehenden Einflüsse der Semantik und Grammatik einer Sprache auf das weitere kognitive Verhalten gar nicht nötig. «Weltansicht» besagt nichts anderes, als dass die Sprachen sich hinsichtlich ihrer grammatischen und lexikalischen inhaltlichen Strukturierung unterscheiden. Und zweitens gibt es inzwischen ernst zu nehmende Studien, die durchaus gewisse Einflüsse einzelsprachlicher Semantik auf das weitere «Denken» (also nicht nur das «Denken in Sprache») der Sprecher einer Sprache erforscht und empirisch gut abgesichert haben.[10] So hat z. B. die Tatsache, dass bestimmte Sprachen kein egozentrisches, sondern ein geographisches deiktisches System haben, durchaus Folgen für das weitere Denken der Sprecher: In bestimmten australischen Sprachen sagt man: die «nördliche» Tasse, der «westliche» Stuhl (nicht: links, rechts, vorn, hinten). Diese sprachliche Struktur bewirkt ganz offensichtlich, dass die Sprecher dieser Sprachen immer wissen, wo sie sich geographisch in Bezug auf die Himmelsrichtungen befinden. Das Denken des Raums und damit auch das Verhalten im Raum sind hier ganz offensichtlich durch die Sprache determiniert. Ebenso ist es nicht ganz ohne Folgen für das weitere «Denken», wenn eine Sprache Genera hat. Offensichtlich «denken» die Deutschen «die Brücke» eher weiblich als die Spanier, die mit «el puente» männliche Assoziationen verbinden. Die entsprechenden Forschungen und die auf ihnen basierende «weichere» Form des sprachlichen Determinismus hat Guy Deutscher (2011) ziemlich überzeugend dargestellt.[11]

1.6. Verluste

Der sprachsoziologische Kapitalismus hat sich mit der falschen linguistischen Theorie verbündet. Das macht ihn aggressiv, herzlos und destruktiv, weil er damit eine Politik der kulturellen Hegemonie, der Missachtung kultureller Traditionen und der Zerstörung von Sprachen befördert und unter der schönen Botschaft der «Mehrsprachigkeit» gleichzeitig auch noch verbirgt. Da er ja annimmt, dass verschiedene Sprachen gar kein verschiedenes «Denken» oder sonst irgendetwas Wichtiges transportieren, sondern nur oberflächliche Manifestationen der universellen «Sprache des Denkens» sind, betrachtet er das Verschwinden von Sprachen mit kalter Gleichgültigkeit. Es geht ja nichts, zumindest nichts Wertvolles verloren.[12]

Außerdem sei der Verlust einer Sprache auch kein kultureller Verlust. Die Kultur einer Sprachgemeinschaft könne ohne Weiteres erhalten bleiben, so liest man überrascht, wenn sie ihre Sprache ändere:

Man kann durchaus seine eigene Kultur und Lebensweise beibehalten und zugleich die eigene Sprache nicht mehr sprechen. Kultur und Sprache sind weitgehend voneinander entkoppelt. (Gerhards 2010: 145)

Hier muss man sich fragen, was denn mit einer «Kultur» gemeint sein kann, die einen Sprachwechsel unbeschadet übersteht. Es kann sich eigentlich nur um materielle Kultur in einem sehr oberflächlichen Sinne handeln: um Essen, Trinken, Kleidung, Handwerk und Ähnliches. Und selbst diese ist ja durchaus mit bestimmten Wörtern verbunden, wie z. B. Spaghetti, Döner, Whiskey, Dirndl, Toga, Ahle, Holländer etc. Das Herzstück jeder Kultur kann jedenfalls nicht gemeint sein, das notwendigerweise in die jeweilige Sprache eingelassen ist: die Literatur, die Lieder, die Mythen, das Recht, die gesellschaftliche Organisation. Diese Soziologie hat anscheinend noch nie etwas von Exil und Emigration gehört und von dem schmerzhaften Verlust einer bestimmten «Kultur» durch den Verlust der Sprache. Oder auch umgekehrt von der Begeisterung über den Einstieg in eine andere Kultur durch den Erwerb einer neuen Sprache: Das osteuropäische Judentum trat vom 18. Jahrhundert bis 1933 über die Erlernung der deutschen Sprache in die deutsche «Kultur» ein, das heißt in die deutsche Literatur und Geisteswelt (dabei hat es durchaus einen Teil seiner materiellen Kultur, das Essen, die Kleidung, oder auch die religiösen Riten beibehalten). Ohne Zweifel ist der tiefste und wichtigste Teil der Kultur von der Sprache abhängig. Die Beispiele aus der Menschheitsgeschichte sind evident: Die Völker, die ihre Sprachen aufgegeben haben, haben auch ihre Kultur verloren. Es gibt keine illyrische, okzitanische, etruskische, punische, gallische Kultur mehr. Die Juden, die das Gegenbeispiel zu sein scheinen, weil sie im Verlauf der Jahrtausende verschiedene Sprachen angenommen haben, haben immer das Hebräische als Sprache ihrer Religion, also als Herzstück ihrer Kultur, bewahrt und bekanntlich wieder zur Sprache ihres Staates und ihrer Nation gemacht.

Aber die tiefe Bedeutung der literarisch-sprachlichen Kultur kann man auch gar nicht fassen, wenn man die Besonderheit der Sprache nicht fasst und wenn man glaubt, Sprachen seien gleichgültige Laute zur Kommunikation von außersprachlich gefassten Gedanken. Denn dann ist es natürlich auch gleichgültig, ob ich Goethe oder Kafka auf Deutsch oder in einer englischen Übersetzung lese. Jeder weiß, dass dies nicht gleichgültig ist. Aber unter dem völlig ökonomistischen Blick des sprachsoziologischen Kapitalismus verschwindet diese Art von

Wert einer Sprache völlig. Der Wert einer Sprache wird einzig an der Zahl von Menschen gemessen, an die ich mein Wort richten kann. Die große Zahl lässt sich offensichtlich auch als Lautstärke messen: «the megaphone language» nennt van Parijs (2011: 117) dieses laute Wort an die Vielen. Dass die Wertschätzung der Lautstärke und der Reichweite, wie es sich für den Kapitalismus gehört, darüber hinaus eine extrem egoistische Perspektive ist, versteht sich gleichsam von selbst. Gemessen wird nur, wie viele Menschen *mein* Wort erreicht: *Ich* spreche effektiv, wenn möglichst viele Menschen mein Wort verstehen. Was Goethe oder Kafka mir – auf Deutsch – zu sagen haben, was andere wunderbare Sprecher wie Dante, wie Baudelaire, oder auch: was *Du*, mein griechischer, französischer, ungarischer Freund, mir zu sagen hast, ist nicht so wichtig. Die rasante sprachliche Globalisierung Europas und der Welt erscheint im Lichte der sie begleitenden wissenschaftlichen Affirmation wie ein weiteres Indiz für die von Frank Schirrmacher (2013) analysierte revolutionäre Gehirnwäsche der westlichen Gesellschaften im Namen eines profitsüchtigen Ego.

1.7. Europäische Mehrsprachigkeit, altrömisch

Der sprachsoziologische Kapitalismus kommt gleichzeitig – und das macht ihn natürlich für das gesamte politische Spektrum attraktiv – als sprachsoziologischer Sozialismus daher: Er möchte durch die flächendeckende Verbreitung des Englischen ungerechte Ungleichheiten abbauen. Denn wenn alle Englisch können, verfügen alle über das nämliche transnationale sprachliche Kapital, und das ungerechte Privileg der Besitzenden und Mächtigen, die in ihrem privaten englischsprachigen Schulwesen schon längst gewaltige «transnationale» Sprachkapitalien anhäufen, verschwindet. Sprachliche Gerechtigkeit oder linguistischer Sozialismus ist das Ziel. Das ist natürlich eine durchaus richtige bildungspolitische Perspektive. Jeder muss die Chance erhalten, Englisch zu lernen, so wie im Nationalstaat früher jeder Zugang zur Nationalsprache haben musste, wollte er seine beruflichen Chancen im größeren Raum des Nationalstaates nutzen.

Egalitäre Beglückung war auch die erziehungspolitische Absicht der Jakobiner und der Begründer der Schule der Dritten Republik. Jeder erfolgreiche Bauernbub aus der Bretagne, der Minister oder Professor in Paris geworden ist, lobt auch heute noch mit leuchtenden Augen die Schule der Republik: Wir mussten Bretonisch aufgeben und die Nationalsprache lernen, damit wir aus unserer provinziellen Begrenzung herauskommen und teilhaben konnten an dem großen Leben der Nation (die Opfer und Verlierer dieser Politik kommen naturgemäß weniger zu Wort, weil sie ja niemand versteht).

Der Unterschied zur jakobinischen Vereinheitlichung muss aber heute tatsächlich in einer Politik der Mehrsprachigkeit bestehen. Insofern ist «Mehrsprachigkeit im vereinten Europa» durchaus die richtige Devise. Nur darf man dabei nicht ausschließlich die Erlernung des Englischen im Auge haben. Die Kenntnis des Englischen, da können alle Globalisierer beruhigt sein, wird sich verstärken und verallgemeinern. Sie muss daher nicht propagandistisch befördert werden. Wohl aber muss man, wenn man europäische Mehrsprachigkeit fördern will, das Schicksal der anderen Sprachen im Auge behalten. Wenn diese verschwinden, gibt es auch keine europäische Mehrsprachigkeit mehr.

Im Gegensatz zu den Propagandisten einer totalen Anglisierung Europas argumentiere ich daher gegen deren neo-jakobinische Ideologie, die diese wie eine Naturgewalt wirkende Tendenz der sprachpolitischen Situation Europas auch noch jubelnd begrüßt und die anderen Sprachen missachtet. Natürlich müssen wir die neue gemeinsame Sprache Europas – und der Welt – erlernen. Wir müssen sie uns sogar als unsere Sprache aneignen. Sie gehört jetzt einfach auch uns, so wie früher das Lateinische allen Gebildeten Europas gehörte. Aber es geht bei diesem Siegeszug vor allem darum zu sehen, dass dieser Gewinn eben auch erhebliche Kosten erzeugt und dass wir diese Kosten verringern müssen. Denn die neue Sprache legt sich nicht nur wie Mehltau auf die Sprachen, sie bildet nicht nur hässliche Flecken auf den Blättern der europäischen Sprachen. Das ließe sich als nur ästhetischer Verlust noch aushalten. Sie zerstört aber vor allem geschichtliche Zusammenhänge, stößt kulturelle Hochleistungen ins Vergessen, kündigt gesellschaftliche Solidaritäten auf und verschärft soziale Spannungen. So etwa, wenn literarischer Austausch zwischen den Sprachen nur noch über die englische Übersetzung vonstatten geht, wenn wissenschaftliche Forschungen in anderen Sprachen als Englisch nicht mehr wahrgenommen werden, wenn ganze gesellschaftliche Schichten einer Nation sich aus der alten Sprachgemeinschaft in die globale Englisch-Gemeinschaft verabschieden. Diese Prozesse müssen wir wachsam begleiten und einhegen, vor allem durch die Sorge um und die Liebe für unsere schwächeren, gefährdeten Sprachen. Wie die gebildeten alten Römer, die zweisprachig waren und das Griechische durchaus als «höhere» Sprache betrachteten, loyal zu ihrem Latein standen, so sollten wir altrömisch zu unseren Sprachen halten. Deswegen sollten wir uns nicht einlullen lassen von einem beschwichtigenden Diskurs, dessen zentrales ideologisches Moment «Mehrsprachigkeit» heißt und der unter dem freundlich klingenden Deckmantel der Mehrsprachigkeit die Dynamik der kulturellen Revolution verbirgt: nämlich dass die Reise von einer (ja durchaus noch existierenden und weiter auszubauenden) europäischen Mehrsprachigkeit über Zweisprachigkeit zur Einsprachigkeit geht.

1.8. Die dritte Sprache

Die Entwicklung zu einer englischen Einheitssprache der Union wird von der EU selbst nicht gestützt, sofern Brüssel ausdrücklich eine Politik der Mehrsprachigkeit betreibt, die sich einerseits im Sprachendienst der europäischen Institutionen manifestiert, der jede Nation in ihrer kulturellen und sprachlichen Identität würdigt, und sich andererseits in den Empfehlungen zur europäischen Mehrsprachigkeit niederschlägt, das heißt in der Formel M + 2: Jeder Europäer soll neben seiner Muttersprache (M) (besser: Nationalsprache, die ja oft nicht die «Muttersprache» ist) und neben dem sozusagen unausweichlichen globalen Englischen eine dritte Sprache lernen.

Diese Forderung nach der dritten Sprache ist insofern zutiefst berechtigt, als sie den höchst unwillkommenen Konsequenzen der exklusiven Anglisierung Europas (Abstieg der Nationalsprachen zu Vernakularsprachen, Verschwinden derselben zwischen Dialekt und Globalsprache, kulturelle und gesellschaftliche Entfremdungen und Spaltungen, Privilegierung englischer Muttersprachler etc.) gegensteuert und zu einem echt europäischen Sprachenregime beiträgt. Dieses sollte nämlich weder die amerikanische Konstellation der offiziellen Einsprachigkeit (bei Verdrängung sonstiger Sprachen ins rein Private) noch die indische Realität einer gesellschaftlichen Spaltung (oben Englisch, unten die sonstigen Sprachen Indiens) befördern. Gerade die «indische» Konstellation – die Entstehung einer englischsprachigen Neoaristokratie, die sich gesellschaftlich und kulturell vom Rest der Nationen distanziert – wird angesichts der sich verschärfenden Klassengegensätze auch in den europäischen Gesellschaften (gerade in Deutschland) zunehmend Realität. Das wirklich europäische Sprachensystem sollte demgegenüber eine differenziertere Gemeinsamkeit von Sprachen im Respekt der kulturellen und sprachlichen Vielfalt des Kontinents ermöglichen: Bewahrung des öffentlichen «nationalen» Rahmens der Nationalsprachen (M) und gegenseitige Wahrnehmung und Öffnung gerade für die Sprachen und Kulturen der Nachbarn (F2) bei gleichzeitigem Einsatz der transnationalen Verkehrssprache in bestimmten Bereichen und Situationen (Technik, Business, Internationales) (F1). Europa ist daher aus meiner Sicht nur Europa, wenn M + 2 gilt. Nur dies würde europäische Traditionen und die Modernisierungs-, das heißt Globalisierungstendenzen demokratisch miteinander verbinden.

Die Frage der dritten Sprache macht dabei tatsächlich das Zentrum des Problems der Europäität der Sprachenkonstellation Europas aus. Einige Überlegungen von Jürgen Habermas (2008: 107 f., 190 f.) weisen in die Richtung dessen, was ich meine: Habermas möchte die europäische Öffentlichkeit nicht – oder nicht nur – durch eine überwölbende hegemoniale Sprache hergestellt sehen, sondern durch ein Netz bilateraler sprachlicher Beziehungen, das natürlich nur durch ein wechselseitiges Lernen von Nachbarsprachen, also dritter Sprachen, geknüpft werden kann.

Die Förderung einer dritten europäischen Sprache war allerdings bisher nicht besonders erfolgreich, weil sie mit demselben Lernziel wie die zweite – dem der unmittelbaren, praktischen, oralen Kommunikation – betrieben wurde: Wozu sollen sich die Europäer aber der Mühe der Erlernung einer dritten Sprache unterziehen, wenn sie alle ihre kommunikativen Ziele mit dem Englischen erreichen können? Ich kann mir vom Nordkap bis nach Lampedusa eine Pizza und eine Cola auf Englisch bestellen, dazu brauche ich keine der vielen zwischen dem Nordkap und Lampedusa (noch) gesprochenen und geschriebenen Sprachen zu lernen. Nur die Einsicht in die kognitiv-kulturelle Funktion von Sprache kann ein anderes Lernziel setzen und damit einen Anreiz geben, sich auf den Weg europäischer Dreisprachigkeit zu begeben.

Der damalige EU-Sprachenkommissar Leonard Orban hatte 2008 eine Gruppe von Intellektuellen eingesetzt, die genau diese europäische Sprachenfrage beraten hat. Unter dem Vorsitz des französisch-libanesischen Schriftstellers Amin Maalouf hat die Gruppe das Konzept der «persönlichen Adoptivsprache» entwickelt, das die Frage der dritten Sprache beantwortet:

> Wir verstehen unter diesem Begriff, dass jeder Europäer ermutigt werden soll, aus freiem Ermessen eine besondere Sprache zu wählen, die sich sowohl von jener Sprache unterscheidet, die seine Identität begründet, als auch von der Sprache der internationalen Kommunikation. So, wie wir sie sehen, wäre die *persönliche Adoptivsprache* keineswegs eine zweite Fremdsprache, sondern vielmehr gewissermaßen eine zweite Muttersprache. (Maalouf 2008: 11)

Jeder Europäer wählt – neben seiner Nationalsprache und dem globalen Englisch (Globalesisch) – eine europäische Sprache, mit der er sich lebenslang beschäftigt und anfreundet. Dies mag außerordentlich «idealistisch» oder «romantisch» klingen. Und sicher ist die Maaloufsche Vorstellung der Adoptivsprache auch sehr ehrgeizig, sie ist in gewisser Hinsicht sogar zu ehrgeizig, nämlich sofern sie quasi-muttersprachliche Kompetenzen auch in der Adoptivsprache anstrebt. Das ist aus meiner Sicht nicht nötig. Wichtig ist, dass ich mich auf diese Sprache einlasse, diese Sprache «adoptiere», das heißt sie liebe und zum Mitglied meiner Familie mache. Ich schlage aufgrund meiner eigenen Sprachbiographie hier den Begriff der «Bruder-Sprache», *langue frater-*

nelle, vor. Ich habe zwar als erste Fremdsprache Englisch gelernt, aber die Fremdsprache, der ich mich emotional verbunden fühle, ist das Französische. Ich habe es nicht «adoptiert», es war irgendwann einfach da, wie etwas schon immer Vertrautes. Das brüderliche Verhältnis beschreibt meine Beziehung zu dieser Sprache besser als die Adoption.

Die Idee der Adoptiv- oder Brudersprache weist in sprachpolitischer Hinsicht den Weg zur Herstellung einer nicht-hierarchischen Sprach-Konstellation (im Gegensatz zur Diglossie: oben Englisch – unten alle anderen Sprachen), das heißt zu einem *horizontalen* sprachlich-kulturellen Netzwerk, das die gegenseitige Anerkennung der europäischen Völker befördern würde, das die Nationalsprachen respektiert und bewahrt und das die globale transnationale Kommunikation nicht behindert.

Leonard Orban hat in einer Veranstaltung an der Freien Universität Berlin 2009 darauf hingewiesen, dass die nationalen Regierungen die Maaloufschen Vorschläge nicht geschätzt haben. Nach dem bisher Gesagten verwundert das nicht. Die Adoptiv- und Brudersprachen müssen ihnen geradezu als Bedrohung erscheinen, weil sie die damit zusammenhängenden Kosten und Komplikationen im Erziehungswesen fürchten, weil sie ganz einseitig auf die Anglisierung der Bevölkerungen und die «indische» Lösung setzen (in Deutschland ist dies besonders eklatant) und weil sie die andere Sprach-Konzeption (Weltansicht, Freundschaft, Kultur) nicht verstehen (wollen), die der vorwaltenden praktisch-kommunikativen, ökonomischen Sprachauffassung entgegensteht. Europa allerdings würde gewinnen: europäische Bildung nämlich und eine auf gegenseitigem Verstehen der Völker basierende europäische Gemeinschaft.

Die schöne Idee der dritten Sprache wird auch gern mit dem Hinweis vom Tisch gefegt, dass es sich hier um ein elitäres Projekt handele. Wie sollen denn alle europäischen Bürger drei Sprachen lernen? Es wäre ja doch schon ganz schön, wenn sie erst einmal die zweite, also Englisch, lernen würden. Sicher sind nicht alle Bürger Europas willens und in der Lage, sich auch noch eine Herzenssprache auszusuchen, nachdem sie mühevoll die berufsqualifizierende Kopfsprache einigermaßen gelernt haben. Das ist nicht von der Hand zu weisen. Natürlich sollen alle erst einmal Englisch lernen, so wie Gerhards und van Parijs sich das wünschen. Sprachenlernen ist zweifellos schwer. Die dritte Sprache ist daher etwas für die Schlauen. Aber vielleicht gibt es ja gar nicht so wenige Schlaue? Und diesen vielen Schlauen die Möglichkeit der Erlernung einer weiteren Sprache und ein tieferes Sprachverständnis zu eröffnen, das kann ja nicht durch den Hinweis auf unerwünschtes elitäres Wissen verhindert werden. Man hindert ja auch nicht naturwissenschaftlich interessierte Kinder daran, außer Physik auch noch Chemie und Biologie zu lernen mit dem Hinweis darauf, die Erlernung weiterer Naturwissenschaften sei elitär. Aber, wie gesagt, um dies attraktiv zu machen, muss man ein anderes Lernziel für die dritte Sprache haben. Es geht nicht um das Pizza-Kaufen in Athen, sondern um den Klang und die Struktur des Griechischen, um Literatur und Dichtung in dieser Sprache, um Lieder und Erzählungen. Wer das Griechische versteht, kann dann seinem Volk erzählen, was die Griechen denken, was sie fühlen, wie sie leben, wie sie klingen. Es ist evident, dass es von solchen verstehenden Mehrsprachigen derzeit viel zu wenige gibt und dass deswegen die europäische Gemeinschaft nicht funktioniert. Die Erlernung europäischer Brudersprachen ist nicht elitär, sondern, sofern eine funktionierende Gemeinschaft auf der Anerkennung des Anderen basiert, zutiefst demokratisch.

2. DAS TAFELSILBER: DIE SPRACHEN EUROPAS

Die Europäische Union hat die Vielfalt der Sprachen Europas als ein Kernelement ihres Selbstverständnisses in ihre fundierenden Texte eingeschrieben. Die Charta der Grundrechte der Europäischen Union aus dem Jahr 2000 stellt in Artikel 22 fest: «Die Union achtet die Vielfalt der Kulturen, Religionen und Sprachen.» In einer Mitteilung aus dem Jahr 2005 entwirft die Kommission «eine neue Rahmenstrategie für Mehrsprachigkeit». Darin stellt sie fest:

Sprache ist der unmittelbarste Ausdruck von Kultur. Sie macht uns zu Menschen und ist Teil unserer Identität. In Artikel 22 der Charta der Grundrechte der Europäischen Union verpflichtet sich die Union, die Vielfalt der Kulturen, Religionen und Sprachen zu achten. Artikel 21 listet die Gründe auf, darunter auch die Sprache, für die ein Diskriminierungsverbot gilt. Achtung der Sprachenvielfalt ist ein Grundwert der Europäischen Union, genau wie Respekt der Person, Offenheit gegenüber anderen Kulturen, Toleranz und Akzeptanz anderer Menschen.

Eine Mitteilung der Kommission zur Mehrsprachigkeit aus dem Jahre 2008 sieht die Mehrsprachigkeit sogar als «Trumpfkarte Europas»:

Die harmonische Koexistenz vieler Sprachen in Europa ist ein kraftvolles Symbol für das Streben der Europäischen Union nach Einheit in der Vielfalt, einem der Eckpfeiler des europäischen Aufbauwerks. Sprachen sind Merkmal der persönlichen Identität, aber auch Teil des gemeinsamen Erbes.

Der Vertrag von Lissabon von 2007 stellt schließlich in Artikel 2 (3) fest:

> Sie [die Union] wahrt den Reichtum ihrer kulturellen und sprachlichen Vielfalt und sorgt für den Schutz und die Entwicklung des kulturellen Erbes Europas.

Die vielen Sprachen werden als konstitutiver Bestandteil der Identität Europas betrachtet, und jedem Europäer wird seine Sprache als Element seiner persönlichen Identität zugestanden. Europa hielt seine Mehrsprachigkeit sogar für so wichtig, dass es dieser einen eigenen Kommissar widmete. Vermutlich weil der Kommissar für Mehrsprachigkeit, der schon erwähnte Leonard Orban, ein Rumäne ungarischer Muttersprache, es mit der europäischen Mehrsprachigkeit allzu ernst nahm, ist das europäische Sprachen-Kommissariat bei der letzten Neubesetzung der Kommission aber wieder abgeschafft und zu einer Unterabteilung eines unbedeutenden Kultur-Kommissariats degradiert worden. Womit hatte sich der Sprachkommissar unbeliebt gemacht? Er fand die Sprachen Europas so wichtig, dass er sich aktiv dafür einsetzte, dass jeder Europäer unbedingt noch eine dritte Sprache lernen sollte, eben die von Amin Maalouf empfohlene «Adoptivsprache». Jeder Europäer sollte sich – über das für die globale Kommunikation wichtige Englische hinaus – mit einer weiteren Sprache Europas anfreunden. Und es sollte darauf geachtet werden, dass es in jedem europäischen Land «Adoptivsprecher» jeder anderen europäischen Sprache gibt, sodass die horizontalen kulturellen Beziehungen zwischen den europäischen Völkern belebt und gestärkt würden.

Die nationalen Regierungen der EU haben diese bildungspolitisch wichtige und generöse Idee des Sprachkommissars unmittelbar gehasst: Sie befürchteten offensichtlich, nun in jeder Schule Lehrer für alle dreiundzwanzig europäischen Sprachen zur Verfügung stellen zu müssen, damit die Europäer auch alle Sprachen der Union adoptieren können. Das wäre in der Tat eine teure Angelegenheit geworden. So wurde der Kommissar mit seinem bedrohlichen Sprach-Adoptions-Projekt lieber bei der nächsten Gelegenheit kaltgestellt. So gern hat dann das offizielle Europa die Sprachen doch nicht.

Die Sprachen Europas sind in der Tat eine ziemlich teure Angelegenheit. Es gibt dreiundzwanzig offizielle Sprachen der EU bei siebenundzwanzig Mitgliedstaaten: Bulgarisch, Dänisch, Deutsch, Englisch, Estnisch, Finnisch, Französisch, Griechisch, Italienisch, Irisch, Lettisch, Litauisch, Maltesisch, Niederländisch, Polnisch, Portugiesisch, Rumänisch, Schwedisch, Slowakisch, Slowenisch, Spanisch, Tschechisch, Ungarisch. Und diese vielen Sprachen erzeugen einige Unkosten. Nicht nur gibt es in Brüssel den Dolmetscherdienst des Europäischen Parlaments, der alles dort Gesagte (prinzipiell, in Wirklichkeit nicht ganz) aus allen Sprachen der Union in alle Sprachen der Union übersetzt, weil jeder Abgeordnete in seiner Sprache sprechen kann. Auch hat jeder europäische Bürger das Recht, in seiner Sprache mit den europäischen Institutionen zu verkehren, er kann in seiner Sprache schreiben, und er bekommt Antwort in seiner Sprache – jedenfalls sofern diese eine offizielle Sprache Europas ist (dieses Recht halte ich für absolut fundamental). Die Kosten für die Übersetzungs- und Dolmetschdienste aller Organe zusammengenommen belaufen sich auf ca. 1 % des Gesamtbudgets der EU. Die Sprachen Europas kosteten im Jahr 2004 2,28 Euro pro Bürger. Man kann darüber streiten, ob das viel oder wenig ist. Ich teile durchaus die Kritik an der teuren und teilweise absurden symbolischen Sprachpolitik in Brüssel. Und ich halte die Frage, welche Sprache in den Brüsseler Institutionen gesprochen wird, tatsächlich für relativ unwichtig. Brüssel ist ein internationaler Ort, an dem eine internationale gemeinsame Sprache zur reibungslosen Durchführung der Geschäfte durchaus angebracht wäre. Wichtig ist aber, was in den europäischen Ländern und im Verkehr Brüssels mit den Bürgern der Union geschieht.[1] Hier müssen die Sprachen respektiert werden. Wie dem auch sei, die europäischen Regierungen hatten angesichts der Vorschläge der Maalouf-Gruppe ganz offensichtlich keine Lust, noch mehr Geld für die Sprachen auszugeben, die sie in den poetischen Teilen der europäischen Verträge doch für so wichtig hielten.

2.1. Europäische Sprachen

Wenn der EU-Bürger auf Sorbisch oder auf Bretonisch an die EU schreibt, wird er keine Antwort in seiner Sprache aus Brüssel bekommen, da diese Sprachen zwar durchaus europäische Sprachen, aber keine Amtssprachen der EU sind, sondern sogenannte Minderheitensprachen. Daraus wird ersichtlich, dass die Zahl der Amtssprachen keinesfalls die europäische Sprachenvielfalt erschöpft. Es gibt in Europa noch viele weitere Sprachen, die keine offiziellen Sprachen der Union sind, weil sie nicht Staatssprachen der Mitgliedstaaten sind, wie eben zum Beispiel das erwähnte Sorbische oder das Bretonische. Der Europarat (nicht die EU!) hat zum Schutz und zur Förderung dieser «Regional- oder Minderheitensprachen» 1992 den europäischen Staaten eine Charta vorgeschlagen, der die europäischen Länder bisher in sehr verschiedenem Maße beigetreten sind. Diese «Minderheitensprachen» sind mitnichten immer Sprachen kleiner Sprachgemeinschaften wie die der Sorben mit – nach den Angaben von Haarmann (1993) – ca. 60 000 Sprechern, sondern manche von ihnen haben mehr Sprecher als viele offizielle Staatssprachen.[2] So liegt zum Beispiel das Katalanische mit ca. 7 Mio Sprechern weit vor dem Finnischen (5 Millionen), Litauischen (3 Millionen) oder gar Maltesischen (340 000) und eher auf der Höhe des Bulgarischen (9 Millionen), Griechischen (10 Millionen), Portugiesischen (10 Millionen) oder Schwedischen (8 Millionen). Auch das Baskische mit 700 000 Sprechern liegt noch weit vor dem Maltesischen, etwa auf der Höhe des Irischen (1 Million), ist aber als tatsächlich im Baskenland alltäglich gesprochene Sprache bedeutend lebendiger als dieses (wirklich täglich verwendet wird das Irische wohl nur von ca. 50 000 Sprechern). Diese nicht offiziellen Sprachen müssen ebenfalls berücksichtigt werden, wenn wir von der Sprachenvielfalt Europas sprechen.

Des Weiteren erhöht sich diese noch einmal, wenn man bedenkt, dass auch die Amtssprachen nur Varianten – eben die offiziellen Standard-, Schrift- und Kulturvarianten – von Sprachen sind, die «unterhalb» der Standardsprache auch regionale Varietäten – die Dialekte – kennen (ganz abgesehen von den Soziolekten, also den Sprachvarietäten verschiedener sozialer Schichten). Das offizielle Deutsch zum Beispiel ist ja nur die Sprache, die jenseits der verschiedenen regionalen Dialekte des Deutschen – z. B. Niederdeutsch, Fränkisch, Bairisch, Alemannisch – als gemeinsame Sprache (Koinè) der Deutschsprachigen funktioniert.

Und als neues Element kommen zur autochthon europäischen Sprachenvielfalt noch die Sprachen der Immigranten hinzu: Sprachen aus allen Erdteilen, die nicht zu beziffern sind. Türkisch, Kurdisch, Arabisch und Albanisch sind zum Beispiel Sprachen, die in Deutschland stark präsent sind. Die Menschen, die diese Sprachen sprechen, siedeln, anders als die autochthonen Sprachgemeinschaften, zumeist nicht an einem bestimmten geographischen Ort, sondern verteilen sich über die gesamte Fläche eines Landes oder der EU. Die als «europäisch» zu bezeichnende Sprachgruppe, die ebenfalls verstreut über ganz Europa lebt, aber eben seit Jahrhunderten in Europa beheimatet ist, sind die Sinti und Roma, die teilweise ihre aus Indien mitgebrachte Sprache sprechen, zumeist aber auch die Sprachen der Völker, mit denen sie leben.

Und schließlich ist der Blick auch auf die Länder Europas zu weiten, die nicht Mitglieder der EU sind. Europa endet ja nicht an den Grenzen der EU. Natürlich gehören auch die Länder des Balkans zu Europa, sind die Schweiz, Island und Norwegen Teile Europas, und man spricht traditionellerweise auch vom «europäischen Teil Russlands», der sich nun in mehrere Staaten fraktioniert hat. Dort sind die großen slawischen Sprachen, also Russisch, Weißrussisch und Ukrainisch, zu Hause. Und es ist des Weiteren darauf hinzuweisen, dass im «europäischen» Russland auch noch eine ganze Reihe von Minderheitensprachen (wie Baschkirisch, Kalmückisch, Tatarisch) gesprochen werden.

An den Rändern franst Europa aus, eine richtige Grenze zu Asien existiert bekanntlich nicht. Was die Sprachen angeht, so würde man aber eindeutig noch das Russische, Weißrussische, Ukrainische, das Serbokroatische (bzw. dessen willkürlich getrennte Staatsvarianten), das Albanische, das Norwegische und das Isländische zu den europäischen Sprachen rechnen. Diese Sprachen und die in ihnen sich ausdrückenden Kulturen haben sich zweifellos als europäische Sprachen und Kulturen verstanden und sind auch von den anderen Europäern so wahrgenommen worden. Dass man in manchen dieser Länder jetzt (ähnlich wie in Großbritannien übrigens) einen Gegensatz zwischen sich und «Europa» aufmacht, ist eine neuere politische Erscheinung, die die kulturellen und sprachlichen Gemeinsamkeiten unterschätzt (und mit «Europa» vor allem die EU meint): Russisch, Weißrussisch, Ukrainisch und Serbokroatisch sind slawische Sprachen, gehören also zu jenem Zweig der indoeuropäischen Sprachen, zu denen auch das Polnische, Slowenische, Tschechische, Slowakische und Bulgarische gehören. Das Russische, Weißrussische, Ukrainische, Bulgarische und Serbische (anders als das Kroatische) sind historisch von einer osteuropäischen, das heißt «orthodoxen» Kultur geprägt, während die anderen slawischen Sprachen eine westlich-katholische Vergangenheit haben. Die Erwähnung der Zugehörigkeit zur Ostkirche oder zur Westkirche mag hier ganz merkwürdig erscheinen. Sie hat aber für die entsprechenden Sprachen erhebliche Konsequenzen gehabt, wie typologische Untersuchungen gezeigt haben.

2.2.   Wie viele Sprachen?

Es ist nicht einfach zu sagen, wie viele Sprachen in Europa gesprochen werden, weil einerseits nicht klar ist, was alles – geographisch, politisch, kulturell – zu Europa gehört (ich habe hier zum Beispiel die Kaukasus-Region und die Türkei nicht berücksichtigt), und weil sich andererseits unmöglich eindeutig feststellen lässt, welche Mundart als gesonderte «Sprache» anzusehen und folglich zu zählen ist. Ich habe zum Beispiel in Harald Haarmanns Büchern (1975, 1993) über die europäischen Sprachen die Zahl von 64 oder 75 Sprachen gefunden. Dabei waren die «kleinen» Sprachen des europäischen Russland mitgezählt worden. Der in dieser Frage immer wieder zitierte amerikanische Sprachinformationsdienst *ethnologue* kommt sogar auf 234 Sprachen in Europa, vor allem wohl weil er ohne rechte wissenschaftliche Prüfung bzw. ohne klare Kriterien jeder sprachseparatistischen Lobby-Gruppe entgegenkommt und deren «Sprache» in seine Liste aufnimmt (so zählt *ethnologue* auch den Kölner Stadtdialekt «Kölsch» als «Sprache», vielleicht auf Vorschlag eines Kölner Karnevalsvereins?). Was als «Sprache» zählt, hängt also nicht so sehr von linguistischen als vielmehr von wechselhaften politischen Kriterien ab: Das früher als eine Sprache zählende Serbokroatische würde heute nach dem politischen Willen der jugoslawischen Nachfolgestaaten in mindestens drei Sprachen zerfallen: in Serbisch, Kroatisch und Bosnisch. Linguistisch sind sie aber kaum unterschieden (in Serbien wird diese Sprache mit kyrillischer Schrift geschrieben). Das Schweizerdeutsche dagegen, eine vom Standarddeutschen sich deutlich unterscheidende Gruppe alemannischer Dialekte, die einem Deutschsprechenden nicht unmittelbar verständlich sind, wird traditionellerweise nicht als «Sprache» gezählt, weil es nicht geschrieben wird und nicht als offizielle Sprache der Schweiz gilt (das ist «Deutsch»). Das Letzeburgische, ein moselfränkischer Dialekt, ist dagegen in Luxemburg in den Rang einer Nationalsprache erhoben worden und zählt daher als Sprache. Wie dem auch sei, selbst wenn man nur auf eine Zahl von ca. 50 Sprachen in Europa kommt, scheint dies noch eine große Zahl von Sprachen zu sein. Dabei ist die Sprachenvielfalt Europas vergleichsweise gering, wenn man sie mit Indien oder gar mit Südamerika oder Afrika vergleicht, wo wir es mit Tausenden von Sprachen zu tun haben.

Die meisten europäischen Sprachen gehören außerdem derselben Sprachfamilie an, nämlich der indoeuropäischen, und sind sich daher auch sehr ähnlich. Mitglieder einer Sprachfamilie sind solche, die sich auf eine gemeinsame Ausgangssprache in der Vergangenheit zurückführen lassen und daher viele strukturelle Züge gemeinsam haben, seien dies dieselben Wörter oder dieselben grammatischen Verfahren: So gehen z. B. die Wörter für Vater – *pitar, pater, père, father, fadar* – aus verschiedenen indoeuropäischen Sprachen auf ein gemeinsames Wort zurück. Gemeinsam sind vielen indoeuropäischen Sprachen auch grammatisch-morphologische Verfahren, zum Beispiel in der Konjugation des Verbs. Diese Gemeinsamkeiten stammen von einer gemeinsamen Ursprache. Bei den romanischen Sprachen ist das völlig evident und gut dokumentiert: Sie stammen vom gesprochenen Latein

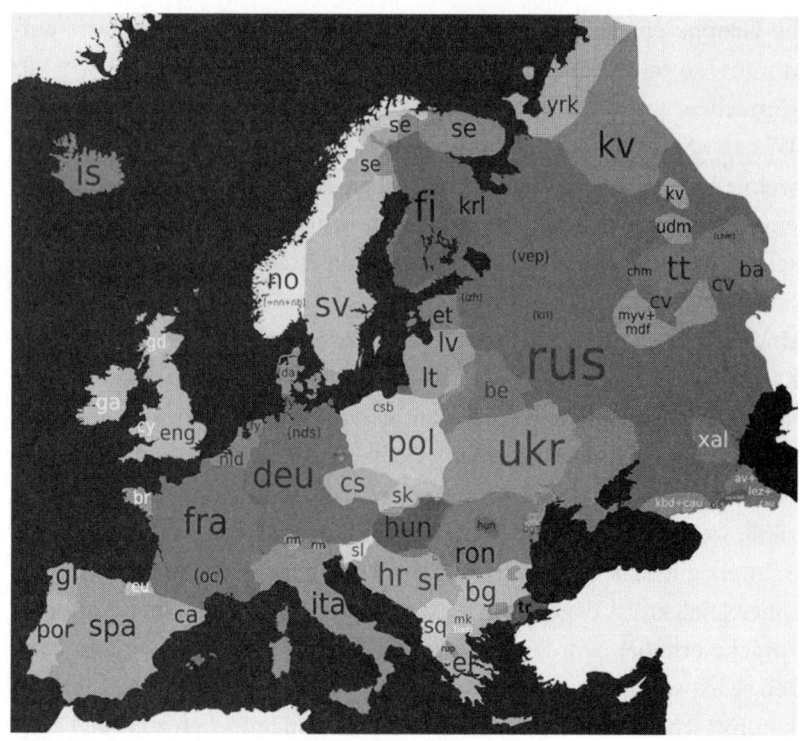

Europas Sprachen

als ihrer «Ursprache» ab. Eine indoeuropäische «Ursprache» ist zwar nicht dokumentiert, aber eine plausible Annahme. Sie hat sich dann im Verlaufe der Geschichte in verschiedene Zweige aufgespalten: in die (von West nach Ost) germanischen, keltischen, romanischen, slawischen, baltischen Sprachen, Albanisch und Griechisch (und iranische und indische Sprachen außerhalb Europas). Strukturell deutlich anders als diese miteinander verwandten indoeuropäischen Sprachen sind dagegen die Sprachen, die zur finno-ugrischen Familie gehören: Ungarisch, Finnisch, Estnisch und Samisch (Lappisch). Das Maltesische ist eine semitische Sprache, gehört also einer eher im Vorderen Orient und Nordafrika beheimateten Sprachfamilie an. Baskisch schließlich ist völlig isoliert in der Welt und geht auf eine vor-indoeuropäische Sprache zurück, das heißt es ist das Überbleibsel einer Sprache, die schon vor der Ankunft der Indoeuropäer in Spanien existierte.

2.3. Wanderungen

Die Verteilung der Völker und Sprachen Europas, wie sie sich heute darstellt (vgl. Karte), ist das Ergebnis verschiedener, Jahrhunderte andauernder Migrationswellen, die im Wesentlichen erst mit der Migration der Deutschen aus den europäischen Ostgebieten nach dem Zweiten Weltkrieg enden. In vorgeschichtlicher Zeit war Europa von Völkern besiedelt, von denen wir ziemlich wenig wissen und von denen heute nur noch die Basken als Rest aus der tiefen Vergangenheit bis in die Gegenwart hineinragen. Im zweiten Jahrtausend vor unserer Zeitrechnung wandern sprachlich und kulturell verwandte Völker aus den Gegenden nördlich des Schwarzen und Kaspischen Meers nach Westen beziehungsweise nach Osten bis nach Indien, daher die Bezeichnung «Indo-Europäer»: Die Kelten besiedeln Zentraleuropa, Norditalien (Gallia cisalpina), Spanien und die britischen Inseln. Die Italiker wandern auf die Apenninenhalbinsel, die Griechen nach Griechenland und Kleinasien, von wo aus sie Pflanzstädte im gesamten Mittelmeerraum gründen, der dann eine große griechische Welt bildet. In Italien werden die nicht-indoeuropäischen Etrusker allmählich von den Italikern absorbiert. Der kleine italische Stamm der Latiner – Rom – erobert Italien, Sizilien, den westlichen Mittelmeersaum, fast das gesamte keltische Europa und die griechische Welt des östlichen Mittelmeers. Das Lateinische, die Sprache des so entstandenen riesigen Römischen Reiches, verbreitet sich im gesamten westlichen Mittelmeer, wo es allmählich alle anderen Sprachen ersetzt: Italien, Nordafrika, die iberische Halbinsel, Gallien, die Alpenländer und die Länder östlich davon bis zum Schwarzen Meer sprechen nach einigen Jahrhunderten römischer Herrschaft lateinisch. Der griechischsprachige Osten der mittelmeerischen Welt allerdings widersteht dem Lateinischen, weil das Griechische – auch von den Römern selbst – als kulturell höherstehend betrachtet wird. Von den vor-indoeuropäischen Sprachen bleibt, wie gesagt, nur das Baskische erhalten.

Die nächste Migrationswelle ist die der Germanen, bei uns als «Völkerwanderung», bei den Romanen als «Invasion der Barbaren» bekannt. Diese vermutlich zunächst von Südskandinavien bis zur Weichsel siedelnden indoeuropäischen Stämme drängen jahrhundertelang nach Westen und Süden, in das reiche und daher höchst attraktive Römische Reich: Die Vandalen gelangen bis Nordafrika, die Westgoten bis nach Spanien, die Ostgoten nach Italien, die Franken erobern den Norden Galliens. Die letzten wandernden Germanen sind die Wikinger, die im 8. und 9. Jahrhundert in England und in Frankreich einfallen und später als französierte «Normannen» (Nordmänner) noch einmal England und dann auch Sizilien erobern. Wo die Germanen auf eine große Bevölkerung mit lateinischer Kultur und Sprache stoßen, assimilieren sie sich rasch der prestigereicheren römischen Kultur und Sprache. Die Vandalen, Westgoten und Langobarden etwa gehen in der romanischsprachigen Bevölkerung auf. Das Ergebnis dieser Wanderungen entspricht im Wesentlichen der heutigen Ansiedelung der germanischen Sprachen im nördlichen und zentralen Europa. Hinter den Germanen wandern die Slawen, ebenfalls Indoeuropäer, aus der Gegend zwischen Weichsel, Dnjestr und Dnjepr in alle vier Himmelsrichtungen. Im Westen kommen sie bis an die Elbe, im Süden bis ans Mittelmeer und auf den Balkan. In Zentraleuropa werden sie dann im Mittelalter von der deutschen Ost-Kolonisation überdeckt, die ihrerseits aber durch die Vertreibung der Deutschen nach dem Zweiten Weltkrieg zugunsten der slawische Sprachen sprechenden Völker wieder rückgängig gemacht wurde (das ist bisher die letzte der europäischen Völkerwanderungen). Nach den Slawen sind die Magyaren, ein asiatisches Reitervolk, nach Zentraleuropa eingewandert, wo sie seit dem 11. Jahrhundert zwischen den Deutschen, Slawen und Romanen (Rumänen) sesshaft wurden.

Massive sprachliche Konsequenzen hatte auch die mittelalterliche Ansiedlung deutschsprachiger Juden in Polen und Litauen, deren aus dem mittelalterlichen Deutsch hervorgegangene jiddische Sprache durch den Mord an den europäischen Juden von den Deutschen allerdings weitgehend ausgelöscht wurde. Die Vertreibung der spanischen Juden aus Spanien am Ende des 15. Jahrhunderts schuf an verschiedenen Stellen Europas (zum Beispiel in Saloniki oder in Istanbul) spanischsprachige Gemeinschaften, die ebenfalls größtenteils durch den

Holocaust zerstört worden sind. Schließlich sind noch die Wanderungen der französischsprachigen Hugenotten im 17. Jahrhundert zu erwähnen, die aber ihre Sprache weitgehend aufgegeben haben, sowie die deutschen Siedler in Ungarn und Russland im 18. Jahrhundert, die in ihren neuen Siedlungsgebieten deutsch gesprochen haben, bis sie in jüngster Zeit wieder ins zentrale deutsche Sprachgebiet zurückgekehrt sind.

2.4. Entstehung der Nationalsprachen

Bulgarisch	9	Irisch	1	Rumänisch	24
Dänisch	5	Italienisch	55	Schwedisch	8
Deutsch	92	Lettisch	1,4	Slowakisch	5
Englisch	56	Litauisch	3	Slowenisch	2
Estnisch	1	Maltesisch	0,4	Spanisch	29
Finnisch	5	Niederländisch	20	Tschechisch	10
Französisch	58	Polnisch	38	Ungarisch	12
Griechisch	10	Portugiesisch	10		

Die Amtssprachen der EU mit der Angabe der Zahl ihrer Sprecher (in Millionen)

Die Entstehung der europäischen Hochsprachen, die zu Staatssprachen und damit zu offiziellen Sprachen der EU wurden, verlief – bei einigen Gemeinsamkeiten – in den europäischen Ländern ganz verschieden. Die Staatsbildung war zwar tatsächlich oft – aber durchaus nicht immer – ein entscheidender Schritt bei der Ausbildung der offiziellen Sprache eines Landes. Gerade für die deutsche Sprache, die heute in fünf verschiedenen europäischen Ländern Staatssprache ist, gilt das jedoch nicht, auch wenn die Staatsbildung nicht ohne Einfluss auf diese Sprache geblieben ist. Das Deutsche als gemeinsame Sprache der Deutschen existierte nämlich schon vor der Existenz eines deutschen Staates. Das alte Reich, das von Napoleon aufgelöst wurde, war nicht durch die Sprache definiert, sondern griff weit über das deutsche Sprachgebiet hinaus, auch wenn es «Heiliges Römisches Reich deutscher Nation» hieß.

Die «deutsche Nation» war zwar ein Hinweis auf das das Reich tragende Volk und seine Sprache. Im Osten war das Reich aber slawisches, im Westen französisches und im Süden italienisches Sprachgebiet. Nicht der Staat, sondern die Erneuerung der *Religion* zu Beginn des 16. Jahrhunderts, die damit zusammenhängende Ausbreitung der *Bildung* im Bürgertum und der *Buchdruck* schufen eine gemeinsame Sprache der in der Mitte Europas siedelnden «deutschen» (das heißt «die Sprache des Volkes sprechenden») Stämme, zunächst eine gemeinsame Lese- und Schreibsprache für alle höheren Diskurse, die Dichtung, die Religion, die Verwaltung, eine Koinè, die alle nach wie vor weiterbestehenden gesprochenen Dialekte überdachte. Durch das Theater vor allem entwickelte sich seit dem 18. Jahrhundert auch eine *Sprech*-Norm, die aber erst im 20. Jahrhundert durch die Audio-Medien eine größere Verbreitung fand. Das im 19. Jahrhundert gegründete Deutsche Reich umfasste durchaus nicht alle Deutschsprechenden. Österreich und die Schweiz waren nicht Teil dieses Staates. Dennoch verblieben auch die nicht zu diesem deutschen Staat gehörigen Deutschsprachigen in einer Schriftsprachgemeinschaft – bis heute. Die deutschsprachigen Staaten beerben also gleichsam die schon vorher bestehende Sprachgemeinschaft und machen deren Kultursprache zu ihrer Staatssprache.

«Italienisch» ist eine im Wesentlichen aus der toskanischen *Dichter*sprache des 14. Jahrhunderts hervorgegangene Standardsprache, die durch die Staatsbildung zur Sprache der Italiener geworden ist. Es ist nicht übertrieben zu sagen, dass diese Sprache bis zur italienischen Einheit 1860 ein fast ausschließlich geschriebenes – und allenfalls gesungenes – Register der Literatur und der Oper gewesen ist. Der Dichter Pietro Bembo hatte im 16. Jahrhundert die Sprache der toskanischen Dichter des 14. Jahrhunderts zum Modell für die literarische Produktion erklärt. Daran hielten sich die erste Sprachakademie Europas, die *Accademia della Crusca*,[3] und die italienischen Literaten jahrhundertelang. Aber nur 2,5 % der italienischen Bevölkerung beherrschten im 19. Jahrhundert bei der italienischen Einigung diese Sprache. Die große Mehrheit der Bevölkerung konnte nicht lesen und schreiben und sprach ausschließlich eine der zahlreichen lokalen Varianten des Italienischen. In hundert Jahren hat sich dann aber durch den Staat, also durch das Zusammenleben der Italiener in einem gemeinsamen politischen Gebilde, durch inneritalienischen Verkehr und Migration, durch die Medien, durch die Schule und die Industrialisierung eine moderne Koinè auf der Basis der alten Dichtersprache herausgebildet, die heute eine Mehrheit der Italiener in Wort und Schrift beherrscht. In Italien ist also die Staatsgründung ein ganz entscheidender Schritt bei der Herausbildung einer Nationalsprache «Italienisch» gewesen.

Auch in Frankreich hat, aber wieder anders und viel früher als in Italien, der *Staat* von Anfang an maßgeblichen Anteil an der Ausbildung der nationalen Hochsprache. Das Königreich Frankreich ist ein sehr altes politisches Gebilde, das im Wesentlichen der karolingischen Reichsteilung im 9. Jahrhundert entstammt und sich im Laufe der Jahrhunderte sozusagen Teile Lotharingiens, also des karolingischen Mittelreiches, einverleibt. Dieses alte politische Gebilde ist aber bis zur Französischen Revolution und darüber hinaus ein sprachlich höchst uneinheitliches Land gewesen. «Französisch» wird nur im Norden, also etwa ab der Loire gesprochen, es ist die Sprache des Königs, der in Paris und damit in (der Île de) «France» sitzt. Schon im 16. Jahrhundert – in der Ordonnance von Villers-Cotterêts 1539 – beschließt der König in einer großen Reichsreform die «Vervolkssprachlichung» seines Reiches: gegen das Lateinische. Nicht mehr die alte Sprache Europas, sondern Französisch soll nun die Verwaltungs- und Gerichtssprache Frankreichs sein. Die königliche Verordnung verbreitet das Französische auch in den nicht-frankophonen Teilen des Königreiches. Dieser Einsetzung des Französischen als Staatssprache folgt dann der Aufstieg des Französischen in alle höheren Diskurse, in die Wissenschaften, die Technik (die «arts et sciences»), die Philosophie. Die politische und kulturelle Vorherrschaft Frankreichs im 17. und 18. Jahrhundert verbreitet schließlich das Französische in Europa und in der Welt. Es wird für zweihundert Jahre die Nachfolgerin des Lateinischen als Sprache der internationalen Beziehungen. Es wird die Sprache Europas. Dennoch sprechen zur Zeit der Französischen Revolution nur ein Fünftel der Franzosen Französisch. Die Erste Republik plant die sprachliche Vereinheitlichung des Landes, da die Demokratie einer gemeinsamen Sprache bedürfe, mit der das Volk an seiner Herrschaft partizipieren könne.[4] Aber erst die Dritte Republik setzt mit der Einführung der Schulpflicht 1882 die sprachliche Vereinheitlichung tatsächlich in relativ kurzer Zeit durch. In der Mitte des 20. Jahrhunderts etwa können dann schließlich alle Franzosen Französisch.

Auch in England ist es – ähnlich wie in Frankreich – die starke zentrale politische Macht, verbunden mit den wissenschaftlichen, literarischen und kirchlichen Kräften, die den Dialekt der gebildeten Stände der Hauptstadt zur Standardsprache werden lässt.

Die Reconquista, die christliche Wiedereroberung der iberischen Halbinsel von Norden nach Süden, hat – grob gesprochen – drei romanische Sprachgebiete entstehen lassen, die sich wie drei Streifen von Norden nach Süden erstrecken und drei bedeutende romanische Kultursprachen hervorgebracht haben: Portugiesisch im Westen, Kastilisch im Zentrum und Katalanisch im Osten. Im Nordwesten der iberischen Halbinsel sitzen seit Jahrtausenden die Basken, die sich einer Romanisierung widersetzt haben und an ihrer alten Sprache festhalten. Mit der Eroberung Granadas 1492 endet nicht nur die arabische Herrschaft über Hispanien, sondern auch die Symbiose der christlichen Spanier mit den hispanisierten Juden, die vertrieben werden und sich nun vorzugsweise im Mittelmeerraum ansiedeln, im Gebiet des toleranteren Sultans. Alle drei iberischen Sprachen kennen eine Blüte im Mittelalter, entwickeln sich aber unabhängig und unterschiedlich kräftig zu großen modernen Literatursprachen. Die dauerhafte Vereinigung der Königreiche von Kastilien und Aragon (Letzteres im Wesentlichen katalanisches Sprachgebiet) im 15. Jahrhundert wirkt sich allerdings negativ auf das Katalanische aus, da die kulturelle und politische Dynamik an Kastilien übergeht. Das Kastilische wird auch ausdrücklich zum politischen Werkzeug, zum Mittel der imperialen Ausdehnung der Macht Spaniens, zur *compañera del imperio*, erklärt, sozusagen als Nachfolgerin des Lateinischen bei der Eroberung eines weltumspannenden Imperiums. Die Vereinigung der kastilischen und katalanischen Sprachgebiete in einem Staat macht aus dem Kastilischen die Staatssprache auf Kosten des Katalanischen (das in Spanien verbliebene portugiesische Sprachgebiet – Galizisch – und das Baskenland spielen kulturell und politisch keine wichtige Rolle). Erst im

20. Jahrhundert, nach der Befreiung von der franquistischen Unterdrückung, ist die katalanische Sprache in einer vehementen sprachnationalistischen Bewegung wieder eine der großen Sprachen Spaniens geworden, die in ihrem autonomen Gebiet mit dem großen Zentrum Barcelona die dominante Sprache ist. Allerdings gilt, wie gesagt, in der EU und nach außen das Kastilische als die offizielle Sprache Spaniens; die großen Regionalsprachen Spaniens, Baskisch, Galizisch, Katalanisch, genießen aber einen Sonderstatus. Portugiesisch ist – trotz einer vorübergehenden Union Portugals mit Spanien – seit dem Mittelalter die unumstrittene Kultur- und Staatssprache dieses Landes.

Ganz anders wieder das Schicksal der Nationalsprachen der baltischen Staaten: Das Estnische – keine «baltische», also indoeuropäische, sondern eine finno-ugrische Sprache – ist seit der ersten Unabhängigkeit 1918 und dann wieder seit 1991 Staatssprache in Estland, das in den Jahrhunderten davor von Deutschen, Schweden und Russen beherrscht wurde. Bis zur Staatsgründung war es, wie auch einige andere Sprachen des europäischen Ostens, eher eine Sprache der ländlichen Bevölkerung ohne große literarische und kulturelle Bedeutung, die sich erst mit der Funktion einer Staatssprache entfaltet hat. Noch bis ins 20. Jahrhundert hinein war im Baltikum Deutsch die Sprache der Bildung und Russisch die Sprache der Macht. Estland hat heute eine große russische Minderheit, die in der sowjetischen Zeit bewusst dort angesiedelt wurde, um das Estnische zurückzudrängen.

Obwohl also die historischen Wege, die zu den offiziellen Sprachen der europäischen Staaten führen, sehr verschieden sind, ist strukturell das Ergebnis überall ziemlich ähnlich: Die offiziellen Sprachen fungieren als Bildungssprachen, als Verwaltungs- und Justizsprachen, als Sprachen der Medien (Zeitung, Radio, Fernsehen), als Sprachen der Politik.

Die verschiedenen Sprach-Geschichten begründen offensichtlich verschiedene Haltungen der entsprechenden Völker gegenüber ihrer Sprache, verschiedene Loyalitäten. Dies wird deutlich angesichts der sprachlichen Vereinheitlichungstendenz, die den Kontinent erfasst hat. Alle europäischen Länder lernen derzeit Englisch, das nicht nur europäische, sondern globale Kommunikationsmittel. Die europäische

Jugend kommuniziert im Wesentlichen auf Englisch miteinander, in einer dritten Sprache also. Der direkte Weg über die Erlernung der gegenseitigen Landessprache wird immer seltener. Die Beherrschung des Englischen hat den Vorteil, dass es weltweite, nicht nur europäische Kommunikationsräume eröffnet und in wissenschaftlichen und wirtschaftlichen Betätigungen die immer exklusivere Sprache wird. Es ist nun zu bemerken, dass die skandinavischen Länder und die Niederlande sich dem Englischen ungeheuer weit geöffnet haben. Das hat natürlich auch mit der strukturellen Nähe dieser Sprachen zum Englischen zu tun (Niederländisch ist wie Englisch eine westgermanische Sprache). Vor allem aber hat es damit zu tun, dass die entsprechenden Sprachen – Dänisch, Schwedisch, Norwegisch, Niederländisch – so gut wie keine internationale Verbreitung haben, sodass schon allein deswegen das Englische sich als Verbindung mit der Welt anbietet. Gleichzeitig scheint das aber die Sprachloyalität der Skandinavier und Niederländer gegenüber ihren Sprachen nicht zu beeinträchtigen. Englisch-Sprechen und -Schreiben bedeutet für sie kein Aufgeben wichtiger Diskurse, weil diese auch in der Vergangenheit schon in anderen Sprachen bewältigt wurden. Die Dänen zum Beispiel haben auch in der Vergangenheit schon auf Deutsch oder Französisch Wissenschaft und Handel betrieben.

Schwerer haben es in dieser Hinsicht die Franzosen oder die Deutschen: Die Franzosen haben seit dem Abschied vom Latein im 17. Jahrhundert alles auf Französisch gesagt und geschrieben, die Deutschen haben noch ein bisschen länger latinisiert, ansonsten sich aber ab dem 18. Jahrhundert mit Begeisterung in ihre Sprache gestürzt, die ihnen alles erlaubte und ihnen alles gegeben hat. Außerdem waren beide Sprachgemeinschaften groß genug, um ein großes Publikum zu erreichen, im Falle des Französischen sogar ein weltweites. Vor diesem Hintergrund fällt es den Deutschen, noch mehr aber den Franzosen schwer, sich von ihrer Sprache als Sprache der Wissenschaften und der Kultur zu verabschieden. In Frankreich kommt erschwerend hinzu, dass das Französische als Sprache der Nation ja tatsächlich auch eine schwer und spät errungene und prekäre ist. Die Deutschen sitzen dagegen schon seit Jahrhunderten in einer gemeinsamen Sprachgemeinschaft, was sie offener für Anderes macht. Und in den Deutschen wirkt auch heute noch die Schande nach, die das NS-Regime über die deutsche Sprache gebracht hat, was eine gewisse Sprachscham erzeugt hat und folglich bei vielen auch den Wunsch, aus dem Deutschen auszusteigen. Gerade die vergangenen Handlungen des deutschen Staates haben die Sprachloyalität erschüttert.[5]

2.5. Die Zukunft der europäischen Sprachen

Die nationalstaatliche Organisation Europas gibt derzeit – so scheint es – zumindest den offiziellen Sprachen Europas einen sicheren Ort: Die Verwaltung, die Presse, die Politik, das Gerichtswesen, die Schulbildung finden in den europäischen Ländern im Wesentlichen in diesen offiziellen Sprachen statt. Die Europäische Union erkennt die Existenz dieser Staatssprachen an, erhöht sie symbolisch sogar zu einem zentralen Moment ihrer Identität und widmet ihnen einen aufwendigen und teuren Sprachendienst an ihrem Sitz in Brüssel. Dem Fortbestand und der blühenden Fortentwicklung der europäischen Sprachen steht anscheinend nichts entgegen.

Dort, wo die Minderheitensprachen den Schutz der Charta der europäischen Regional- und Minderheitensprachen genießen, scheint auch deren Existenz gesichert. Wo keine offizielle Förderung dieser Sprachen besteht, wie z.B. bei den Regionalsprachen in Frankreich (Frankreich hat die Charta der Minderheitensprachen nicht ratifiziert, auch wenn es diese – wie gesagt – jetzt in seine Verfassung und in die staatliche Sprachpflege aufgenommen hat), befinden sich diese Sprachen in zunehmend lamentablen Schwinde-Zuständen: Nachdem die Staatsschule der Dritten Republik sich gerade auch als Maschine zur Verbreitung der Staatssprache Französisch verstanden hat und die Bevölkerung Frankreichs mehrheitlich das Französische angenommen hat, haben sich Sprachen wie das Okzitanische und das Bretonische ins Private und ins bäuerliche Umfeld zurückgezogen. In den mehr als hundert Jahren seit der Einführung der Schulpflicht 1882 ist, infolge der massiven Verbreitung der Nationalsprache in gedruckten, audiovisuellen und elektronischen Medien, nicht mehr viel von diesen Regionalsprachen Frankreichs übriggeblieben: Man hört in der Bretagne oder in Südfrankreich kaum ein bretonisches oder okzitanisches Wort. Mühsam versuchen intellektuelle Sprachaktivisten diesen Schrumpfungsprozess aufzuhalten. Es gibt tatsächlich einige private Grundschulen, die auch die Regionalsprachen unterrichten, sogar durch Immersionsunterricht. Es gibt Kulturveranstaltungen, auf denen in diesen Sprachen gedichtet und gesungen wird. Aber insgesamt lässt sich das Verschwinden dieser Sprachen – vielleicht bis auf einen kleinen folkloristischen Rest – nicht aufhalten.

Die Modernisierung, die staatliche Vereinheitlichung, die wirtschaftlichen Zwänge geben im nationalstaatlichen Rahmen den «kleinen» oder Regionalsprachen keine Chance, es sei denn, sie werden wie in den aggressiven nicht-kastilischen Sprachgemeinschaften Spaniens – Katalanisch, Baskisch, Galizisch – durch eine leidenschaftliche kulturelle und sprachliche Anhänglichkeit bewahrt, gepflegt und sogar als offizielle Sprachen dieser autonomen Gebiete durchgesetzt. Damit dies geschieht, muss die Sprachgemeinschaft aber vom Wert ihrer Sprache überzeugt sein, sie muss sich in dieser Sprache ausdrücken wollen, das heißt, sie muss ihre Identität an diese Sprache binden. Die Erkenntnis muss sich Bahn gebrochen haben, dass es beim Sprechen nicht nur darum geht, effizient und möglichst weiträumig zu kommunizieren, sondern dass Sprachen besondere Weisen sind, das Denken zu produzieren, kostbare vielfältige Möglichkeiten, die Welt zu erfassen und sich in einer bestimmten Gemeinschaft auf eine der Geschichte entsprechende Weise geistig-poetisch zu entfalten. Denn es ist ja höchst unökonomisch, auf Katalanisch, Baskisch oder Galizisch zu kommunizieren und damit nicht einmal die kommunikative Reichweite des eigenen Staates zu erlangen. Diesen Nachteil gleichen die Katalanen, Basken und Galizier aber ganz offensichtlich durch einen identitären und kulturellen Gewinn aus. Außerdem zwingt sie das Festhalten an der eigenen Sprache zur Erlernung der Sprache(n) mit größerer Reichweite, das heißt, sie gewinnen eine Mehrsprachigkeit, die zum Beispiel den inzwischen einsprachig französischsprachig gewordenen Bretonen abgeht.

Aber nicht die Sprachloyalität der iberischen Völker, sondern eher der Prozess des Verschwindens der Regionalsprachen in Frankreich und anderswo gibt einen Hinweis darauf, wie die Zukunft der jetzt noch so sicher scheinenden offiziellen Sprachen Europas aussehen könnte, wenn die Entwicklung der europäischen Sprachsituation den jetzt schon erkennbaren Tendenzen folgt. Es ist ja nicht zu übersehen, dass in vielen Staaten Europas, vor allem in den Ländern Nordeuropas und in Deutschland, eine Politik der sprachlichen Vereinheitlichung des Kontinents betrieben wird, die erhebliche Folgen für die Sprachen Europas haben wird oder auch schon hat. Wie bei der sprachlichen Vereinheitlichung Frankreichs wird die Vereinheitlichung des Kontinents «von oben» massiv befördert, sie findet aber auch – wie bei den sprachlichen Minderheiten Frankreichs – begeisterte Anhänger bei den Menschen selbst. Man muss also zumeist niemanden dazu zwingen, die eigene Sprache allmählich aufzugeben. Zwang – siehe Spanien – scheint sogar eher den Widerstand gegen die Uniformierung zu befördern.

Der Unterschied zur nationalsprachlichen Vereinheitlichung ist im Moment noch der, dass relativ wenig «national-europäische» Propaganda den europäischen Prozess begleitet. Noch sagen nur wenige im offiziellen Europa: Wir wollen eine Nation werden, und deswegen brauchen wir eine gemeinsame Sprache, und deswegen lernen wir jetzt alle Englisch. Allerdings bereitet eine paneuropäische und kosmopolitische Sozialwissenschaft und -philosophie der entsprechenden politischen Aktion jetzt den Weg. Die Politiker folgen ihr mehr und mehr. In ihrer alltäglichen Sprachpraxis bedient sich das Brüsseler Personal trotz aller offiziellen Beteuerungen der europäischen Mehrsprachigkeit ja schon zunehmend der Einheitssprache Englisch. Die den Vereinheitlichungsprozess befördernde Propaganda, die von den Einzelstaaten und der Wirtschaft betrieben wird, ist im Wesentlichen ökonomisch und global – nicht kulturell und europäisch. Sie sagt zumeist auch nicht, dass sie auf Uniformierung aus ist, sondern propagiert die Einheitssprache nicht ohne eine gewisse Heuchelei unter dem derzeit sakrosankten Etikett der «Mehrsprachigkeit». Dementsprechend denken auch die europäischen Bürger völlig ökonomisch und uneuropäisch bei der Übernahme des Englischen: Sie erhoffen sich einerseits berufliche

Vorteile und erstreben andererseits die Möglichkeit weltweiter Kommunikation. Es geht um die Welt, nicht um Europa!

Englisch wird also bei einer sprachlichen Vereinheitlichung des Kontinents kein Identifikationssymbol für Europa sein, so wie Französisch das entscheidende Identifikationsmerkmal für die Bürger der Französischen Republik seit der Revolution oder wie das Deutsche jahrhundertelang das Kriterium für die Zugehörigkeit zu «Deutschland» gewesen ist (es gab eigentlich kein anderes). Das globale Englische ist nicht politisch oder kulturell «europäisch» aufgeladen, sondern einzig praktisch und nützlich, kulturell ist es allenfalls amerikanisch konnotiert (also cool, jung, dynamisch, Hollywood und NY). Das Französische als Nationalsprache Frankreichs schleppte dagegen eine ganze Sprachideologie mit sich herum: Es war seit dem 17. Jahrhundert, wie die französische Sprachpropaganda immer betonte, die Sprache der Klarheit und der Vernunft, in der Revolution wurde es dann die Sprache der Freiheit, es war französisch und universell (weil es vermeintlich den Gesetzen der Vernunft gehorchte, weil es den universellen Menschenrechten zum Ausdruck gedient hat). Die Franzosen wollten dieser politischen Gemeinschaft – der Republik – und dieser großen Kultur angehören und lernten dafür Französisch und ließen ihre alten «Bauernsprachen» hinter sich zurück.

Natürlich war auch in Frankreich – über diese Sprachideologie hinaus – das soziale und wirtschaftliche Vorankommen, also der praktische Vorteil für die Menschen, ein entscheidendes Movens für das Erlernen des Französischen durch die nicht frankophonen Völker Frankreichs: Wer etwas werden wollte, musste Französisch können, denn alle höheren Diskurse – Politik, Wissenschaft, Verwaltung, Gerichtsbarkeit, später sogar auch die Kirche, die noch am längsten an den alten Sprachen festgehalten hat – fanden auf Französisch statt. Es gab keine Physik auf Bretonisch, Recht wurde auf Französisch, nicht auf Baskisch gesprochen. Nur französisch sprechend oder schreibend wurde man im ganzen Land gehört, erweiterte sich der kommunikative Radius einer Rede auf die ganze Nation. Es wäre sicher schön gewesen, eine philosophische Abhandlung auf Bretonisch zu schreiben, nur hätte sie dann schon in Nantes, geschweige denn in Paris keiner mehr gelesen.

Entsprechend ist es auch mit dem globalen Englischen heute. Es weitet den kommunikativen Radius meiner Rede ins Globale. Heute ein wissenschaftliches Werk auf Deutsch zu schreiben ist sicher schön, nur in London und New York liest es dann keiner. Also ist es besser, ich schreibe das Werk gleich auf Englisch. Der Universitätspräsident möchte das ohnehin, damit seine Universität sich allmählich auf der globalen Ranking-Liste der Universitäten emporarbeitet, denn dort werden nur englische Publikationen gezählt. Und selbstverständlich muss ich, wenn ich auf irgendeinem relevanten Posten in irgendeiner relevanten Firma arbeiten möchte, englisch kommunizieren können. In den großen Firmen wird nicht nur schriftlich auf Englisch kommuniziert, sondern gleich, jedenfalls am Standort Deutschland, auch mündlich. Und wenn ich an den (vermeintlich) wichtigen kulturellen Ereignissen teilnehmen möchte, ist es schon gut, wenn ich die Filme auf Englisch verstehen kann. Die wichtigsten Diskursdomänen – Wissenschaft, Wirtschaft, Kultur – werden zunehmend nicht mehr auf Deutsch bewältigt.

Natürlich bleiben noch ein paar Bereiche für die alte Nationalsprache erhalten: Verwaltung, Justiz, Politik, Literatur. Dennoch sinkt das Ansehen der Sprache bei ihren Sprechern, wenn die prestigereichen Diskurse entfallen und wenn die Wörter nicht mehr zur Verfügung stehen, über diese hohen Gebiete zu sprechen. So ist beispielsweise der Druck auf deutsche Philosophen stark, auf Englisch zu philosophieren. Der kommunikative und ökonomische Gewinn für die Sprecher und Schreiber – die «Rendite», wie der Sprachkapitalismus sagt – ist unmittelbar evident. Die Folgen für die deutsche Sprache sind es allerdings ebenfalls. Wenn die Deutschen diesem Druck nachgeben und keine philosophischen Werke mehr auf Deutsch verfassen, wird nicht nur die Verbindung zu einer großen Vergangenheit gekappt, auch die Erlernung des Deutschen wird zunehmend uninteressant: Es gibt dann ja nichts Interessantes mehr auf Deutsch zu lesen. Die in der Vergangenheit auf Deutsch geschriebenen Texte – nicht nur der Philosophie – werden zunehmend unzugänglich, eine Wissensvernichtung gigantischen Ausmaßes findet statt. Und wenn die deutsche Wirtschaft insgesamt auf Englisch wirtschaftet, gibt es auch hier keinen Grund mehr für ausländische Geschäftspartner, diese Sprache zu erlernen.

Diese Entwicklung war der Grund dafür, dass der Deutschunterricht an französischen Schulen niederging: Warum soll ich denn – so wird das Kalkül französischer Schüler und ihrer Eltern gewesen sein – Deutsch lernen, wenn ich mit den Deutschen auf Englisch kommunizieren kann und wenn es auf Deutsch doch nichts Interessantes mehr zu hören und zu lesen gibt? Das Deutsche fällt – wie auch die anderen europäischen Sprachen – zurück in den Zustand der Vernakularsprache, aus dem es sich seit dem 16. Jahrhundert so erfolgreich hervorgearbeitet hatte.

2.6. Ein Erinnerungsort verschwindet

Der Prozess der Re-Vernakularisierung der europäischen Sprachen macht die wichtigste sprachhistorische Entwicklung in der europäischen Geschichte wieder rückgängig und löscht damit die Europäität der europäischen Sprachen. Denn was ist Europa kulturell und sprachlich? Es ist eine gemeinsame (nicht dieselbe!) Kultur in verschiedenen Sprachen, die aufeinander hören und in der Verbindung mit der gemeinsamen Vergangenheit Europa weitergestalten.

Ich habe weiter oben die Wanderungen der verschiedenen Sprachgemeinschaften nach und in Europa skizziert, also wie die Sprachen an die *geographische* Stelle geraten sind, die sie heute einnehmen. Des Weiteren habe ich die verschiedenen historischen Entwicklungen angedeutet, wie die Sprachen – oder besser: manche Sprachen – Sprachen der *Staaten* geworden sind. Die enge Beziehung zwischen Staat und Sprache, die die Französische Revolution gestiftet hat, ist dabei auch in ihrer Konfliktualität deutlich geworden: Der französische Staat glaubte, nur in sprachlicher Einheitlichkeit – und durch die Vernichtung der anderen Sprachen auf seinem Territorium – seine politische Mission erfüllen zu können. Umgekehrt glaubte die deutsche Sprachgemeinschaft, sich einen Staat geben zu müssen. Dass Staaten weitgehend einsprachig sein sollen und dass eine Sprachgemeinschaft einen eigenen Staat haben muss, scheint immer noch das notwendig zu erreichende Telos und die Erfüllung der jeweiligen Geschichten der Sprachen zu sein.[6] Dabei ist vom Standpunkt der Sprachen eigentlich gar nicht die Verbindung des *Staatlichen* mit dem Sprachlichen die Erfüllung und Vollendung der europäischen Sprachen, sondern die *kulturelle* Erbschaft, die sie angetreten haben, und ihre *kulturelle* Entfaltung. Dies ist der *lieu de mémoire*, den die aktuelle sprachliche Entwicklung Europas zu verlassen droht.[7]

Die beiden großen kulturellen und politischen Dynamiken der Antike waren einerseits die Ausbreitung der griechischen Kultur im östlichen Mittelmeer und andererseits die Entfaltung des Imperium Romanum in der gesamten mittelmeerischen Welt, in Gallien, Britannien, Germanien und im Osten bis ans Schwarze Meer. Die östliche, griechische Welt, die die Römer ihrem Reich eingliederten, blieb sprachlich griechisch, da auch die Römer die kulturelle Vorrangstellung der griechischen Kultur anerkannten. Die Völker des Westens des Reiches aber – Italien, Nordafrika, Hispanien, Gallien, die Alpenländer bis nach Dacien – übernahmen in einem jahrhundertelangen Prozess die lateinische Sprache, die ihnen als die höhere, staats- und kulturtragende galt.[8] Auch die Germanen, die in das Reich einfallen und es zerstören, geben ihre Sprachen auf, wo sie auf eine bedeutende romanisierte Bevölkerung treffen. Dies sind natürlich lange dauernde Prozesse: Der erste «französische» König, der kein Fränkisch mehr kann, ist Hugues Capet um das Jahr 1000 – also fünfhundert Jahre nach den Anfängen des Frankenreichs. Dort, wo das Volk die germanische Sprache bewahrt, übernehmen die Germanen das Lateinische aber als ihre Hohe Sprache, als Kultursprache. Lateinisch wird für die germanischen Länder – wie auch für einen Teil der slawischen Völker und die Ungarn – die Sprache der Kultur, weil es die Sprache der Kirche ist. Der Bereich der Westkirche – bis hin nach Britannien, Skandinavien und in den slawischen Osten – ist der Einflussbereich der lateinischen Kultur. Das oströmische Reich und seine Kirche bleiben bis zu ihrer Zerstörung im Jahre 1453 der Raum des Griechischen. Die von der Ostkirche christianisierten Völker hängen – wenn auch lockerer – mit der griechischen Sprache zusammen, so wie die Völker des Westens mit der lateinischen. Als sichtbares Zeichen dieses Zusammenhangs kann die kyrillische Schrift angesehen werden, die die Slawenapostel aus dem griechischen

Alphabet entwickelt haben. Allerdings hat das Griechische insofern einen geringeren Erfolg als das Lateinische, als aus ihm ja kein der Romania und den romanischen Sprachen entsprechender neu-griechischer Sprachraum entstanden ist. Es ist sogar durch die Araber, die Slawen, die Türken immer weiter zurückgedrängt worden, sodass es heute nur noch im Kernland gesprochen wird (das ist ungefähr so, als würde heute nur zwischen Neapel und Florenz eine Nachfolgesprache des Lateinischen gesprochen). Trotz ihrer frühen politischen Fragmentierung hat sich die lateinische Welt des Westens sprachlich kräftiger entwickelt als der griechische Osten. Seit den römischen Eroberungen hat sich, zunächst durch das Reich und nach dessen Zusammenbruch durch die Kirche, die lateinische Sprache ununterbrochen so verbreitet, dass ganz West- und Zentraleuropa lateinisches Land geworden ist.

«Nostra est Italia, nostra Gallia, nostra Germania, Pannonia, Dalmatia, Illyricum, multaeque aliae nationes», schwärmt noch im 15. Jahrhundert der Humanist Lorenzo Valla. Das bedeutete nicht unbedingt, dass das Volk überall in den genannten Ländern lateinisch gesprochen hätte, wohl aber, dass überall – auch in Germanien – das Lateinische die Sprache der Kultur und der Bildung war. Die Sprachsituation stellte sich im Mittelalter in Europa als Diglossie, also als funktionale Zweisprachigkeit dar: Oben, das heißt in den prestigereichen Diskursen der Gelehrsamkeit, der Religion, der königlichen und kaiserlichen Verwaltungen, wurde lateinisch gesprochen und geschrieben, unten, im Alltag der Völker, wurden die Volkssprachen gesprochen (geschrieben wurden sie noch wenig, Ausnahme: die Dichtung, die als adelige Unterhaltung überall in Europa volkssprachig war, der Adel war ja nicht buchgelehrt).

Latinität der Kultur bedeutet, dass das Textkorpus, auf das diese europäische Hoch-Kultur zurückgriff, insgesamt in lateinischer Sprache gefasst ist, auch wenn es ursprünglich in anderen Sprachen entstanden ist: Die Bibel war bis zur Renaissance im europäischen Westen ein lateinischer Text, die Originalsprachen Hebräisch und Griechisch spielten keine Rolle. Die Philosophie, ursprünglich griechisch, war im Westen lateinisch. Aristoteles war im Mittelalter ein lateinischer Autor: Er war der *Philosophus*. Das Recht war römisch, auch germanisches

Recht wurde auf Lateinisch niedergeschrieben. Die Latinität Europas verstärkte sich noch einmal im Humanismus, weil sich zwar die Kenntnisse des Griechischen in Westeuropa verbreiteten, die alten griechischen Autoren – z. B. Platon – aber weiterhin ins Lateinische übersetzt und in dieser sprachlichen Form in Europa gelesen wurden. Alles Wissenschaftliche – Juristische, Medizinische, Theologische, Philosophische – wurde bis ins 16. Jahrhundert und darüber hinaus ohnehin auf Lateinisch geschrieben.

Der Humanismus, also die Bewegung zur Erneuerung und Stärkung der lateinischen Sprache und Kultur, ist paradoxerweise auch eines der Momente jener revolutionären Bewegung, die Europa ab dem 16. Jahrhundert von der lateinischen Sprache und Kultur emanzipiert. Der Humanismus erhöht nämlich die Standards des Lateinschreibens und Lateinsprechens derart, dass diese Sprache zunehmend als *fremde* Sprache wahrgenommen wird und die Differenz zu den Volkssprachen immer deutlicher wird. Diese werden sich gleichsam ihrer selbst als «eigene» Sprachen bewusst. Es ist ein ganzes Bündel von Revolutionen, die die alte Sprachwelt Europas umwälzen: Die volkstümliche religiöse Erneuerungsbewegung, die Reformation, ist eine Bewegung, die Teilnahme der Gläubigen fordert und daher auf die Sprache des Volkes zurückgreift, in Deutschland ebenso wie in Frankreich und England. Auch die Modernisierung der Macht durch fürstliche Verwaltungen zielt auf Teilhabe und Verständnis der Untertanen – und damit auf Abschaffung unverständlicher lateinischer Verwaltung und Gerichtsbarkeit. Die italienischen Stadtrepubliken stellen als Zentren der ökonomischen und sozialen Modernisierung die Sprache der produktiven Stadtbürger, das *Volgare*, der alten lateinischen Kultur selbstbewusst zur Seite – und über sie (Dante). Die großen Königreiche – Spanien, Frankreich, England – setzen auf die «Nation». Die ökonomische Kraft liegt schon seit Langem in den Städten und beim produktiven Bürgertum, das sich nicht mit der lateinischen Kultur des Klerus identifiziert, sondern seine eigene – volkssprachliche – Kultur stolz voranbringt. Die volkssprachliche Dichtung, die durch den Lateinhumanismus im 14. und 15. Jahrhundert in ihrer Weiterentwicklung gehemmt wurde, nimmt – ausgehend von Italien – überall in Europa wieder an Bedeutung zu. Die «Frage nach der Sprache» (*questione della lingua*), Latein oder Volkssprache, wird daher im 16. Jahrhundert in ganz Europa zugunsten der Volkssprachen entschieden.

Nach der Religion, der Macht, der Literatur erklimmen die Volkssprachen schließlich auch den höchsten Gipfel der Bildung, indem sie in die Domäne der *Wissenschaft* und der *Philosophie* eindringen. Als symbolisch wichtige Übertritte vom Lateinischen in die jeweilige Volkssprache sind hier die folgenden zu nennen: Galilei lässt 1632 das Lateinische hinter sich, Descartes schreibt 1637 den *Discours de la méthode* auf Französisch, auch Bacon schreibt am Anfang des 17. Jahrhunderts lieber Englisch als Latein (und lässt die englischen Schriften dann ins Lateinische übersetzen), Vico schreibt nach lateinischen Anfängen 1725 sein Hauptwerk auf Italienisch, Christian Wolff und Kant gehen im 18. Jahrhundert vom Lateinischen ins Deutsche über.

Was hier geschieht, ist die moderne Transformation der lateinischen Kultur in die verschiedenen europäischen Volkssprachen: Alle europäischen Sprachen erweisen sich als ebenso gut wie das Lateinische, aber alle europäischen Sprachen beerben auch die lateinische Kultur und setzen sie fort. Die gesamte alte, auf Lateinisch gefasste europäische Kultur wird nun in die verschiedenen Sprachen transportiert. Alle europäischen Literaturen beziehen sich nach wie vor auf die Bibel und auf – zumeist lateinisch vermittelte – antike Stoffe, die Philosophen beziehen sich auf das gemeinsame Korpus der antiken (lateinisch vermittelten) Philosophie, die Juristen auf lateinisches Recht. Die europäischen Volkssprachen erben die gemeinsame Kultur, geben ihr neue Stimmen, behalten aber gleichsam die gemeinsame – lateinische – Grund-Stimmung. Und weil sie aus den gemeinsamen Quellen schöpfen, bleiben sie auch miteinander in Kontakt und innigster Berührung: Alle lesen, was die Italiener geschaffen haben, die Deutschen lesen die Franzosen, Italiener, Spanier, Engländer, die Italiener lesen die Franzosen, ganz Europa liest Shakespeare und später Tolstoi und Kafka. Europa übersetzt also nicht nur die Antike in seine Volkssprachen, es übersetzt auch – natürlich in ganz unterschiedlichem Ausmaß – aus den Volkssprachen in die Volkssprachen, gerade auch weil das Gefühl der europäischen Gemeinsamkeit niemals aufgehört hat. Nationalistische Anwandlungen der Verschließung vor dem europäischen Anderen haben keinen bleibenden Erfolg gehabt. In diesem Sinne ist, was kürzlich von Umberto Eco wieder betont worden ist, die Übersetzung die Sprache Europas. Das heißt natürlich, dass *alle* Sprachen Europas die Sprachen Europas sind, die jeweils eigene Sprache ebenso wie die Sprachen der anderen Europäer und des alten Europas, aus denen und in die übersetzt wird.

Die europäischen Sprachen und die in ihnen geschriebenen Texte sind also nichts weniger als die zentralen Erinnerungsorte, genauer: die Orte des Gedächtnisses Europas, die *lieux de la mémoire de l'Europe*. In ihnen sedimentiert sich sowohl das gemeinsame Erbe als auch die jeweilige Besonderheit der jeweiligen Stimme. Deswegen hat die EU, die Kulturelles höchst ungern und spärlich thematisiert, Recht, wenn sie in den Sprachen ein tiefes Moment der europäischen Identität sieht und sich – zumindest offiziell – dafür einsetzt, dass diese Sprachen erhalten bleiben und gepflegt werden.

2.7. Die neue *questione della lingua* oder: *the question of the language*

Die Frage, die sich Europa daher stellen muss, ist, ob die rasende Transformation seines Sprachensystems dieses Erbe bewahrt oder ob sie es zerstört. Europa ist auf dem Weg, sich eine neue gemeinsame Sprache zuzulegen. Vor diesem Hintergrund stellt sich die *questione della lingua* neu. Die Frage ist allerdings nicht, welche Sprache das sein soll, diese Frage ist längst entschieden, sondern im Wesentlichen, wie weit das gehen soll.

Denkbar wäre in einem radikalen Szenario, das ich im vorigen Kapitel entworfen habe, die völlige sprachliche Vereinheitlichung Europas – so wie sich Frankreich sprachlich vereinheitlicht hat: Die Sprachen werden aufgegeben, zunächst oben, das heißt in Wissenschaft, Wirtschaft und Kultur. In den gesellschaftlich und kulturell höheren Sphären wird alles Wichtige auf Englisch besprochen und beschrieben. Die Volkssprachen unten sinken zu Vernakularsprachen herab. Es entsteht also zunächst eine neue Diglossie mittelalterlichen Typs. Dann schließlich gibt auch das Volk seine Sprachen zugunsten der höheren Sprache auf. So wie die alten vor-indoeuropäischen und die keltischen Sprachen im Lateinischen verschwanden, wie das Bretonische oder das Okzitanische im Französischen versanken, so versinken dann das Deutsche, das Italienische, das Estnische und die anderen Sprachen im Englischen. Die verschiedenen «Weltansichten», die Sprachen ausmachen, die verschiedenen Kulturen, die sich in ihnen manifestieren, das heißt, vor allem die in den Volkssprachen entfalteten reichen Textwelten und ungeheuren Wissensvorräte, werden vernichtet, der «kulturelle Reichtum», der nach offizieller europäischer Auffassung mit den Sprachen verbunden ist, verschwindet. Die Sprachen sind dann höchstens noch als Schwundstufen, als *Akzente* oder als Substrat, wie das die Linguistik nennt, im gemeinsamen Englisch enthalten, als matte materielle Erinnerung an frühere Zeiten.

Die Alternative ist natürlich nicht, das Englische als europäische Verkehrssprache abzulehnen und wieder abzuschaffen. Die Frage ist vielmehr, ob eine funktionale Aufteilung zwischen dem Englischen und den anderen Sprachen gefunden werden kann, die die alte Europäität nicht zerstört: Das ist der mühsamere Weg einer europäischen Mehrsprachigkeit, die tatsächlich die europäische Formel M + 2 ernst nimmt: M, die «Muttersprache» (gemeint ist die nationale Kultursprache, die nicht notwendigerweise Muttersprache ist), bleibt das Gefäß der europäischen Tradition, das es zu pflegen und zu bewahren gilt, das also auch als voll ausgebaute Kultursprache in der Nation zu gebrauchen und weiterzuentwickeln ist. F1 – Englisch – ist auf seine internationale Kommunikationsfunktion zu reduzieren, also als ein technisches Hilfsmittel anzusehen, das nützlich ist und das Europa auch noch mit dem Rest der Welt verbindet. Diese funktionale Einschränkung des Englischen, die auch einer Zähmung seiner «glottophagischen» Kraft dienen würde,[9] bei gleichzeitiger Pflege der alten Nationalsprachen ließe des Weiteren genügend Zeit, um sich tatsächlich auf eine fremde Sprache – F2 – einzulassen. Dies halte ich für einen absolut notwendigen Schritt in der Bildung eines Europäers: Es ist der horizontale Blick auf den Anderen, den anderen Europäer. Ich kann natürlich mit allen

Europäern und mit dem Rest der Welt auf Englisch kommunizieren. Ich kann mich verständigen, aber deswegen verstehe ich den Anderen noch lange nicht. Genau diese Übung im Verstehen ist aber die Erlernung der zweiten Fremdsprache bzw. das Kennenlernen des anderen Europäers durch seine Sprache.[10]

2.8. Einheit und Verschiedenheit

Der grundlegende Mythos der europäischen Kultur, die Bibel, denkt Sprachenvielfalt als eine Katastrophe: Sie ist das Resultat des Sündenfalls, eine Strafe für die Hybris der Menschen. Die Menschen wollten zu Babel mit ihrer gemeinsamen Sprache werden wie Gott. Das hat dieser dann durch die Verwirrung der einheitlichen Sprache verhindert. Nach Babel sprechen die Menschen verschiedene Sprachen, sie können sich nicht mehr zu göttlicher Größe erheben. Die globale Kommunikation ist unmöglich geworden. Der Mythos von Babel ist also Ausdruck der leidenschaftlichen Sehnsucht nach einer einzigen Sprache, nach der unschuldigen und einzig wahren Sprache des Paradieses. Diese Sehnsucht ist der christlich-jüdischen Welt eingebrannt. Die europäische Tradition privilegiert eindeutig die sprachliche *Einheit.* Auch das christliche Sprach-Ereignis – Pfingsten – hat daran nicht wirklich etwas geändert. Pfingsten zeigt zwar einen Ausweg aus dem Fluch von Babel: Die Sprachverschiedenheit ist überwindbar durch den Einen Heiligen Geist, der in allen spricht – und darauf kommt es an. Die Botschaft – das Evangelium – ist dieselbe für alle Menschen. Die Vielfalt ist eigentlich nur eine oberflächliche. In der Pfingstgeschichte schlägt griechischer Sprachgeist durch, für den die Sprachen nur materiell verschieden sind, während der Inhalt (der Gedanke) universell derselbe ist. Sprachverschiedenheit wird oberflächlich und überwindbar.

Dass Sprachen sich aber eben schon in den Inhalten, in der Semantik, unterscheiden, ist eine spätere Einsicht, die Europa im Wesentlichen erst durch die Begegnung mit den Sprachen der eroberten außereuropäischen Länder gewinnt. Vor allem die christlichen Missionare bemerken, dass sich die Botschaft der Heiligen Schrift durchaus nicht so leicht in die Sprachen der eroberten Völker übersetzen lässt, weil diese Sprachen semantische Größen enthalten, die mit denen der europäischen Sprachen inkommensurabel sind. Der Inhalt «heiligen» (*sacrificare*) muss zum Beispiel mit «gut Lippe erhöhen» im Nahuatl, der Sprache der Azteken, wiedergegeben werden. Die Sprachen sind nicht nur verschiedene Laute und Signifikanten, sondern sie gliedern die Welt auch in verschiedene Signifikate. Dies vertieft die Differenz zwischen den Sprachen enorm. Aber gerade deswegen werden die Sprachen nun auch besonders kostbar. Leibniz ist der erste, der das in aller Deutlichkeit erkennt, wenn er in den Sprachen eine «wunderbare Vielfalt der Operationen des menschlichen Geistes» deponiert sieht und in der Erforschung dieser geistigen Vielfalt die eigentliche Bedeutung der Sprachforschung erkennt. Sprachen werden seit Bacon, Locke, Condillac, Herder und Humboldt zunehmend als verschiedene «Weltansichten» erkannt, als geistige Produkte, als kostbare Schöpfungen der Nationen, die sie sprechen. Diese philosophische Einsicht steht im Grunde hinter der Auffassung der EU, dass die Vielfalt der Sprachen ihre Identität ausmacht: Sie sind eben nicht nur verschiedene Töne, sondern verschiedene geistige Schöpfungen.

Wenn Europa nun diese geistige Vielfalt, die ohne Zweifel kommunikativ störend ist, zugunsten einer einzigen Sprache aufgibt, verschenkt es seinen geistigen Reichtum zugunsten des – sicherlich nicht gering zu schätzenden – praktischen Vorteils rascher Kommunikation. Dies wäre eine Reduktion der verschiedenen Weltansichten auf eine und das Ende des geistigen Europa. Bewahrung der europäischen Sprachenvielfalt als *lieu de la mémoire de l'Europe* ist daher nichts anderes als Bewahrung des kulturellen Herzens Europas.

Eine solche Aussage ist nun ganz gewiss, wie de Swaan (2004) sagen würde, «linguistischer Sentimentalismus» pur. Sie ist sogar extrem sentimental, sie redet von «Kultur» und vom «Herzen» Europas. Kitschiger geht's nicht. Aber es ist genau dieser Kitsch, nämlich die Liebe zu ihren Sprachen, der die Katalanen, Basken und Galizier bewegt, sich ihren Sprachen gegenüber loyal zu verhalten, sich nicht im Kastilischen zu verlieren, das sie als dominant und aggressiv erfahren haben (als «lengua del imperio»). Aber auch die Katalanen, Galizier und Basken bestehen ja nicht nur aus dem kitschigen Herzen. Sie haben natürlich auch einen Kopf, also Rationalität und gesunden praktischen Sinn. Sie verweigern sich daher dem Kastilischen nicht. Für die berufliche Tätigkeit, für die Öffnung auf die gesamte Nation und die Welt (Lateinamerika) können sie auch Kastilisch. Sie sind einfach zweisprachig, mit einer Sprache des Herzens und einer Sprache des Kopfes. Das kann man nicht wirklich als «sentimental» beschimpfen, sondern muss es als geistig beweglich und vernünftig loben, weil es die Gemütskräfte des Menschen in ein linguistisches Gleichgewicht bringt. So ähnlich sollte die europäische Antwort auf die *questione della lingua* aussehen: ein Gleichgewicht des sprachlichen Herzens und des sprachlichen Kopfes. Warum das aber so schwer zu erreichen ist, versucht das folgende Kapitel zu erkunden.

3. WAS DIE EUROPÄER VON DER SPRACHE HALTEN ODER WARUM DAS TAFELSILBER NICHT VON ALLEN GESCHÄTZT WIRD

3.1. Die antike Konstellation: Mythos, Philosophie und Rhetorik

Das europäische Nachdenken über die Sprache speist sich aus den beiden Quellen der europäischen Kultur: der jüdischen Religion und der griechischen Philosophie, die im Christentum dann eine originelle Verbindung eingehen. Der biblische Mythos stellt bezüglich der Sprache die Frage des Ursprungs oder der Anfänge, während das griechische Denken eher nach dem Funktionieren der Sprache fragt und sich wenig um Ursprünge kümmert. Das mächtige Gotteswort, das in der Bibel die Welt und den sprechenden Menschen schafft, basiert auf einer magischen Sprachvorstellung: «Und Gott sprach: Es werde Licht! und es ward Licht.» Das göttliche Wort kann Welt schaffen, nicht nur über Welt sprechen. Der sprechende Mensch Adam dagegen kann mit der Sprache keine Welt schaffen, aber er kann doch der Welt Namen geben, sie sich damit geistig aneignen (und so die Schöpfung vollenden). Und der sprechende Mensch Eva kann den anderen Menschen im Miteinander-Sprechen zum Handeln bewegen, «verführen» – und damit mit dem anderen zusammen die Unterscheidung treffen, was gut und böse ist, die Welt also «erkennen». Welterschließung (Kognition) und Kommunikation sind in den biblischen Geschichten als Grundfunktionen der Sprache erfasst und unterschieden. Das Kommunizieren als das Verführen zur verbotenen Tat wird dabei eindeutig negativ gefasst. Des Weiteren denkt der biblische Mythos in der Geschichte vom Turmbau zu Babel die Entstehung der Verschiedenheit der Sprachen, und zwar als Strafe: Verschiedene Sprachen zu haben ist kein Reichtum der Menschheit, sondern etwas Negatives, ein Kommunikationshindernis. Diese negative Einschätzung der Sprachverschiedenheit prägt das europäische Sprachdenken ganz entscheidend bis heute.

Das griechische Denken reflektiert weniger die Anfänge als das Funktionieren der Sprache, und es ignoriert die Frage der Verschiedenheit der menschlichen Sprachen weitgehend: Sprechen und Griechisch-Sprechen, *hellenizein*, sind für die Griechen gleichsam identisch. Die anderen, nicht griechisch sprechenden Menschen sind «Barbaren», also solche, die – wie die Tiere – *brbr*-Laute von sich geben. Bei den griechischen Überlegungen zum Funktionieren von Sprache kommt es zu der charakteristischen Trennung in die philosophische und die rhetorische Sprachreflexion: Das Sprechen über die Welt (semantisch, kognitiv) wird gleichsam vom Sprechen mit dem Anderen (pragmatisch, kommunikativ) getrennt und jeweils auf zwei unterschiedliche Disziplinen aufgeteilt: Die Philosophie gründet sich programmatisch auf das Sagen der Wahrheit und setzt sich damit gegen die Rhetorik ab, der es auf die Wirkung auf den Anderen, auf Persuasion, ankommt. Aristoteles unterscheidet klar zwischen dem wissenschaftlichen Sprechen (dem wahren Sprechen über die Welt), das er in seinen logischen Schriften behandelt, und dem wirkungsvollen Sprechen mit dem Anderen, das von Rhetorik (und Poetik) erfasst wird.

Für das Sagen der Wahrheit ist nun seit Platons *Kratylos* die Sprache ein Ärgernis: Sie ist nicht nur ein kommunikatives, sondern auch ein «das Sein unterscheidendes», also kognitives, weltgestaltendes Instrument. Aber sie ist nur ein schlechtes Abbild der Wirklichkeit, und daher wäre es eigentlich besser, man käme ohne sie aus. Die unauslöschliche Sehnsucht der europäischen Philosophie nach Sprachlosigkeit gründet hier in ihren Anfängen bei Platon. Philosophie und die aus ihr entstehende Wissenschaft sind von Anfang an ein sprachkritisches Unternehmen. Aristoteles trägt dieser Sehnsucht der Philosophie nach

Sprachlosigkeit insofern Rechnung, als er in *De interpretatione* den kognitiven Vorgang von der Sprache ablöst: Denken ist ein bei allen Menschen gleicher, universeller Vorgang, die Vorstellungen der Menschen von den Sachen sind überall dieselben. Sprache hat mit der Entstehung von Vorstellungen – also mit dem Denken – nichts zu tun, sondern dient nur dem Festhalten und der Mitteilung des ohne Sprache Gedachten. Sprache ist also nur der Laut (*phone*) (und nicht auch noch der Gedanke). Dieser Laut ist von Sprache zu Sprache verschieden, die verschiedenen Laute sind *kata syntheken* – «willkürlich», «arbiträr», «konventionell», wie dies später heißen wird – mit den (universellen) Vorstellungen verbunden. Die Wörter sind nur «Symbole», *symbola*, oder «Zeichen», *semeia*, die der Kommunikation dienen. Diese semiotisch-kommunikative Sprachauffassung entdramatisiert die jüdisch-biblische Sprach-Strafe der Sprachverschiedenheit erheblich. Unter den – letztlich nicht so wichtigen – verschiedenen Lauten liegt nämlich allemal dasselbe: allgemein menschliche Konzepte. Die Gesetze des Denkens sind sprachunabhängig und universell. Hier nimmt das Denken des Denkens, also die Logik, ihren sprachlosen Anfang. Diese Sprachauffassung – Worte sind «arbiträre» Zeichen für die ohne Sprache generierten Gedanken – ist im Grunde die bis heute dominante Sprachauffassung Europas, nicht nur weil sie von Aristoteles stammt, dem wahrscheinlich einflussreichsten Philosophen Europas, sondern auch, weil sie so trivial ist.

Das andere große Kapitel antiker Sprachreflexion, die Rhetorik, die Lehre von wirkungsvoller sprachlicher Kommunikation, kümmert sich nicht um wissenschaftliche Wahrheit, sondern um Effizienz. Ihr gesellschaftlicher Ort ist auch nicht die Wissenschaft, sondern die Politik. Hier geht es um die kommunikativ-pragmatische Dimension von Sprache: Wie setze ich meine Stimme und meinen Körper am wirkungsvollsten ein, welche Wörter und Wortkombinationen dienen meinen kommunikativen Zwecken, wie sage ich es am schönsten? In der Rhetorik werden keine einzelsprachlichen Verfahren thematisiert, die Verfahren der rhetorischen Zubereitung der Rede sind prinzipiell universell: Ob eine Rede auf Griechisch, Lateinisch oder Ägyptisch gehalten wird, ist im Grunde gleichgültig.

Gleichsam als Propädeutik zur Rhetorik entsteht dann aber die Grammatik (*techne grammatike*, eigentlich «Schreib-Kunst»), also die Beschreibung der Struktur der Sprache selbst, deren Beherrschung die Bedingung für die weitere Zurüstung der Rede ist. Der erste griechische Grammatiker war Dionysios Thrax, den später Apollonios Dyskolos ergänzt. Allerdings sind die Griechen nicht auf die Idee gekommen, sich für andere Sprachen zu interessieren. Sie schreiben die Grammatik ihrer Sprache (im Rahmen der philologischen Bemühungen um ihre klassischen Autoren), sie schreiben keine Grammatiken anderer Sprachen. Auch hier zeigt sich erneut der Ethnozentrismus der Griechen: Sprechen ist *hellenizein*, Griechisch-Sprechen.

Die Römer, die Erben der griechischen Kultur, sind in dieser Hinsicht ganz griechisch: Das griechische Modell wird auf das Lateinische übertragen. Sie betreiben Rhetorik und Grammatik (des Lateinischen). Die großen klassischen Grammatiker sind Donatus und Priscian. Donatus ist später in der lateinischen Welt so sehr der Grammatiker überhaupt, dass der Name Donatus metonymisch zum Wort für Grammatik wird. Quintilian systematisiert die Rhetorik, schon bei Cicero findet man aber rhetorische Theorie. Die einzige Sprache, die die Römer der Erlernung würdig erachten, ist das Griechische. Ansonsten interessieren sie sich wie die Griechen nur für ihre eigene Sprache. Die anderen Völker haben sich gefälligst dem Lateinischen anzubequemen, was sie im Westen des Römischen Reiches ja auch tun.

3.2. Christliches Sprachdenken

Das ja nicht zu übersehende Faktum der Verschiedenheit der Sprachen – neben Ursprung und Wesen (Funktion) der Sprache das dritte große Thema jeder Sprachreflexion – wird auch im Christentum, in dem die jüdische und die griechische Tradition zusammenfließen, eher vernachlässigt: Die Strafe von Babel hat sich zu Pfingsten nämlich als überwindbar erwiesen. Die Apostel sprechen zwar verschiedene Sprachen, aber in allen verkündigen sie dieselbe Frohe Botschaft, das Evangelium. Wie bei Aristoteles ist also der Gedanke, der mitgeteilt wird, derselbe in allen Sprachen. Das christliche Sprachdenken entdramatisiert damit zunächst – hierin ganz griechisch – die im Alten Testament als tief und quasi unüberwindbar gedachte Verschiedenheit der Sprachen zu einer überwindbaren oberflächlichen Differenz, hinter der sich die – viel wichtigere – Gleichheit des (Heiligen) Geistes verbirgt. Das hat sicher auch damit zu tun, dass das Große Griechenland, also die hellenistische mittelmeerische Welt, und später das noch größere Rom ohnehin eine Sprache sprechen – jedenfalls da, wo es darauf ankommt: in der Religion, in der Gelehrsamkeit, in der Politik. Die Frage der Verschiedenheit der Sprachen ist eine in der Antike kaum reflektierte Frage, die Europa erst ab dem Hochmittelalter beschäftigen wird.

Der im engeren Sinne christliche Beitrag zum europäischen Sprachdenken bringt sogar eine weitere erhebliche Schwächung der Sprache: eine Radikalisierung der griechischen philosophischen Sprachindifferenz und eine Negation rhetorischer Sprachwirksamkeit. Augustinus, der große Vater der westlichen Kirche und nach Platon und Aristoteles der größte Sprachdenker der Antike, ist sich zwar durchaus der wichtigen Funktion der Sprache bewusst: Die Worte der Heiligen Schrift – Sprache also – sind ja doch die einzige Quelle der Wahrheit, gerade nicht die wissenschaftliche Neugier auf die Welt und deren Erkundung (*scientia*), die Augustinus als heidnisch-griechisch ablehnt. Sprache wird also durchaus zum Lehren des Wortes Gottes gebraucht. Und Augustinus reflektiert auch die Verschiedenheit der Sprachen als gravierendes Kommunikationshindernis beim frommen Sprechen. Aber letztlich ist all dieses Sprechen, in welchen Sprachen auch immer, nichtig, weil die Wahrheit, Jesus Christus, schon im Inneren des Menschen in einer «Sprache des Herzens» (*lingua cordis*) vorhanden bzw. schon in sprachloser Illumination in den gläubigen Christen gelegt ist. Die kommunikative Verführung durch den Redner – Augustinus war vor seiner Konversion ein berühmter Rhetorik-Lehrer – ist letztlich unwirksam, und auch der philosophische Wahrheitsdiskurs ist letztlich überflüssig, da die Wahrheit schon im Inneren des gläubigen Menschen angekommen ist. Die Sprache, die in der heidnischen Welt in der Philosophie immerhin noch ein äußeres Werkzeug der Kommunikation war und im Politischen das wirksamste Instrument der Menschenbeeinflussung, wandert sowohl in kognitiver als auch in pragmatischer Hinsicht ins Innere. Sie verklingt gleichsam in der Innerlichkeit des Glaubens.

3.3. Lateinische Einsprachigkeit und mittelalterliche Diglossie

Die christlichen Schulen sind nach der Zerstörung des Römischen Reichs durch die germanischen Barbaren und beim allmählichen Wiederaufbau der Kultur die Orte, an denen das antike Sprachdenken tradiert und transformiert wird. Es ist nach wie vor ein Sprachdenken der *Einsprachigkeit* – das Lateinische ist ja die einzige Sprache dieser Schulen. Als Vorbereitung auf das «eigentliche» Studium (der Theologie) werden Grammatik, Rhetorik und Dialektik (Logik) gelehrt. Diese Disziplinen beziehen sich auf verschiedene Aspekte des Sprechens: Wie spricht man richtig (lateinisch), wie mache ich meine Rede schön, wie argumentiere ich schlüssig? In der Logik, also in der Lehre vom wahren Sprechen, wird das *Organum* des Aristoteles, ein Ensemble von logischen Schriften des Philosophen, in lateinischer Sprache studiert. Auf Logik beziehen sich dann auch die Weiterentwicklungen des christlichen Denkens in der sogenannten scholastischen Philosophie. Eine philosophische «Grammatik» beschäftigt sich mit den universellen Gesetzen des Denkens. In der Reflexion der besonderen – nämlich magischen – Effizienz sakramentaler Sprache finden Überlegungen zur pragmatischen Dimension der Sprache ihre charakteristische religiöse Ausprägung (Rosier-Catach 2004). Aber es sind immer Sprachreflexionen, in denen die Verschiedenheit der Sprachen keine Rolle spielt, deswegen sind sie «universal». Andere Sprachen als das Lateinische kommen dabei kaum in den Blick der Denker. Das Kommunizieren mit Anderssprachigen ist nur ein praktisches, pastorales Problem; die Welt der Philosophen bzw. theologischen Lehrer ist weiterhin – ja mehr noch als in der antiken römischen Welt, die noch das Griechische als Bildungssprache kannte – einsprachig, lateinisch.

Im Grunde herrscht seit der Antike bis ins späte Mittelalter für die Intellektuellen das *Paradies*: eine lateinische Einsprachigkeit der Gelehrsamkeit und der Kirche (was jahrhundertelang dasselbe war, säkulare Gelehrsamkeit bildet sich erst in der Bologneser Rechtswissenschaft). Allerdings bedeutete dies für alle Gelehrten eine individuelle Zweisprachigkeit: Im alltäglichen Leben sprach man die – allerdings nicht weiter beachtete – Sprache des Volkes, in dem man lebte. Für die höheren Diskurse bediente man sich des Lateinischen. Auch die Verwaltung und das Recht, die Macht also, waren in ganz Europa Domänen des Lateinischen. Jahrhundertelang war die charakteristische Sprachkonstellation Europas eine *Diglossie*, bei der «unten» die jeweilige Sprache des Volkes und «oben» – Kirche und Macht – Latein gebräuchlich waren. Genau diese typische europäische Sprachkonstellation wird seit dem späten Mittelalter, vor allem dann aber ab dem 16. Jahrhundert erschüttert und zerstört.

3.4. Die Entdeckung der Verschiedenheit der Sprachen

3.4.1. Das Ereignis, das diese Paradies-Szenerie des europäischen Sprachdenkens grundlegend verändert, ist der Aufstieg der Volkssprachen in die kulturellen Höhen des Lateinischen. Eine «hohe» Domäne der Sprache war auch im Mittelalter Domäne der Volkssprache geblieben: die Dichtung. Das hatte damit zu tun, dass der Adel nicht an der (klerikalen) Gelehrsamkeit teilnahm und daher auch wenig an der lateinischen Sprachkultur partizipierte, wohl aber eine «höfische» und säkulare Hochkultur entfaltete, deren Medium die jeweilige Volkssprache war. Die nicht-lateinischen Völker hatten ohnehin immer in ihren Volkssprachen gedichtet, auch wenn sie die kirchlich-imperiale lateinische Kultur akzeptierten. Und als die romanischen Völker sich der Tatsache bewusst wurden, dass sich ihre Volkssprachen vom Lateinischen weit entfernt hatten, dichteten auch sie gerade in diesen Sprachen. Die neue volkssprachliche Lyrik entsteht im Süden Frankreichs in der *langue d'oc*, in altokzitanischer Sprache (Provenzalisch). Die neue Epik entsteht in der *langue d'oïl*, der nordfranzösischen Sprache. Überall in Europa wird dies nachgeahmt: In Deutschland z. B. folgt die sogenannte Minnelyrik provenzalischen Vorbildern, die Epik dichtet französische Vorbilder um (*Parzival, Tristan, Erec* etc.). Der andere Ort volkssprachlicher Textproduktion ist das städtische Bürgertum, das in seinen Handelsbeziehungen und in seinen praktisch-technischen Tätigkeiten die Volkssprachen auch schriftlich verwendet.

Der italienische Dichter Dante ist der Erste, der um 1300 vor dem Hintergrund des literarischen Aufstiegs der romanischen Volkssprachen in einem großartigen lateinischen Text *De vulgari eloquentia*, «Über das Dichten in der Volkssprache», eine Theorie der Volkssprache (in der Dichtung) entwirft. Er entfaltet darin das gesamte Wissen des Mittelalters über die Sprache, um eine hohe Dichtersprache Italiens theoretisch zu konstruieren und dieser einen neuen Platz in der mittelalterlichen Diglossie von Volkssprache und Latein (*gramatica*) zu erobern, nämlich neben oder gar über dem Lateinischen.[1]

Dantes Schrift wird aber erst einmal zweihundert Jahre lang unterdrückt: Das Lob der Volkssprache passte (noch) nicht in eine Zeit, die dem Lateinischen erneut die höchste Wertschätzung entgegenbrachte, den Humanismus. Doch die weitere Entfaltung bürgerlich-städtischer Kultur in Italien, die Ausrichtung von Machtstrukturen an nationalen Parametern (Frankreich, Spanien, England), die Emanzipation von der lateinischen Kirche in der Reformation (Deutschland) lassen die Volkssprachen immer wichtiger werden. Sie dringen zunehmend in Domänen vor, die traditionellerweise dem Lateinischen vorbehalten waren: Der französische König stellt Verwaltung und Rechtsprechung vom Lateinischen auf das Französische um, in Italien wird nach einer Blüte lateinischer Dichtung wieder in der Volkssprache gedichtet, in Deutschland erobert sich die Volkssprache das Diskursfeld der Religion. In Italien wird dieser Transformationsprozess der mittelalterlichen Diglossie am Anfang des 16. Jahrhunderts ausführlich in der sogenannten «questione della lingua» diskutiert (Speroni 1542). Überall werden dann auch die Wissenschaften mehr und mehr in den Volkssprachen betrieben, zunächst eher praktische Disziplinen wie

Pharmazie und Medizin, dann aber auch zunehmend theoretische Disziplinen und die Philosophie. Meilensteine dieser Entwicklung sind die volkssprachlichen Schriften von Galilei, Descartes, Bacon, Vico und Kant. Nicht zuletzt befördert die boomende Druckerkunst die Volkssprachen entscheidend; denn eine kaufkräftige Klientel fragt gerade volkssprachliche Bücher nach.

Mit diesen Entwicklungen machen die Europäer eine wichtige Erfahrung: Sie stellen fest, dass ihre eigenen Sprachen ebenso gut sind wie das Lateinische (oder das Griechische, das sie seit dem 15. Jahrhundert wieder kennengelernt haben). Man kann auch in den Volkssprachen Wissenschaft treiben, Recht sprechen, Länder verwalten, beten. Die Europäer schreiben die alte europäische Kultur, dieses Textkorpus aus Bibel und antiken griechischen und lateinischen Texten, nun in ihren eigenen Sprachen fort. Die neuzeitliche europäische Kultur wird eine Kultur mit einer gemeinsamen Tradition in verschiedenen Sprachen: Überall in Europa weiß man, wer Adam, Isaak, Jesus Christus und Maria sind, überall in Europa kennt man Platon, Aristoteles, Cicero, Ovid, Vergil und so weiter. Dieses Textkorpus wird nun in verschiedenen Sprachen weitergeführt und erhält dadurch andere Farben. Die Volkssprachen – die eigenen Sprachen – sind damit ebenso kostbare Gefäße der europäischen Kultur, wie es das Lateinische war, das der Humanismus als «Tabernakel» (Valla) auf den Thron aller Sprachen gehoben hatte. Den Stolz der Humanisten auf die besondere Kostbarkeit des Lateinischen oder des Griechischen übertragen die Europäer nun auf ihre eigenen Sprachen: Sie erkennen, dass auch die eigene Sprache etwas ganz Besonderes ist und eine besondere Individualität hat. Sie entdecken das «génie de la langue», den besonderen «Geist» der jeweiligen Sprache. Sprachpflege (*cura*) und Sprachliebe (*amor*), die die Humanisten auf das Lateinische gewendet hatten, lassen sie nun auch ihren eigenen Sprachen angedeihen. Sie schreiben Grammatiken ihrer Volkssprachen. Die «Grammatisierung» (Auroux 1995) der europäischen Sprachen ist eines der ganz großen Ereignisse des europäischen Sprachdenkens. Sie sanktioniert gleichsam die Tatsache, dass die Volkssprachen nunmehr auf der Höhe des Lateinischen angekommen sind. Als wichtige frühe Grammatiken europäischer Volkssprachen seien erwähnt: Nebrija (Spanisch) 1492, Palsgrave (Französisch) 1530, Meigret (Französisch) 1550, Bembo (Italienisch) 1525, Ickelsamer (Deutsch) 1543.

3.4.2. Mit dem Interesse an den eigenen Sprachen, das durch deren Aufstieg in die Diskursdomänen des Lateinischen befördert wurde, ist auch ein wachsendes Interesse der Europäer an den Sprachen der *außereuropäischen* Menschen verbunden. Vor allem hat die Eroberung Amerikas das Interesse an den Amerikanern und dann auch an ihren Sprachen enorm befördert. Gleichzeitig mit den Grammatiken europäischer Sprachen entstehen seit dem 16. Jahrhundert Beschreibungen nicht-europäischer, vor allem amerikanischer Sprachen. Die erste Grammatik des Nahuatl, der Sprache der Azteken, stammt aus dem Jahr 1547. Es werden im 16. Jahrhundert erste Versuche unternommen, das Wissen über die Sprachen der Welt enzyklopädisch zusammenzufassen, wie im *Mithridates* von Gesner (1555). Nicht von ungefähr ist das 18. Jahrhundert dann das Jahrhundert der Erfindung der *Anthropologie*, also einer Disziplin für die kulturellen und natürlichen Verschiedenheiten der Menschen im *Raum*. Nicht nur wie es früher einmal gewesen ist, sondern wie es an anderen Orten ist, wollen die Europäer wissen.

3.4.3. Durch die Grammatisierung der eigenen und fremden Sprachen erarbeitet sich Europa Kenntnisse über die Sprachen, die ihm eine ganz neue Einsicht in die Sprache bescheren und die seine alte aristotelische Sprachauffassung grundlegend verändern. Es sieht nämlich ganz allmählich – dies war tatsächlich ein langsamer Erkenntniszuwachs –, dass Aristoteles, dieser Meisterdenker Europas, nicht Recht hatte mit der Annahme, dass Sprachen nur verschiedene Töne seien, mit denen man ein Denken kommuniziert, das überall gleich ist. Europa beginnt zu verstehen, dass Sprachen nicht nur unterschiedliche Laute sind, sondern verschiedene Semantiken und sehr verschiedene strukturelle Systeme, dass also das jeweilige «Denken» verschieden ist.

3.5. Gegen die Verschiedenheit

3.5.1. Dieses wachsende Bewusstsein der Tiefe der sprachlichen Verschiedenheit erzeugt aber zunächst überhaupt keine Freude. Der Fluch von Babel – Sprachverschiedenheit als Strafe – bleibt tief in die europäische Erinnerung eingegraben. Wenn die Verschiedenheit der Sprachen nicht nur ein Kommunikationshindernis ist, sondern auch noch ein «Denkhindernis», dann ist die Strafe der Sprachverschiedenheit ja noch schlimmer als bisher angenommen. Europa reagiert daher zunächst durchaus panisch auf die Erfahrung der tiefen sprachlichen, das heißt semantischen Verschiedenheit. Drei Versuche, sprachliche Verschiedenheit zu reduzieren, sind erwähnenswert: Erstens versucht man, die verschiedenen Sprachen wenigstens auf eine gemeinsame Ursprache – gemäß den religiösen Vorgaben zumeist auf das Hebräische – zu reduzieren, also wenigstens eine Einheit in der Vergangenheit herzustellen (*harmonia linguarum*). Diese Versuche beziehen sich auf den Wortschatz. Zweitens gibt es die Bewegung der «grammaire générale», nach der sich, grob gesagt, die sprachliche Verschiedenheit nur auf die Laute und den Wortschatz erstreckt, während die Grammatik für alle Sprachen mehr oder weniger dieselbe sei: Daher heißt sie «allgemein» (Port-Royal 1660). Auch hier ist die Vorstellung wirksam, dass hinter der Verschiedenheit eine – in diesem Fall – strukturelle Einheit liegt. Drittens versucht die Philosophie, sich für den wissenschaftlichen Gebrauch der Sprache von der höchst unwillkommenen volkssprachlichen Semantik und von den verschiedenen Semantiken der verschiedenen Sprachen durch eine Sprachreform zu befreien – oder gar durch die Konstruktion einer neuen Sprache.

3.5.2. Seit Francis Bacon (1620) ist sich die Philosophie nämlich der Tatsache bewusst, dass in der Volkssprache unwissenschaftliche Bedeutungen fest mit den Wörtern verbunden sind. Die Sprachen enthalten *idola fori*, «Götzen des Marktplatzes», unwillkommenen semantischen Ballast, von dem sich Wissenschaft zu befreien hat, wenn sie zu wahren Erkenntnissen vordringen will. Die europäische Aufklärung ist in sprachphilosophischer Hinsicht die immer deutlicher werdende Einsicht, dass Sprache und Denken zusammenhängen (und eben nicht, wie Aristoteles meinte, voneinander unabhängig sind), dass dieses an den materiellen Wörtern haftende volkstümliche Denken unwissenschaftlich und daher für die Wissenschaft hinderlich ist und dass es darüber hinaus auch noch von Sprache zu Sprache verschieden ist (was natürlich die Universalität der Wissenschaft gefährdet). «A mist before our eyes», einen Nebel vor den Augen der Wissenschaft, nennt Locke (1690: III ix 21) die Wörter der Einzelsprache. Konsequenterweise muss Wissenschaft eine Sprach-Reform betreiben, die die volkssprachlichen und verschiedenen Semantiken aus der Wissenschaft entfernt. In der Philosophie der Aufklärung haben wir also schon das Grundmotiv der modernen sprachanalytischen Philosophie. Auch die moderne sprachanalytische Philosophie geht seit ihrem Neuanfang bei Frege gegen die ungenaue und auch noch jeweils von Sprache zu Sprache verschiedene Semantik der sogenannten «natürlichen» Sprachen vor und bemüht sich um die Konstruktion einer genau festgelegten Sprache der Wissenschaft.[2] Die großen erkenntnistheoretischen Traktate der Aufklärung, vor allem Lockes *Essay concerning human understanding* (1690), Leibniz' *Nouveaux essais sur l'entendement humain* (1765), Vicos *Scienza nuova* (1744) und Condillacs *Essai sur l'origine des connaissances humaines* (1746), sind immer auch Abhandlungen über die Sprache, die ein Denken enthält, welches ungenau und nicht universell ist, und die daher für die Wissenschaft neu zu gestalten ist.

3.5.3. Im Rahmen dieser erkenntnistheoretischen Überlegungen kommt ein Motiv wieder in die Sprachreflexion, das bisher im christlichen Abendland keine große Rolle gespielt hatte, weil die Bibel diese Frage eigentlich abschließend geklärt hatte: die Frage nach dem *Ursprung* der Sprache nämlich. Condillac fragt nach dem «Ursprung» (*origine*) der menschlichen Erkenntnisse und also auch der Sprache, weil er wissen will, warum die Sprache denn so schlecht – ungenau und relativ – (für die Wissenschaft) ist, wie sie ist. Seine Antwort: weil sie ihre Entstehung einem noch «wilden», nicht aufgeklärten, nicht rationalen Denken verdankt, das sich erst ganz allmählich in der

Menschheitsgeschichte verfeinert und rationalisiert. Wissenschaftliches Sprechen ist gleichsam das letzte Raffinement der Sprache, das jene Ursprünge dann auch hinter sich lässt. Die Frage nach dem Ursprung wird als zentrale erkenntnistheoretische Frage philosophisch so wichtig, dass die Berliner Akademie eine Preisfrage über dieses Thema ausschreibt, die Herder mit seiner berühmten *Abhandlung über den Ursprung der Sprache* (publiziert 1772) gewinnt. Die Abhandlung vertritt gleichsam einen Kompromiss in den möglichen philosophischen Optionen in dieser Frage: Zwar ist die Sprache Menschenwerk – und nicht von Gott gegeben –, der Mensch «erfindet» sie in seiner Begegnung mit der tönenden Welt, aber sie basiert doch auf einer von der Natur gegebenen kognitiven Fähigkeit, die Herder «Besonnenheit» nennt. Herder rückt damit – auch gegenüber Kant – die Sprache endgültig ins Zentrum der Philosophie.

3.6. *La merveilleuse variété*

Damit ist schon angedeutet, dass es – als Reaktion auf die Einsicht in die Volkstümlichkeit (Ungenauigkeit) und Verschiedenheit der Sprachen – auch eine andere Reaktion als die des aufklärerischen Lamentos über die Sprache gibt, die insbesondere für das deutsche Sprachdenken charakteristisch wird: Leibniz stimmt zwar der Bacon-Lockeschen Diagnose zu, dass die verschiedenen Sprachen volkstümliches und eben jeweils verschiedenes Denken enthalten. Im Gegensatz zu Locke und der auf ihm fußenden europäischen Aufklärung erkennt er aber in den Semantiken der verschiedenen Sprachen keine Verschmutzung des philosophischen Denkens, sondern einen *Reichtum* des Denkens: Es ist schon richtig, dass die Semantiken der verschiedenen Sprachen nicht der Klarheit und Bestimmtheit wissenschaftlicher Erkenntnis entsprechen, dass die in den Sprachen enthaltenen Vorstellungen niedrigere Erkenntnisse sind als die «cognitio clara distincta adaequata» der Wissenschaften. Sie sind aber eben doch «cognitio», also wertvolle menschliche Kenntnisse, die Sprachen enthalten die «wunderbare Vielfalt der Operationen» des menschlichen Geistes, «la merveilleuse variété de ses opérations» (Leibniz 1765: 293). Deswegen plädiert Leibniz dafür, alle Sprachen der Welt in Grammatiken und Wörterbüchern zu erfassen: «on mettra en dictionnaires et grammaires toutes les langues de l'univers» (ebd.). Diese Passage aus den *Nouveaux essais* ist im Grunde die Geburtsurkunde der Sprachwissenschaft. Linguistik ist die Wissenschaft von dem in Sprache gefassten menschlichen Geist.

Herder wird diesen Gedanken von Leibniz aufgreifen und für ein Studium aller Sprachen plädieren, das er eine «Semiotik» nennt. Und Herder wird in diesem Sinne auch die Frage nach dem Ursprung der Sprache anders beantworten als Condillac: Der Ursprung der Sprache ist nämlich keineswegs so «wild» und passional, wie Condillac glauben wollte, sondern verdankt sich der angeborenen «Besonnenheit» des Menschen. In den Sprachen entfaltet der Mensch die Potentialität dieses angeborenen geistigen Vermögens. Deswegen muss der Mensch auch nicht, wie Condillac und die gesamte Aufklärung meinen, die «natürliche» Sprache hinter sich lassen und zu einer präzisen rationalen Wissenschaftssprache aufsteigen. Sprache ist durchaus schon Rationalität, kostbares menschliches Denken, das der Mensch auch gar nicht wirklich hinter sich lassen kann. Herder behauptet nämlich radikal (auch gegen Kant, der hinsichtlich der Sprache die altmodische aristotelische Position einnimmt) eine unhintergehbare Sprachlichkeit des Menschen.

Sofern die Sprache Denken ist und sofern die Sprachen in ihrer Vielfalt kostbares menschliches Denken sind, entsteht hier in der Folge der Leibnizschen Anerkennung der «wunderbaren Vielfalt der Operationen unseres Geistes» eine neue Haltung gegenüber den Sprachen. Sie sind keine zu überwindenden Hindernisse des Denkens und der Kommunikation, sondern sie sind die notwendigen Medien des Denkens, die in ihrer Verschiedenheit «Schätze» der Nationen sind und zusammengenommen den Denk-Schatz der Menschheit ausmachen. Sie sind gerade nicht, wie die Aufklärung dachte und wie die analytische Philosophie immer noch denkt, metaphysischer Müll, den die Wissenschaft entsorgen muss, sondern Kreationen des menschlichen Geistes, in denen Wissenschaft und Dichtung sich notwendigerweise ausdrücken müssen.

3.7. Sprachwissenschaft

In diesem Leibnizschen und Herderschen Sinne wird Wilhelm von Humboldt 1820 das Projekt eines «Vergleichenden Sprachstudiums» entwerfen und sogleich auch durch eine umfassende Erforschung der Sprachen der Welt in die Tat umsetzen. Das Vergleichende Sprachstudium ist nichts weniger als die Wissenschaft des Geistes der Menschheit, wie er sich in den verschiedenen Sprachen manifestiert. Im Zentrum dieses Projekts steht die Beschreibung und Vergleichung aller Sprachen der Welt. Dies wird dann im 20. Jahrhundert das Ziel der synchronen Sprachwissenschaft sein. Ich nenne dies das *anthropologisch*-vergleichende Projekt.

3.7.1. Im Zentrum der Sprachwissenschaft, die sich zu Beginn des 19. Jahrhunderts als universitäre Disziplin etabliert und professionalisiert, steht aber von 1800 bis in die Mitte des 20. Jahrhunderts nicht dieses *deskriptiv*-vergleichende Projekt, das sich aus einer anthropologisch inspirierten Philosophie speist, sondern die *historisch*-vergleichende Sprachwissenschaft, die eigentlich das ältere Motiv des europäischen Sprachdenkens aufgreift, das der *Geschichte*. Mehr noch als die «wunderbare Vielfalt der Operationen unseres Geistes» hat die Europäer zunächst die Frage beschäftigt, was sich *hinter* dieser Vielfalt verbirgt. Die Bibel legte die Antwort nahe, dass sich hinter der Vielfalt der Sprachen *eine* Sprache – die einheitliche Sprache des Paradieses nämlich – verbirgt. Die *harmonia linguarum* hatte auf die Zumutung der Existenz der vielen Sprachen mit der Rekonstruktion einer gemeinsamen Ursprache geantwortet. Strukturell bleibt auch die historisch-vergleichende Sprachwissenschaft genau dies: Rekonstruktion einer gemeinsamen vergangenen Sprache, also Rückkehr zum gemeinsamen Anfang in der *Zeit*. Und sie bleibt auch insofern altmodisch, als sie Sprache wesentlich als Ensemble von *Lauten* und materiellen Formen versteht und sich nicht für das Denken hinter den Lauten interessiert.

Ein englischer Kolonialbeamter in Indien, William Jones, hatte

1786 die auffälligen Ähnlichkeiten zwischen Griechisch, Lateinisch und anderen europäischen Sprachen mit der heiligen Sprache der Inder, mit dem Sanskrit, deutlich gesehen und damit den Zusammenhang der indoeuropäischen Sprachen entdeckt. Daraufhin setzte ein wahrer Sturm auf das Sanskrit und die Frage nach seinem Verhältnis zu den anderen europäischen Sprachen ein. Friedrich Schlegel (1808) wollte auf der Grundlage dieser Entdeckung gleich ein neues geistiges Europa gründen, das seine Wurzeln in Indien finden sollte. In diesem weiteren «ideologischen» Motiv einer historischen Suche nach den gemeinsamen Wurzeln Europas oder – im Falle Deutschlands – der gemeinsamen Wurzeln des staatlich fraktionierten deutsch sprechenden Landes dürfte ein Hauptgrund für den durchschlagenden Erfolg dieses neuen wissenschaftlichen Paradigmas «historische Sprachwissenschaft» gelegen haben. Schlegel glaubte zunächst, das Sanskrit sei die Mutter der europäischen Sprachen. Vor allem aber hatte Schlegel die geniale Intuition, die Sprachvergleichung nicht mehr auf den Wortschatz zu gründen, sondern auf die *Grammatik*, das heißt auf die Morphologie, oder, wie er sagt, die «innere Structur». Dies wird die zündende Idee der neuen Sprachvergleichung. Franz Bopp, der wahre Gründungsvater der historisch-vergleichenden Sprachwissenschaft, untersucht das *Conjugationssystem* (1816) der indoeuropäischen Sprachen und wird dabei gleich auch die Verwandtschaftsverhältnisse klarstellen: Sanskrit ist wie die anderen Sprachen derselben Sprachfamilie eine der «Schwestern» des Griechischen, Lateinischen, Germanischen, Iranischen etc., nicht deren Mutter, wie Schlegel angenommen hatte. Jacob Grimm wird in seiner monumentalen *Deutschen Grammatik* (1822–37) den Vergleich der germanischen Sprachen systematisch von den Lauten über die Morphologie bis zur Syntax durchführen, Franz Bopp (1833–52) wird nach dem Vorbild der *Deutschen Grammatik*, die das Muster der nachfolgenden historisch-vergleichenden Grammatiken ist, die indoeuropäischen Sprachen historisch vergleichen. Alle europäischen Sprachfamilien und dann auch die außereuropäischen Sprachfamilien werden so nach und nach systematisch erforscht.

Es geht dabei prinzipiell darum, hinter der empirischen Vielfalt verwandter Sprachen die gemeinsame «Ursprache» zu rekonstruieren, also ihre *Einheit* zu konstatieren. Bei den romanischen Sprachen war dies kein Problem, die «Mutter» dieser Sprachen, das Latein, war ja bekannt und gut belegt, obwohl man auch hier ein eher ungewohntes Latein als Vorgängerin der romanischen Sprachen entdeckte, nämlich das gesprochene, volkstümliche und diatopisch fraktionierte Latein, das die Forschung dann «Vulgärlatein» nennt. Eine indoeuropäische Ursprache ist aber nicht belegt, so dass die Rekonstruktion des Ur-Indogermanischen durch August Schleicher (1861) eine rein hypothetische, durch die historisch-vergleichende Methode generierte Ursprache erzeugt.

Die historische Vergleichung verwandter Sprachen ist das große Projekt des 19. Jahrhunderts. Es ist hier nicht der Ort, weitere große Namen der *historisch*-vergleichenden Sprachwissenschaft zu nennen, die in Deutschland bis in die Mitte des 20. Jahrhunderts hinein das dominante sprachwissenschaftliche Paradigma war. Sie war gleichzeitig auch das große «deutsche» Projekt der Linguistik, das dann seit dem Beginn des 20. Jahrhunderts zunehmend von einer synchronisch-vergleichenden Linguistik aus Frankreich, den USA und Russland verdrängt wird.

3.7.2. Dennoch liegen auch die Quellen dieses neuen sprachwissenschaftlichen Paradigmas, das mit Namen wie Saussure, Bloomfield, Hjelmslev verbunden ist, durchaus im deutschen *anthropologisch*-vergleichenden Projekt, das nach den Anregungen von Leibniz und Herder vor allem von Humboldt entworfen und begonnen wurde. Im 19. Jahrhundert bleibt es aber gleichsam im Untergrund und tritt erst im 20. Jahrhundert als dominantes Paradigma an die Oberfläche. Seine Grundidee ist es, wie Leibniz gesagt hat, die wunderbare *Vielfalt* der Sprachen der Welt zunächst in Wörterbüchern und Grammatiken zu erfassen. Dieses riesige Projekt hat die deskriptive Linguistik auch tatsächlich in Angriff genommen. Es sind allerdings längst noch nicht alle Sprachen der Welt beschrieben.

3.7.3. Durch den Erfolg der beiden dominanten sprachwissenschaftlichen Paradigmen «explodiert» die linguistische Forschung im

20. Jahrhundert gleichsam. Eine äußerst vielfältige sprachwissenschaftliche Forschung etabliert sich in Europa, die sich außer mit den deskriptiven und historischen Bemühungen um die *Struktur* der Sprachen auch mit ihrer inneren Diversität (*Architektur*) sowie ihrer *Geschichte* und politischen Realität beschäftigt. Über die Einzelsprachen hinausgehende Bemühungen wie Psycholinguistik, Pragmatik, Textlinguistik und Semiotik weiten die Sprachbetrachtung in Dimensionen aus, die sogar über das Sprachliche hinausgehen. Es ist daher außerordentlich schwierig, die derzeitige Lage der Sprachwissenschaft zu charakterisieren, die sich zu einem gewaltigen, extrem spezialisierten Betrieb entfaltet hat.

Vielleicht lässt sich gleichwohl sagen, dass die weitere Entwicklung der Sprachwissenschaft nach – oder oft auch gleichzeitig mit – der Etablierung synchronischer Sprachwissenschaft durch die Aufkunft einer neuen – aber prinzipiell auch wieder alten – Figur des sprachwissenschaftlichen Denkens charakterisiert ist. Auf die erneute Erfahrung struktureller Verschiedenheit reagiert die Linguistik wiederum mit zwei Versuchen der Komplexitätsreduktion: Einerseits wirft die deskriptive Sprachwissenschaft vergleichende Blicke auf die nun vor ihr liegende Dokumentation der Sprachen der Welt und versucht, *gemeinsame Züge* in den Sprachen der Welt zu finden. Das ist das Geschäft der *Typologie*. Eines der schönsten Dokumente der typologischen Vergleichung ist derzeit der *World Atlas of Linguistic Structures* (Haspelmath et al. 2005). Das andere – viel ehrgeizigere und leidenschaftlich umstrittene – Projekt zur Reduktion der Vielfalt ist das Projekt der *Universalgrammatik*, das mit dem Namen des amerikanischen Linguisten Noam Chomsky verbunden ist. Hier wird angenommen, dass hinter allen konkret an der sprachlichen «Oberfläche» erscheinenden menschlichen Sprachen ein angeborenes Gemeinsames liegt, eine angeborene «Universalgrammatik». Strukturell schließt dieses Unternehmen an die schon einmal im 17. und 18. Jahrhundert unternommenen Versuche an, eine «philosophische» allgemeine Grammatik hinter den verschiedenen Sprachen zu konstruieren. Die Bezüge der aktuellen Universalgrammatik auf die alte Universalgrammatik sind explizit. Der Unterschied liegt im Biologismus und im naturwissenschaftlichen

Forschungsdesign der neuen universalgrammatischen Sprachwissenschaft.

Es ist natürlich auch klar, dass hier – wie bei der historisch-vergleichenden Sprachwissenschaft – tatsächlich eine Form der Rekonstruktion der Sprache des Paradieses hinter allen babelischen Sprachen vorliegt. Diese Art der Suche nach dem biologischen Gemeinsamen hinter der kulturellen Vielfalt korrespondiert politisch mit der Globalisierung, bei der es ja auch um die Reduktion (vermeintlich überflüssiger) historisch-kultureller Differenzen geht. Wir haben im ersten Kapitel gesehen, dass die Freunde der sprachlichen Globalisierung mit dieser Linguistik paktieren. Sie berufen sich ausdrücklich auf diese biologisch-universalistische Sprachauffassung, um den drohenden Verlust sprachlicher – und kultureller – Diversität als unerheblich erscheinen zu lassen. Nicht zufällig lockt Gerhards am Ende seines Buches mit der Wiedererrichtung des sprachlichen Paradieses:

> Die alttestamentarische Geschichte vom Turmbau zu Babel [...] lehrt uns, welche enormen Vorteile mit einer gemeinsamen Sprache verbunden sind. Die Europäer sollten die Strafe Gottes nicht fürchten, wenn sie sich daran machen, das europäische Projekt weiterzuentwickeln. (Gerhards 2010: 226)

Dieser Ausblick auf die herrliche europäische Zukunft zeigt im Übrigen auch noch einmal deutlich, dass es dem Sprachkapitalismus nicht um Mehrsprachigkeit geht, sondern um Einsprachigkeit: «Es hatte aber alle Welt einerlei Zunge und Sprache.» Auch das vorliegende Buch plädiert dafür, die Strafe Gottes nicht zu fürchten, aber nicht durch die Erneuerung der «einerlei Zunge» des Paradieses – eines ziemlich langweiligen Ortes übrigens –, sondern durch die Erkenntnis, dass Gottes Strafe keine Strafe war, sondern die Gabe eines unendlichen Reichtums. «Donum divinum», Gottesgeschenk, nennt Conrad Gesner (1555: 3r) die Vielfalt der menschlichen Sprachen.

3.8. Sprachphilosophie

3.8.1. Im 19. Jahrhundert hat sich das europäische Sprachdenken hauptsächlich als Sprach-Wissenschaft manifestiert. Die Reflexion über Sprache, die im 18. Jahrhundert vorwiegend ein Anliegen der Philosophie war, begleitet vom gelehrten Sammeln von Informationen über die Sprachen der Welt, professionalisiert sich in dieser neuen, an den Universitäten verankerten Disziplin. Allerdings bricht die philosophische Sprachreflexion nicht ab: Vor allem die alte Frage des wissenschaftlichen Sprechens beschäftigt die Logiker und Wissenschaftstheoretiker nach wie vor. Der Mathematiker Gottlob Frege entdeckt am Ende des 19. Jahrhunderts gleichsam das Problem der *idola fori* noch einmal neu: Die Sprache in ihrer Vagheit und Veränderlichkeit ist für den wissenschaftlichen Diskurs ungeeignet und deswegen durch ein bestimmtes und unveränderliches Zeichensystem zu ersetzen. Diese von Ludwig Wittgensteins *Tractatus* (1921) fortgeführte und am Anfang des 20. Jahrhunderts im sogenannten Wiener Kreis gepflegte Sprachkritik vermählt sich ausgezeichnet mit der traditionellen englischen Klage über die Sprache. In der angloamerikanischen analytischen Philosophie wird die Tradition der wissenschaftlich-logischen Fragestellung bis in die Gegenwart weitergeführt. Es ist immer dieselbe Frage: Wie ist wahres Sprechen möglich, wie entgeht wissenschaftliches Sprechen den «Verhexungen» durch die Alltagssprache?

Gegen diesen europäisch-amerikanischen Mainstream der Philosophie und gleichsam in ihrem Schatten denkt jene Sprachphilosophie an, die sich seit Leibniz gegen den philosophischen Sprachskeptizismus wendet. Leibniz setzte ja dem englischen Lamento ein Doppeltes entgegen: einerseits die Anerkennung «niedrigerer» Gedanken als Denkleistungen und andererseits die Anerkennung von Individualität und Verschiedenheit. Diese Neubewertungen wenden die kritischen Einsichten in die volkstümlich-niedrige und dann auch noch jeweils verschiedene Semantik ins Positive. Herder und Humboldt greifen dies auf, bei Humboldt geht diese philosophische Tradition in ein linguistisches Projekt über: in die synchronische Beschreibung der Sprachen der Welt. Die notwendigerweise empirisch-anthropologische Ausrichtung dieses Projekts bewirkt aber, dass es in der Philosophie nicht mehr als philosophisches wahrgenommen wird. Humboldts «Vergleichendes Sprachstudium» ist allerdings ein echt philosophisches Unternehmen, das – leibnizisch gesprochen – die wunderbare Vielfalt des menschlichen Geistes in den Sprachen dokumentieren möchte.

3.8.2. Wir können diese beiden Traditionslinien das klassische europäische Sprachdenken nennen, wobei, wie gesagt, die eine die Sprache als störend empfindet und «analysiert», also auflösen möchte, während die andere sich auf die Sprache und ihre Verschiedenheit durchaus einlässt. Die bedeutendsten Sprachphilosophen der letzten anderthalb Jahrhunderte, Friedrich Nietzsche, Ernst Cassirer, Martin Heidegger und Ludwig Wittgenstein, repräsentieren verschiedene Versionen der kritischen Fortführung dieser Tradition.

Nietzsche richtet die zweite Traditionslinie höchst polemisch gegen die erste, indem er die Einsichten in die Sprachlichkeit des Denkens sozusagen zu einem Überfall auf den Wahrheitsdiskurs verwendet. Er argumentiert ungefähr folgendermaßen: Es ist in der Tat so, wie ihr Philosophen sagt, nämlich dass Sprache nicht die Welt «wahr» abbildet, sondern dass sie höchst ungenaue Bilder von der Welt entwirft. Genauer gesehen schafft sie Metaphern, die keine wissenschaftlichen Begriffe sind. Da diese kreativen Metaphern auch noch von Volk zu Volk verschieden sind, schafft jedes Volk seine eigenen «Begriffsdome», die das Denken relativ machen. Aus den Metaphern und aus der Relativität des Denkens in Sprache kommen wir nicht heraus. Zu glauben, so etwas wie objektive Wahrheit sei möglich, ist daher höchst lächerlich. Daher schlägt Nietzsche vor, statt einer nicht erreichbaren Wahrheit nachzujagen, das poetische Potential der Sprache weiterzunutzen: Dichtung statt Wahrheit.

Ohne den provokatorischen Gestus der Nietzscheschen Philosophie greift Cassirer zu Beginn des 20. Jahrhunderts die Humboldtschen Einsichten und vor allem dessen philosophische Intention wieder auf: Wie Humboldt die Sprache und die Sprachen in die kantische Philosophie der (reinen) Erkenntnis eingebracht hatte, so setzt nun auch Cassirer wieder die Sprache gegen eine Philosophie der «reinen» Erkenntnis. Dabei erweitert er allerdings die Einsicht in die Sprachlichkeit des Denkens auf «symbolische Formen», indem er gleichsam die gesamten Kulturleistungen des Menschen als Erkenntnisleistungen des Menschen in die theoretische Philosophie mit einbezieht.

Heidegger befreit die Sprache vom Menschen als ihrem Ursprung. Sprache ist ihm nicht Ausdruck des Inneren des Menschen, Darstellung der Welt und Kommunikation zwischen Menschen, sondern eine von den Menschen unabhängige Macht: Die Sprache spricht, das heißt, sie schafft die Welt. Der Mensch ist gleichsam nur das Sprachrohr der Sprache. Das poetische kreative Potential der Sprache wird verabsolutiert. Als absolute hat diese Sprach-Dichtung keine Geschichte, sondern speist sich aus den etymologischen Quellen des Seins selbst, dessen «Haus» die Sprache sein soll. Die (historische) Verschiedenheit der Sprachen spielt daher in dieser Philosophie keine Rolle. Sprache ist sozusagen universell deutsch-griechisch.

Wittgenstein schließlich kritisiert seine eigene Vergangenheit, wenn er in seiner Spätphilosophie (*Philosophische Untersuchungen*) den alteuropäischen Wahrheitsdiskurs (und die damit verbundene Sprachkritik) insofern hinter sich lässt, als er ihn nun nur als eine von vielen möglichen Sprachverwendungen betrachtet. Die jahrhundertealte Suche der Philosophie nach der Überwindung der Sprache, der philosophisch-logische Wahrheitsdiskurs, relativiert sich damit zu einem unter vielen möglichen «Sprachspielen». Wittgenstein gewinnt damit für die Philosophie den ganzen Reichtum sprachlichen Verhaltens zurück. Es ist, als ob die Philosophie die alte Trennung von Philosophie und Rhetorik aufgehoben hätte, die das europäische Sprachdenken seit der Antike kennt. Allerdings spielt auch bei Wittgenstein die Verschiedenheit der Sprachen keine philosophisch irgendwie erhebliche Rolle. Die Philosophie ist in ihren wichtigsten Denkern sprachenblind.

3.8.3. Im vollen Bewusstsein der Tatsache, dass ich mit der folgenden Bemerkung dem Reichtum sprachphilosophischer Ansätze nicht gerecht werde, sei doch die Feststellung gewagt, dass in der aktuellen Sprachphilosophie die genannten Strömungen weiterfließen: Am stärksten ist sicher nach wie vor das klassische logisch-analytische Denken über die Sprache, denn es passt ja sozusagen generell zum wissenschaftlich-technischen Geist der Epoche. Wittgensteins Befreiung der Philosophie aus der Einseitigkeit dieser Wahrheits-Sprech-Problematik in die Vielfalt der «Sprachspiele» hat andererseits die «Sprechakttheorie» inspiriert (Austin, Searle), einen Versuch, die verschiedenen mit der Sprache möglichen kommunikativen Handlungen zu systematisieren. Als Theorie eines gemeinschaftlichen Handelns hat diese dann sogar eine gewisse Bedeutung für die politische Philosophie erlangt (Habermas 1981). Die Heideggersche Philosophie schließlich hat insbesondere im Sprachdenken des französischen Philosophen Derrida ihre Spuren hinterlassen. Jacques Derrida übernimmt sowohl den etymologisierenden Sprachgestus dieser Philosophie – bis hin zum Kalauer – als auch die Vorstellung einer vom Menschen unabhängigen Macht der Sprache, die das ganze Wesen des einzelnen Menschen bestimmt und erschüttert. Verbunden wird diese philosophische Inspiration mit der fundamentalen biographischen Erfahrung einer sprachlichen «Entfremdung», das heißt eines dramatischen Sprachverlusts des Menschen im 20. Jahrhundert, der jegliche Sicherheit des «muttersprachlichen» Sprach-Besitzes zerstört und ein schmerzhaft-liebendes Verhältnis zur Sprache stiftet, das Derrida eine «Sprach-Passion» nennt.[3]

3.9. Europäische Sprachpolitik

Meine Betrachtungen über europäisches Sprachdenken, die im Wesentlichen auf Philosophie und Sprachwissenschaft bezogen waren, möchte ich nun auf die sprachpolitische Realität Europas wenden. Das europäische Sprachdenken ist nämlich nicht nur Theorie, sondern es manifestiert sich durchaus in politischen Aktivitäten, die wiederum über das Schicksal der Sprachen in Europa entscheiden. Die europäischen Institutionen vertreten offiziell sozusagen eine Version der neuzeitlichen europäischen Sprachreflexion in ihrer «deutschen» Version:

Sprachliche Vielfalt ist charakteristisch für Europa. Sprachen sind keine arbiträren Kommunikationsmittel, sondern Ausdrucks- und Denkformen, in denen die Völker Europas ihre Kultur manifestieren. Die jeweilige Sprache ist Bestandteil der «Identität» jedes europäischen Bürgers. Daher betreibt die Europäische Union keine Politik der sprachlichen Vereinheitlichung, sondern eine Politik der Anerkennung aller europäischen Sprachen als gleichwertiger Denk- und Ausdruckssysteme. Sie unterhält folglich einen Sprachendienst, der dieser Lage gerecht wird, und sie hatte, wie gesagt, sogar einmal einen Sprachkommissar, dessen Aufgabe die Bewahrung und Förderung der europäischen Sprachen und die Förderung der Mehrsprachigkeit der Bürger Europas war. Und auch den sogenannten Regional- und Minderheitensprachen, solchen also, die keine Staatssprachen sind, lässt Europa aufgrund einer Initiative des Europarats Pflege und Förderung angedeihen.

Dieser offiziellen Sprachpolitik der europäischen Institutionen widersprechen aber die harten (ökonomischen) Notwendigkeiten alltäglicher Kommunikation in der europäischen Arbeitswelt und in den europäischen Institutionen selbst: Hier bahnt sich eine sprachliche Vereinheitlichung im Medium des globalen Englisch an. Je mehr Mitglieder die Union hat, desto englischer wird der sprachliche Umgang in Brüssel.[4] Und auch die europäischen Völker selbst haben sich – aktiv befördert von ihren Regierungen – auf den Weg einer Einheitssprache des Kontinents gemacht. Die europäischen Völker– mit Ausnahme der englischen Muttersprachler natürlich – lernen fleißig das global verwendbare Englisch. Das ist zunächst erst einmal sehr schön, zumal der Erwerb einer fremden Sprache immer eine Bereicherung ist. Es hat allerdings zwei unschöne Folgen für die europäischen Sprachen: Da die massive Erlernung und Verwendung des Englischen bedeutet, dass die Europäer zunehmend die höheren Diskurse in dieser Sprache erledigen – Wissenschaft, Technik, Geschäfte –, schwächt dies erstens ihre National- und Kultursprachen, in denen diese Tätigkeiten früher sprachlich realisiert wurden und aus denen die genannten höheren Diskurse nun zunehmend herausfallen. Der Ausbau und der Status der europäischen Kultur- und Nationalsprachen verändern sich: Der Ausbau wird zurückgenommen (manche Dinge kann man nicht mehr in den Sprachen sagen, weil bestimmte Diskurse nur noch auf Englisch verfügbar sind). Und es verändert sich der Status dieser Sprachen: Sie reduzieren sich allmählich auf Vernakularsprachen. Eine neomediävale Diglossie – high: Englisch / low: die anderen Sprachen – etabliert sich. Zweitens lernen die Europäer immer weniger weitere europäische Sprachen. Die Sprachen der Nachbarn brauchen nicht mehr gelernt zu werden, da man mit dem Englischen alle internationalen Kommunikationssituationen bewältigen kann: So hat z. B. der Deutschunterricht in Frankreich so gut wie aufgehört zu existieren, die Briten haben den Unterricht in den Sprachen ihrer Nachbarn faktisch aus ihrem – staatlichen – Erziehungssystem verbannt. Die europäischen Völker verweigern sich damit die gegenseitige sprachliche und kulturelle Anerkennung. Auch dadurch sinkt der Status der europäischen Sprachen, die nicht Englisch sind.

Die europäischen Kultursprachen werden also von ihren Sprechern in zweifacher Hinsicht zu Vernakularsprachen degradiert, zu Sprachen, die im Haus und im Privaten gesprochen werden. Ihr Schicksal ist damit besiegelt: Wie die Sprachen der von Rom besiegten und dem römischen Imperium eingegliederten Völker – außer dem Griechischen – in einem langen, aber fatalen Prozess verschwanden, so werden auch alle jene europäischen Sprachen – jedenfalls als Kultursprachen – verschwinden, die sich nicht selber als «Griechisch», also als wertvolle und «hohe» Ausdrucksformen, verstehen. Vermutlich werden das Französische und das Spanische als Kultursprachen überleben, die gegenüber dem Englischen ihren Status und ihren Ausbau bewahren. Die sogenannten «kleinen» Sprachen Europas, deren (nordeuropäische) Sprecher sich ja schon jetzt glänzend und vorzugsweise auf Englisch ausdrücken, überleben nur dann, wenn sich ihre Sprecher wie die im vorigen Kapitel erwähnten Basken, Galizier und Katalanen emphatisch des Wertes ihrer Sprachen versichern. Das Deutsche ist eine verschwindende, «kleine» Sprache (wie Bretonisch oder Okzitanisch), weil seine Sprecher keinen Wert auf die Bewahrung des Deutschen in hohen Diskursen legen und damit den Status des Deutschen kontinuierlich schwächen. Aufforderungen höchster Repräsentanten des Staates an die Deutschen, doch fleißig Englisch zu lernen, beschleunigen den Statusverlust. Es wird daher eine der Regionalsprachen Europas werden, deren Ausbau und Status weit hinter den der ehemaligen Kultursprache Deutsch zurückfallen. Dieser sprachpolitische Transformationsprozess ist gleichsam eine Selbst-Barbarisierung der Sprachen Europas, die durch die Teilnahme an der Sprache der Weltkultur scheinbar kompensiert wird. Von Europa bleibt danach nicht mehr viel übrig.

Sprachphilosophisch interessant ist dabei, dass damit der von der europäischen Sprachreflexion eigentlich widerlegte Aristoteles in einer radikalisierten Version seines philosophischen Sprachmodells letztlich doch Recht behält: Die in den verschiedenen Sprachen sedimentierten jeweiligen Semantiken, die «Weltansichten», wie auch der jeweilige Klang der Sprachen werden völlig gleichgültig. Es geht einfach nur darum, ein gut funktionierendes Kommunikationsinstrument zu besitzen. Das war genau das, was Aristoteles in seiner einsprachigen griechischen Welt von der Sprache zum Sagen der wissenschaftlichen Wahrheit verlangte, nämlich dass sie ein Mittel zur Mitteilung des universell gleichen Gedankens sei. Der Gedanke ist im uniformierten Europa nun allerdings nicht deswegen gleich, weil die Menschen alle gleich denken, wie die Vertreter des Mentalesischen glauben, sondern weil es nur noch eine Sprache gibt, in der er gefasst wird. Aristoteles kannte immerhin noch verschiedene Laute (*phonai*). Selbst die werden nun verklingen, es gibt nur noch den einen Klang – die Monotonie der Einheitssprache des Neuen Paradieses.

4. MEHRSPRACHIGKEIT BILDET

Schon weil alle wohlmeinenden Menschen dem Titel dieses Kapitels enthusiastisch zustimmen werden, reizt der Satz zum Widerspruch: Mehrsprachigkeit ist – jedenfalls in Deutschland – ein richtiggehender Popanz geworden. Jeder glaubt und sagt völlig unhinterfragt, dass Mehrsprachigkeit etwas ganz Wunderbares sei. Davon profitiert ein ganzer Industriezweig, der sich im Namen der Mehrsprachigkeit etabliert hat und gnadenlos abzockt: Mehrsprachigkeit lockt junge Mütter in Baby-Talk-Gruppen, Mehrsprachigkeit drängt Kleinkinder in englischsprachige Kindergärten und Schüler auf die Wartelisten sogenannter International Schools. Mehrsprachigkeit sei «transnationales Kapital», sagt eine globalisierungsfreundliche ökonomistische Soziologie. Aber glauben diese Leute wirklich an die Mehrsprachigkeit, die sie beschwören? Ich vermute eher, dass es um eine bestimmte Einsprachigkeit, nämlich um die englische oder, wie ich das nenne, «globalesische» Einsprachigkeit geht, die da im Namen der Mehrsprachigkeit verbreitet wird.

Und ob Mehrsprachigkeit «bildet»? Was heißt «bilden», was «Bildung»? Auch «Bildung» ist, wie «Mehrsprachigkeit», etwas unhinterfragt Schönes und Gutes. Aber ist alles Lernen «Bildung», wie im Ausdruck «Bildungsministerium»? Oder was ist gemeint? Auch beim Wort «Bildung» stellt sich sogleich eine erhebliche Kritiklust ein.

Daher werde ich in den folgenden Überlegungen zwar die Mehrsprachigkeit und die Bildung loben und preisen, aber auch versuchen, sie zu präzisieren und zu kritisieren.

4.1. Einsprachigkeit

Rufen wir zunächst einen starken Verbündeten für die Sache der Mehrsprachigkeit auf: den Schriftsteller Pascal Mercier. Alle Protagonisten in Merciers Büchern sind mehrsprachige und hochgebildete Menschen. In *Perlmanns Schweigen* finden wir zu unserem Thema die folgende Passage:

> Millar ließ sich in seine Sätze, vor allem in die idiomatischen, kolloquialen Wendungen mit einem Genuß hineinfallen, der Perlmann abstieß. *Suhlen. Er suhlt sich regelrecht in seiner Sprache.* Perlmann haßte Dialekte, und er haßte sie, weil sie genau so gesprochen wurden, mit derselben stampfenden Anmaßung, mit der Millar sein Yankee-Amerikanisch sprach. Am allerschlimmsten fand er das bei dem Platt, mit dem er aufgewachsen war. Daß ihm seine Eltern zum Schluß sehr fremd geworden waren, hatte viel damit zu tun gehabt. Je älter sie wurden, desto trotziger hatten sie darauf bestanden, mit ihm Platt zu sprechen, und je deutlicher er diesen Trotz gespürt hatte, desto entschiedener hatte er mit ihnen Hochdeutsch gesprochen. Es war ein stummer Kampf mit Worten gewesen. Darüber sprechen konnte man nicht. Was hätte es genutzt, ihnen zu sagen, daß ihre Ansichten immer starrer und dogmatischer wurden, und daß das viel damit zu tun hatte, daß sie sich immer mehr einfach von den Wendungen und Metaphern des Dialekts leiten ließen, und von den Vorurteilen, die sich darin kristallisierten. (Mercier 1997: 57 f.)

Was Pascal Mercier hier so leidenschaftlich von seinem Protagonisten kritisieren lässt – dieses Sich-Suhlen in der Sprache –, sind im Grunde die Wonnen der Einsprachigkeit: das Verharren, das Versinken, das sich Wohlfühlen in der einen und ersten Sprache, die Verweigerung sprachlicher Entfremdung, sprachlicher Alterität oder des Übergangs in eine andere Sprache, und sei es auch nur in die Hochsprache, die ja durchaus schon eine andere Sprache ist als der heimische Dialekt. Perlmann sagt auch, warum er das hasst – ein starkes Wort: Er hasst die

Weigerung, durch den Eintritt in eine andere Sprache aus dem eigenen Denken, aus den eigenen Bahnen und Vorurteilen auszutreten und damit das Denken zu erweitern. Es ist die Erstarrung des Denkens, die sich mit einer ungeistigen, nicht reflektierten – geradezu animalischen – Selbstgefälligkeit verbindet und sich anmaßend offensichtlich auch noch für das Maß der Dinge hält, eine Art abgründiger Dummheit.

Dies ist natürlich starker Tobak, diese emotionale Kritik an der Einsprachigkeit, wie sie hier ein hochgebildeter Europäer, eben der mehrsprachige Professor Perlmann, in der Fiktion des Romans an einem Amerikaner einerseits und an heimischen Provinzlern andererseits übt. Es ist gewiss eine Kritik an Unbildung, wenn Unbildung die Unfähigkeit oder der Unwillen ist, aus dem Vorurteil der Gewohnheit auszutreten, um in der Enge und in der Niedrigkeit zu verharren. Das Enge und Niedrige, der wüste Klang («stampfend»), in dem man sich suhlt, ist etwas quasi Natürliches, etwas Nicht-Kultiviertes, etwas, das man nicht mit Anstrengung und durch Erziehung erworben hat. Auch das ist – Anstrengung und Erziehung – ein Moment von Bildung, und die Abwesenheit davon ist Unbildung.

Angesichts dieser Verknüpfung von Einsprachigkeit und Unbildung stellt sich die Frage, ob Einsprachigkeit immer ungebildet ist. Oder ist es nur diese besondere Form von Einsprachigkeit, eben die Einsprachigkeit des Dialektsprechers, der ein Hinterwäldler sein kann, aber eben auch ein Master of the Universe?

Nun, der amerikanische Master of the Universe in dieser Geschichte ist keineswegs ein Ungebildeter, er ist ein weltbekannter Linguist, und er ist ein ausgezeichneter Pianist, ein höchst gebildeter Mann also. Aber hier im Sprechen nimmt er die Haltung des Ungebildeten ein. Er verweigert gerade im Sprechen die kulturelle Erweiterung und Verfeinerung, die Anstrengung, die Mehrsprachigkeit ist, und verbleibt im Natürlichen, ja im Animalischen, er suhlt sich.

Einsprachigkeit ist nun aber andererseits – Brigitte Jostes (2009) hat das in einem schönen Artikel gezeigt – durchaus nicht notwendigerweise dieses Sich-Suhlen in der dialektal-natürlichen Sprachlichkeit. Einsprachigkeit kann sich gerade auch als ein besonderes Bemühen um Kultivierung – also Bildung – *einer* Sprache manifestieren, auch weil man sich – aus welchen Gründen auch immer – für unbegabt hält, andere Sprachen zu erlernen. Es gibt also durchaus eine höchst gebildete Einsprachigkeit.

Dennoch, würde ich sagen, fehlt etwas an der Bildung auch des kultiviertesten Einsprachigen, und Einsprachige empfinden und thematisieren das ja durchaus selbst als eine Bildungslücke – auch die erwähnte Brigitte Jostes: Ein gebildeter Mensch muss mehrere Sprachen können.

Was meinen wir aber genau damit? Und wieso ist das so? Pascal Mercier, dessen Protagonisten, wie gesagt, durchgehend mehrsprachige Sprach-Menschen sind, hat mit der zitierten Romanpassage schon eine Antwort skizziert, warum das so sein muss, eine hochphilosophische Antwort: Es geht darum, aus dem natürlichen Sprachgenuss auszutreten, eingefahrenes Denken zu verändern, das Andere zu denken; denn Sprachen sind verschiedene Formen des Denkens. Und es geht auch darum, beim Sprechen nicht nur egoistisch *sich selbst* auszudrücken – auch das ist Suhlen –, sondern dabei *den Anderen* zu denken, den Anderen zu *verstehen*. Also spricht Bildung notwendigerweise nicht nur eine Sprache.

Millionen von muttersprachlichen Englischsprechern würden diesen Satz vermutlich scharf zurückweisen. Anglophone lernen kaum mehr Sprachen, aber sie sind dennoch natürlich oft hochgebildet, wie Millar. Sie würden den Satz, dass Bildung notwendigerweise mehr als eine Sprache spricht, wohl als Meinung jener armen Tröpfe abtun, die nun einmal gezwungen sind, eine weitere Sprache zu lernen. Die Besitzer der globalen Sprache brauchen das einfach nicht mehr. Sie können sich überall auf der Welt verständlich machen, alle hören auf sie. Und sie können – so glauben sie – alles Relevante in ihrer Sprache hören und lesen. Hier spricht die Bildung nur noch eine Sprache. Diese Gebildeten haben kein Bewusstsein einer Bildungslücke mehr. Das ist wohl der Grund dafür, dass in englisch-amerikanischen wissenschaftlichen Werken zunehmend jeder Hinweis auf anderssprachige Forschungen – also auf Eingeborenen-Wissen – getilgt wird. Und wohl daher haben die Verantwortlichen für die englischen Universitäten vor nicht allzu langer Zeit Sprachkenntnisse als allgemeine Zulassungsvoraussetzung abgeschafft. Studenten der Universitäten Oxford und Cambridge – also die zukünftige Elite der Welt – müssen keine anderen Sprachen mehr können außer Englisch. Sie können einsprachig bleiben, sie können sich sozusagen suhlen in ihrer Einsprachigkeit.

Sicher würden die Verantwortlichen vehement leugnen, dass die Studenten ihrer glorreichen Universitäten deswegen ungebildet seien. Ich würde das allerdings schon sagen. Wenn sie tatsächlich keine andere Sprache gelernt haben, haben sie eine erhebliche Bildungslücke, es fehlt ihnen ein ganz entscheidendes Moment eines gebildeten *Menschen*, und es fehlt ihnen außerdem die zentrale Eigenschaft eines gebildeten *Europäers* (Letzteres ist ihnen aber wahrscheinlich völlig gleichgültig).

Erstens würde ich – noch einmal – im Anschluss an Pascal Mercier sagen, dass man einmal in einer anderen Sprache gedacht und gesprochen haben muss, dass man vor allem andere Menschen in ihrer anderen Sprache *verstanden* haben muss, um sich aus der Sphäre des Eigenen zu entfernen, um überhaupt ein gebildeter *Mensch* zu sein.

Und zweitens muss man diese Erfahrung sprachlicher Alterität machen, um ein gebildeter *Europäer* zu sein. Ein einsprachiger Amerikaner ist das fatale Ergebnis der weltpolitischen Entwicklung, aber ein einsprachiger Brite ist darüber hinaus ein bewusster Austritt aus Europa: Denn was ist Europa, wenn nicht, wie wir im zweiten Kapitel gesehen haben, das Land mit den vielen Sprachen, in denen die alte gemeinsame Kultur Europas aufbewahrt wird? Seit dem 16. Jahrhundert haben die Europäer ihre lateinische Kultur nach und nach aufgegeben und sie in ihren verschiedenen Sprachen weiterkultiviert. Die Europäer der Neuzeit haben aber zunächst die alte Kultur als *sprachliche* Bildung bewahrt, sofern sie das Lateinische – und in geringerem Maße das Griechische – ihren Kindern beigebracht haben. Die Europäer haben dann auch die Sprachen ihrer Nachbarn gelernt, vor allem Französisch, Italienisch, Englisch, in geringerem Maße Deutsch und Spanisch oder Russisch. Sie haben diese Sprachen gelernt, nicht nur weil damit die Handelsbeziehungen besser funktionierten. Ich sage das nicht, weil ich Handelsbeziehungen und die damit verbundenen Sprachkenntnisse gering achte. Aber sie sind nun einmal nicht das, was im emphatischen Sinn als «Bildung» angesehen werden kann. Nein, Europa hat diese Sprachen auch gelernt – wie die klassischen Sprachen –, um sie und die in diesen Sprachen sich entfaltenden Kulturen kennenzulernen. Wir haben Französisch gelernt, nicht nur um Baguettes und eine Metro-Fahrkarte zu erwerben, sondern auch, um Racine und Proust zu lesen, Englisch, auch um Shakespeare und Jane Austen, Italienisch, um Dante und Manzoni zu lesen.

Wenn nun dieses kulturelle Motiv von den Inhabern der Weltsprache nicht mehr als wichtiger Grund zum Sprachenlernen gesehen wird, wenn also diese europäische Aufgabe des Fremdsprachenunterrichts nicht mehr anerkannt wird, das Kennenlernen des anderen Europäers, die Befreundung mit diesem, das Erlernen seiner Sprache, das Lesen der in dieser Sprache geschriebenen Texte, dann ist dies ein Abschied von Europa und eine ziemlich skandalöse kulturpolitische Geste angesichts des Einigungsprozesses, den die Mitgliedschaft in der Europäischen Union intendiert. Sie verweigert sich bewusst einem tieferen Europa-Konzept und verkennt die europäische Bildungsaufgabe des Fremdsprachenunterrichts.

4.2. Bildung und Sprache

4.2.1. Ein «gebildeter Mensch» war im 19. Jahrhundert und noch zu Beginn des 20. Jahrhunderts einer, der Latein und eventuell Griechisch konnte. Dabei konnte er diese Sprachen zumeist gar nicht sprechen, oft konnte er sie auch nicht schreiben, aktive Sprech- und Schreibkompetenz in diesen Sprachen war nicht immer gefordert. Der gebildete Mensch konnte Lateinisch *lesen und übersetzen*. Der gebildete Mensch hatte also zwar Sprachen gelernt, aber angesichts dieser Art von Sprachkenntnis von «Mehrsprachigkeit» zu reden, fällt zunächst schwer. Er hatte ja nur Teilkompetenzen in den von ihm gelernten Sprachen. Dennoch: Bildung hatte etwas mit Sprachen, mit bestimmten Sprachkenntnissen, zu tun.

Mit diesen Sprachkenntnissen wurde des Weiteren die Kenntnis eines bestimmten *Textkorpus* vermittelt. Cicero, Vergil, Ovid, Horaz, Seneca, die Literatur des alten Rom – und dann auch des alten Griechenland – sollte der gebildete Mensch, der gebildete Europäer, kennen.

Außerdem hielt sich auch noch hartnäckig das Gerücht, die Kenntnis alter Sprachen – vor allem des Lateinischen – fördere das logische Denken. Dazu können wir heute sagen: Das logische Denken wurde sicher nicht gefördert. Das Lateinische ist – wie alle Sprachen – eine historisch-partikulare Sprache mit grammatischen Kategorien und Regeln, die mit Logik nichts zu tun haben. Richtig ist aber, dass das Sprachenlernen, egal welcher Sprache, *das Denken fördert*: Es ist auf jeden Fall eine geistige Anstrengung und ein Hinaustreten aus der eigenen Sprache und aus dem eigenen Denken in eine andere Sprachwelt.

Diese Sprachkenntnis war schließlich *völlig nutzlos*, wenn man einmal die partielle Nützlichkeit lateinischer und griechischer Vokabeln für Ärzte und Juristen ausnimmt. Jedenfalls begründete sie keine *kommunikative Kompetenz*, wie sie als sakrosanktes Lernziel heute sämtlichem Fremdsprachunterricht zugrunde liegt. Mit wem sollte man schon lateinisch reden? Diese Fremdsprachenkenntnis konnte auch kaum als renditeträchtiges «transnationales sprachliches Kapital» betrachtet werden. Der Erwerb dieser Fremdsprache diente der geistigen Gymnastik und dazu, von Zeit zu Zeit gezeigt zu werden – als ein Zeichen der *Distinktion* (insofern war ihr Besitz doch auch «Kapital», nämlich symbolisches Kapital im Sinne Bourdieus). Dieses Sprachwissen war wie vieles andere, was zur Distinktion dient – alte Möbel, alte Musik, Handküsse –, tatsächlich wesentlich eine Erinnerung an die alte gemeinsame europäische Kultur. Es war ein Versuch, die Verbindung mit der alten europäischen Kultur nicht abbrechen zu lassen, sich mit ihr zu befreunden, sie zu verstehen. «Bildung» war ganz wesentlich Erbschaft dieser Kultur, die über eine sprachliche Brücke des Verstehens vermittelt wurde.

4.2.2. Die Kenntnis des Französischen oder des Englischen, also der Sprachen der modernen Internationalität, galt zunächst nicht eigentlich als ein Zeichen von «Bildung». Die Kenntnis dieser Sprachen war natürlich hoch willkommen und tatsächlich für viele Lebensbereiche auch geboten, aber sie «bildete» nicht in demselben Sinn wie die Kenntnis der klassischen Sprachen. Sie war eher eine Fertigkeit von Kaufleuten, von Diplomaten, also von international agierenden Berufen, und von Frauen. Sie gehörte zum Können der eleganten Welt. Bei den Kaufleuten und bei den Männern und Frauen von Welt sind wir eher im Bereich *praktisch-performativen Könnens* als in dem Bereich, der «Bildung» hieß. Zu Beginn des 19. Jahrhunderts waren die Lehrer moderner Sprachen an den Universitäten oft identisch mit den Tanzlehrern, also den Lehrern für praktisches Können, nicht für Bildung. Man hätte auch einen Tänzer nicht «gebildet» genannt, nur weil er gut tanzen konnte, oder einen Reiter, weil er gut reiten konnte. Kenntnisse moderner Sprachen waren Beherrschung performativer Techniken des weltläufigen Mannes und der weltläufigen Frau. Das waren Kenntnisse eines *cortegiano*, eines Höflings. «Bildung» aber verweist weniger auf den Hof, *la corte*, und adelig-graziöse Eleganz als auf die Schule und die Gelehrsamkeit, auf den europäischen Ort des Wissens, *lo studio*, wie das in der europäischen Tradition heißt.

Ich habe mit diesem Unterschied zwischen Sprachkenntnissen, die bilden, und Sprachkenntnissen, die zum praktischen Können gehören, einen Unterschied angedeutet, der heute in der offiziellen Bildungsterminologie nicht mehr gemacht wird. Das ist auch richtig so, sofern natürlich auch das praktisch-performative Wissen ein wertvolles Wissen ist, mit dem der Mensch seine multiplen Talente kultiviert, also sich bildet. Alles ist Bildung. Und insofern bilden Sprachkenntnisse, egal, ob höfisch oder gelehrt. Dennoch gebrauche ich im Folgenden den alten Bildungsbegriff und mache ihn sogar ganz stark, weil er mir hilft, die Aussage meines Ausgangssatzes – Mehrsprachigkeit bildet – mit einem mehr als banalen Sinn zu füllen, und weil er mich zur europäischen Mehrsprachigkeit führt. «Bildung» in diesem alten Sinne verweist auf einen Wissensbestand, der nicht funktionalisiert ist, der nicht praktisch ist, der gleichsam ornamental ist und der eine ästhetische Qualität hat – der seinen Zweck in sich selbst hat oder Zwecklosigkeit ohne Zweck ist, wie Kant gesagt hat. Gerade in seinem ästhetischen

Charakter öffnet dieses Wissen aber geistige Horizonte, weist es den Weg aus der Enge ins Weite und ins Andere (und Höhere?).

4.2.3. Nun sind auch die modernen Sprachen im 20. Jahrhundert allmählich aufgestiegen in den Bereich der «Bildung», sie wurden im Schul-Curriculum nicht mehr nur als praktisch-performatives Wissen angesehen. Auch moderne Sprachen sind – etwa bis zum zweiten Drittel des 20. Jahrhunderts – nicht mehr nur zu praktisch-kommunikativen Zwecken gelernt worden, sondern das Erlernen dieser Sprachen wurde wie bei den klassischen Sprachen zum Zweck an sich und zu einem Weg in die Literatur und die Kultur der entsprechenden Nationen.

Bei den modernen Sprachen ist die geforderte Sprachkompetenz allerdings meist reicher als bei den klassischen Sprachen. Hier wird durchaus die Kompetenz erworben, sich auch sprechend und schreibend, nicht nur verstehend und lesend, in der entsprechenden Sprache zu bewegen. Die im klassischen modernen Fremdsprachenunterricht angestrebte und oft auch erreichte Sprachkenntnis begründete also durchaus einen Zustand, den man mit größerem Recht als «Mehrsprachigkeit» bezeichnen kann. Der moderne Fremdsprachenunterricht verband das klassische «Bildungs»-Ziel mit dem praktischen Performanz-Ziel.

4.2.4. Im letzten Drittel des 20. Jahrhunderts hat sich allerdings der alte Bildungsgedanke zunehmend wieder aus dem modernen Fremdsprachenunterricht verflüchtigt. Dabei wird einerseits die geforderte Sprachkompetenz immer anspruchsvoller, vor allem im aktiven und im mündlichen Bereich – in der *Nähesprache* –, sofern dort tatsächlich eine quasi-muttersprachliche Kompetenz angestrebt wird: Der Sprachlerner des Englischen z. B. soll sich mit gleicher *aisance* wie ein Brite oder Amerikaner in den entsprechenden nähesprachlichen Kontexten bewegen. Andererseits wird die Bildungskompetenz anspruchsloser, sofern die Literatur – also das Lesen, gerade das, was im Bildungssprachunterricht im Zentrum stand – und die *Distanzsprache* immer weniger Bedeutung erhalten.[1] Der Schwerpunkt verlagert sich auf das Performativ-Nähesprachliche. Es geht ums aktive Kommuni-zieren – *kommunikative Kompetenz*.

Mit diesem Lernziel hängt unmittelbar die Tatsache zusammen, dass sich die Mehrsprachigkeit, die in unserer Gesellschaft als wün-schenswert angesehen wird, zunehmend auf *eine* fremde Sprache ver-engt, auf das globale Englisch. Andere Sprachkenntnisse werden zu-nehmend gleichgültig, weil alle kommunikativen Bedürfnisse in der globalen Sprache befriedigt werden können. Denn die Menschen in den anderen Ländern lernen ja ebenfalls die globale Sprache, sodass ich mich mit allen Franzosen, Spaniern, Schweden etc. auf Englisch verständigen kann. Das Erlernen ihrer Sprachen wird überflüssig. Wenn diese Entwicklung konsequent anhält – und das tut sie –, wird schließlich die Sprachigkeit, die als hinreichend gebildet angesehen wird, allein die englische sein. Die eventuell beiherspielenden weiteren Sprachen werden für den Bildungsprozess zunehmend gleichgültig, so-wohl die Erstsprachen als auch die Drittsprachen. Die Tendenz geht also von «Mehrsprachigkeit bildet» über «Zweisprachigkeit bildet» zu «Englischsprachigkeit bildet» – und sonst gar nichts. Unser Slogan «Mehrsprachigkeit bildet» tendiert dazu, zum Ladenhüter zu werden. Um dagegen zu argumentieren, sind zunächst noch ein paar Fragen be-züglich der Mehrsprachigkeit zu klären.

4.3. Mehrsprachigkeiten

In der sprachwissenschaftlichen Literatur wird zwischen gesellschaftli-cher und individueller Mehrsprachigkeit unterschieden.

4.3.1. Die Schweiz ist ein *gesellschaftlich mehrsprachiges* Land.

Dort werden bekanntlich vier verschiedene Sprachen gesprochen. Das heißt aber nicht, dass deshalb auch die einzelnen Schweizer mehr-sprachig wären. Im Prinzip wäre es sogar denkbar, dass alle Schweizer einsprachig bleiben und dass sie z. B. ihre innerschweizerische Verstän-digung nicht-schweizerischen Übersetzern und Dolmetschern über-lassen. Auch Europa ist gesellschaftlich mehrsprachig. Mit Bezug auf gesellschaftliche Mehrsprachigkeit macht der Satz «Mehrsprachigkeit bildet» zunächst kaum Sinn. Wie und wen soll denn die Tatsache, dass auf dem Territorium der Schweiz oder Europas mehrere Sprachen gesprochen werden, bilden? Vielleicht tut sie das aber doch? Vielleicht bildet die Existenz vieler Sprachen auf einem Territorium durchaus. Was meine ich damit?

Erstens: Stellen wir uns Menschen vor, die sich in einem sprachlich völlig homogenen Land befinden. Wo immer sie hinkommen, sprechen die Menschen ihre Sprache. Das war der Fall in der griechisch-hellenistischen Welt: Wo immer die Griechen hinkamen, wurde griechisch gesprochen. Es ist der Fall der Amerikaner heute: Wo immer sie hinkommen, wird englisch gesprochen. Das schränkt Alteritätserfahrungen erheblich ein. Die Griechen haben sich daher – ebenso wie die Amerikaner heute – auch nicht sehr für die Kulturen der Anderen interessiert. In dieser Hinsicht waren sie ziemlich ungebildet. Die Existenz mehrerer Sprachen auf einem Territorium konfrontiert Menschen dagegen mit der wichtigen Erfahrung, dass andere Menschen anders sind, eine fundamentale bildende Erfahrung, sofern sie dazu anregt, auf diese verstörende Situation zu reagieren. Und die Erlernung der Sprachen der Anderen ist sicher eine der intelligenteren Lösungen dieses Problems. Insofern ist gesellschaftliche Mehrsprachigkeit zumindest ein die Bildung begünstigender Zustand.

Vielleicht befördert auch, zweitens, *eine ganz bestimmte* gesellschaftliche Mehrsprachigkeit die Bildung. Wir haben im zweiten Kapitel gesehen, dass Europa zwar viele Sprachen hat, aber keine so sprachenreiche Gegend der Welt ist wie etwa Afrika. In der Europäischen Union haben wir dreiundzwanzig Staatssprachen (unter denen noch die Minderheitensprachen und die Dialekte der Staatssprachen liegen). Aber das ist nicht sehr viel für ein so großes Territorium. Manches afrikanische Land zählt viel mehr Sprachen als die EU: 250 sollen es allein in Kamerun sein. Was aber die europäische Situation von der afrikanischen unterscheidet, ist die Tatsache, dass die meisten dieser dreiundzwanzig Sprachen «Bildungssprachen» sind, dass also in diesen Sprachen tatsächlich die gesamte Kultur eines Landes sprachlich bewältigt wird, von der privaten familiären Situation bis hin zum wissenschaftlichen Aufsatz, zur Literatur, zur Rede im Parlament, zum Gesetzestext. Diese Sprachen sind, wie wir Linguisten sagen, voll ausgebaute Sprachen. Das ist bei den vielen afrikanischen Sprachen nicht der Fall. Sie sind zumeist nur Vernakularsprachen, also auf Haus und Dorf (Nähe) beschränkte sprachliche Techniken. Die Existenz so vieler «Kultur-Sprachen» auf dem europäischen Kontinent ist eine besondere gesellschaftliche Mehrsprachigkeit, die insofern «bildet» oder «bilden» sollte, als sie eine besondere Attraktivität dieser Sprachen zu ihrer Erlernung ausmacht: Das Erlernen des Ungarischen zum Beispiel eröffnet mir ein riesiges sprachliches Betätigungsfeld (von der Nähe bis zur Distanz), das Erlernen des Otomí – einer mexikanischen Sprache – dagegen verweist mich in den familiären und engen dörflichen Kreis der Sprachverwendung.

4.3.2. Nun ist mit der Mehrsprachigkeit, die bildet, natürlich im Wesentlichen der *individuelle* Besitz mehrerer Sprachen gemeint. Individuelle Mehrsprachigkeit wirft aber einige – knifflige – Fragen auf, die ich alle nur andeutungsweise beantworten kann:
1. Wie viele Sprachen muss ein Individuum können, um mehrsprachig genannt zu werden?
2. Was ist eine Sprache?
3. Wann ist man «sprachig» in einer Sprache – und dann zweisprachig oder mehrsprachig?
4. Ist die Art des Spracherwerbs wichtig für die individuelle Mehrsprachigkeit?

ad 1. Mehrsprachigkeit ist auf jeden Fall das Verfügen-Können über mehr als eine Sprache. Wenn jemand zwei Sprachen kann, ist das sozusagen der Minimalfall der Mehrsprachigkeit. Wir würden aber bei Mehrsprachigkeit gern über die Zweisprachigkeit hinausgehen. Ich habe ein Buch geschrieben, das den Titel *Mithridates im Paradies* trägt (Trabant 2003). Das Buch habe ich deswegen so genannt, weil Mithridates ein extrem mehrsprachiger Mensch war. Dieser König von Pontus konnte, je nach Quelle, zwischen zweiundzwanzig und fünfzig Sprachen. Mithridates ist meine Symbolfigur für Mehrsprachigkeit.

Folgt nun aus dem Satz, dass Mehrsprachigkeit bildet, dass je mehr Sprachen einer spricht, er desto gebildeter ist, dass also Mithridates ungeheuer gebildet war? Ich weiß es nicht. In den aktuellen Rekordbüchern konkurrieren Leute, die über sechzig Sprachen können, um den Titel des Meistsprachigen. Ob sie gebildeter sind als solche, die nur drei Sprachen können, kann ich einfach nicht sagen.

ad 2. Um über – gesellschaftliche *und* individuelle – Mehrsprachigkeit zu entscheiden, muss man natürlich sagen, was eine Sprache ist, die anders ist als eine bestimmte andere, sodass man sie auch zählen kann. Alle, die über diese Frage nachgedacht haben, wissen, dass sie nicht leicht oder vielleicht gar nicht zu beantworten ist. Ich habe am Anfang dieses Kapitels en passant gesagt, dass ein Dialekt eine andere Sprache sei als die Hochsprache, sodass z. B. das Beherrschen der Standardsprache durch Dialektsprecher schon ein Fall von Mehrsprachigkeit wäre. Ist also die individuelle Doppelkompetenz im Bairischen und Hochdeutschen Mehrsprachigkeit? Normalerweise spricht man in diesem Fall nicht von Mehrsprachigkeit, weil es sich um den Besitz von Varietäten innerhalb des Diasystems *einer* historischen Sprache handelt: Das Bairische ist bei aller Differenz zum Standarddeutschen ja eine (diatopische) Varietät des Deutschen.

Ich würde den Fall allerdings schon gern als Mehrsprachigkeit – zumindest als einen Einstieg in die Mehrsprachigkeit – ansehen. Dafür spricht auch die Tatsache, dass extrem polyglotte Menschen oft gerade den Erwerb der Standard-Varietät ihrer Sprache als die Basis ihrer Vielsprachigkeit betrachten, also in der Hochsprache ihre erste Fremdsprache sehen. Sicher spielt hier auch die Frage des «Abstandes» des Dialekts zur Standardsprache eine Rolle. Kann ein Dialekt, der abständiger von der Standardsprache ist, vielleicht eher als eigene Sprache gezählt werden, das Niederdeutsche eher als das Fränkische?

Aber so recht zackig entscheiden kann man die Sache nicht. Man kann das höchstens administrativ festsetzen, wie es im Fall des Luxemburgischen geschehen ist. Das Letzeburgische ist natürlich ein Dialekt des Deutschen, der übrigens auch gar nicht so weit abständig vom Standarddeutschen ist. Das Letzeburgische ist nun zur Nationalsprache

Luxemburgs erklärt worden. Damit ist dann jeder Luxemburger, der auch über das Standarddeutsche verfügt, einfach durch einen politischen Akt, administrativ, zweisprachig geworden.

Dennoch, den Besitz von Dialekt und Hochsprache meinen wir im Allgemeinen nicht, wenn wir von Mehrsprachigkeit sprechen. Es muss einer schon eine «richtig» andere Sprache können, also Chinesisch, Russisch, Französisch, Englisch, Dänisch etc., die eindeutig vom Deutschen unterschiedene Sprachen sind.

ad 3. Die dritte, noch viel schwerere Frage an die individuelle Mehrsprachigkeit ist, wieviel man denn von einer Sprache können muss, um als «sprachig» in dieser Sprache und folglich dann als mehrsprachig angesehen zu werden. Sollen wir an den europäischen Referenzrahmen denken und sagen: Also gut, ab Niveau B2 oder C1 «kann» einer eine Sprache, ist er spanisch-, russisch- oder französischsprachig und also mehrsprachig? Sicher ist einer mehrsprachig, wenn er – wie es so schön heißt – eine Sprache «perfekt» kann. Aber was ist «perfekt»? Wir wissen, dass man sehr verschiedene Kompetenzen in einer Sprache haben kann: mündlich, schriftlich, aktiv, passiv, Varietätenkompetenz – und das alles in verschiedenem Ausmaß.

Sollen wir zum Beispiel den eingangs erwähnten Lateinlerner, der eine gewisse Lesekompetenz erworben hat, lateinischsprachig und also mehrsprachig nennen? Wahrscheinlich würde der klassisch gebildete Lateinleser selbst sich nicht als mehrsprachig verstehen. Wenn uns jemand fragt, wie viele Sprachen wir können, zählen wir zumeist unsere Lateinkenntnisse nicht dazu.

Ich wäre meinerseits allerdings sehr dafür, die Frage so großzügig wie möglich zu beantworten, wenn es darum geht, zu sagen, welche Sprachigkeit bildet. Ich finde nämlich, dass nicht erst die ausgearbeitete und fix und fertige Sprachkompetenz (C2) bildet, sondern schon das Bemühen darum: Sich-Einlassen auf eine andere Sprache, Sich-Einlassen auf die Sprache des Anderen – das ist auf jeden Fall die wichtige und fundamentale Geste, und es ist diese Gebärde, die bildet. Sie ist es, die Perlmann bei denen vermisst, die er so scharf kritisiert.

ad 4. Meine vierte Frage betrifft schließlich einen viel zu wenig beachteten Unterschied in der individuellen Mehrsprachigkeit: Mehrsprachigkeit kann nämlich ganz verschieden erworben werden, sodass es offensichtlich zwei verschiedene Typen von Mehrsprachigen gibt: Einerseits gibt es die klassischen Fremdsprachenlerner, die eine fremde Sprache im Anschluss an ihre erstsprachliche Sozialisation in der Schule, an der Universität und anderswo erwerben, deren Mehrsprachigkeit sich einer «Bildungsbemühung» verdankt. Und andererseits gibt es die «natürlich» Mehrsprachigen, die in ihren Familien in zwei oder mehr Sprachen aufwachsen, die also mehrere Erstsprachen haben.

Es scheint nun so zu sein, dass die tiefste und beste Mehrsprachigkeit, nämlich die durch das Aufwachsen in einer zwei- oder mehrsprachigen Umgebung erworbene «perfekte» Verfügung über zwei oder mehr Sprachen, in gewisser Hinsicht gar keine Mehrsprachigkeit ist und nichts mit Bildung zu tun hat. Hirnuntersuchungen deuten darauf hin, dass die so erworbenen Sprachen sozusagen «dieselbe» Sprache sind, sofern sie an derselben Stelle im Gehirn aufgehoben sind, nämlich an der für die Erstsprache, während später gelernte Sprachen in anderen Gehirnarealen deponiert sind.

Diese muttersprachliche Mehrsprachigkeit wird offensichtlich auch von den betreffenden Sprechern nicht als Pluralität oder Alterität von Sprachen erlebt. Hierfür spricht die Selbstanalyse von «natürlichen» Mehrsprachigen: George Steiner, der berühmte Literaturwissenschaftler, beschreibt, wie er in drei Sprachen gleichzeitig aufwächst – Deutsch, Englisch, Französisch –, die alle drei gleichermaßen in ihm vorhanden sind. Der Übergang von der einen in die andere dieser drei Erstsprachen löst in Steiner eigentlich keinerlei Differenzerfahrung aus. Die drei Sprachen sind in dieser Hinsicht sozusagen dieselbe Sprache.[2] Steiner ist sicher einer der gebildetsten Menschen, die es auf dieser Erde gibt. Und gewiss hat ihm diese natürliche Mehrsprachigkeit den Weg in die Bildung, in die großen deutschen, französischen und englischen Textwelten, ermöglicht. Insofern bildet seine natürliche Mehrsprachigkeit schon. Und dennoch legt das Zeugnis seiner Mehrsprachigkeit eigentlich nahe, sie nicht als besonders «gebildet» anzusehen, sofern keine seiner Sprachen den Raum der Alterität eröffnet und sich der Anstrengung des Lernens verdankt. Sie sind «dieselben», und sie sind «natürlich» erworben.

Interessanterweise sind nun gerade diese «natürlichen» Mehrsprachigen die Modelle des derzeitigen Mehrsprachigkeits-Hypes: Der frühe, mündliche, natürliche Erwerb mehrerer Erstsprachen ist die Folie für die herrschende Fremdsprachendidaktik in öffentlichen und privaten Schulen. Der große Traum der Mehrsprachigkeits-Industrie ist es, dieses Szenario nachzuspielen, das gleichzeitig den Charme der Mühelosigkeit, des spielerischen Nebenbei, der „Natürlichkeit" eben, hat: Man gaukelt dem Publikum vor, die wöchentliche Stunde Baby-English oder auch die Stunde Frühenglisch im Kindergarten sei deswegen so förderlich, weil sie dem Szenario des Erwerbs der natürlichen Mehrsprachigkeit entspräche. Das ist natürlich mitnichten der Fall, auch wenn es den Kinderchen zumeist nicht schadet, wenn sie einmal pro Woche oder jeden Tag eine Stunde Frühenglisch verpasst bekommen. Es schadet nur, wenn dies – wie zumeist – durch nicht-muttersprachliche Kindergärtnerinnen und Grundschullehrerinnen geschieht, deren sächsische oder bairische Phonetik dann allerdings schon die Sprachlern-Biographie verdirbt. Denn das Einzige, was die Kinder bleibend zu lernen scheinen, ist die Phonetik der früherworbenen Sprache. Und wenn die dann früh-anglo-sächsisch oder früh-anglo-bajuvarisch ist, kann man das später nicht mehr so leicht verbessern.

Erstsprachige Mehrsprachigkeit ist eine nicht sehr «gebildete» Mehrsprachigkeit. Denn so früh wie möglich, so muttersprachlich wie möglich, so nähesprachlich wie möglich heißt ja wohl auch: so ungebildet wie möglich. Das scheint nicht zu taugen als Modell für einen Fremdsprachenunterricht, der bildet.

4.4. Mehrsprachigkeit, die bildet

Das muttersprachliche Sprachlernszenario ist das ziemlich radikale Gegenteil jenes Falles, bei dem eine durchaus unvollständige Sprachkenntnis – oft mühsam – erworben wird, also des Falles des schon erwähnten Lateinisch-Lernens. Im Falle des alten Lateinunterrichts haben wir es mit einem Sprachenlernen zu tun, das nicht primär auf Sich-Verständlich-Machen, auf kommunikative Kompetenz, sondern auf das *Verstehen des Anderen* abzielt, eines Anderen, der sprachlich und zeitlich *weit entfernt* ist von mir (ein Fremder, den ich aber kennenlernen möchte, auch weil ich denke, dass er zu mir gehört). Ich will ja keine Pizza oder eine Fahrkarte von Cicero kaufen, keinen Vertrag mit ihm abschließen, sondern ich will einfach wissen, wie Ciceros Sprache ist, und *lesen*, was er mir zu sagen hat, das heißt: was er *geschrieben* hat. Es geht um *Distanzsprache*. Die Lateinlerner sollen also einerseits die Wörter und Formen lernen – einfach so – und andererseits teilhaben an der antiken Textkultur, die ihnen eigentlich keinen unmittelbar praktischen Nutzen bringt, sondern höchstens einen symbolischen Mehrwert. Hegel hat in einer Gymnasialrede aus dem Jahre 1809 in der «Befreundung» mit der fremden Welt den tiefen Sinn des Unterrichts in den alten Sprachen gesehen (Hegel 1986: 322).

Dieses für derartiges Sprachenlernen zentrale Motiv des *Verstehen-Wollens des distanten Anderen* muss sich nun aber nicht notwendigerweise nur auf den in der *Zeit* von mir Entfernten beziehen, auf einen Vergangenen, sondern es kann sich auch auf einen im *Raum* von mir Entfernten richten, der anders spricht als ich und dessen sprachliche Alterität ich verstehen möchte (mit dem ich mich befreunden möchte). Ein solcher Sprachlernprozess ist es nun, der meines Erachtens eine ganz bestimmte Form von Mehrsprachigkeit erzeugt, nämlich die gesuchte Mehrsprachigkeit, die bildet. Oder: Sprachen, die bilden sollen, muss man auch mit dem Ziel lehren und lernen, dass sie bilden sollen.

Das Konzept der *kommunikativen* Kompetenz in den fremden Sprachen hat, wie gesagt, das alte Lernziel «Bildung» geschwächt. Das Lernziel der kommunikativen Kompetenz hat des Weiteren zur Folge gehabt, dass man eigentlich auch nur noch *eine* Sprache lernen möchte, nämlich angesichts globaler *Kommunikations*notwendigkeiten das Englische. Mit diesem kann ich alles allen überall auf der Welt *kommunizieren*. Warum soll ich denn noch Französisch lernen, wenn ich meinem französischen Freund alles auf Englisch mitteilen kann? Und warum soll dieser meine Sprache sprechen, wenn er mir – und allen anderen auf der ganzen Welt – alles auf Englisch sagen kann? Eine weitere Sprache außer Englisch zu lernen ist im Hinblick auf die lebenspraktischen kommunikativen Notwendigkeiten einfach Zeitverschwendung. Daher ist ja auch der Unterricht in der zweiten Fremdsprache in den europäischen Ländern massiv eingebrochen.

Eine weitere Sprache lernt man aber vielleicht – und hier kommen wir dann tatsächlich zur *Mehr*sprachigkeit, nicht nur zur Zweisprachigkeit –, wenn man mit dieser weiteren Sprache auch etwas anderes macht als mit der kommunikativ-praktischen Zweitsprache. Und dieser weitere Grund für die Erlernung einer oder mehrerer anderer Sprachen ist die von mir skizzierte «Bildung»: Ich möchte wissen, wie die anderen Menschen in ihrer Sprache die Welt bewältigen, wie sie in ihrer Sprache leben, ich möchte die Texte lesen, die in dieser Sprache geschrieben worden sind. Der Akzent meiner Motivation liegt auf dem fremden *Du*: Du Frankreich, Du Norwegen, Du Russland und Du Cicero, Du Racine, Du Dante, Du Tolstoi, nicht auf meinem eigenen Ich. Im Gegensatz zur «kommunikativen» Kompetenz können wir das «*verstehende*» oder «*hermeneutische* Kompetenz» nennen. Dass ich mit den Menschen auch sprechen will, die diese Sprache sprechen, ist natürlich auch weiterhin ein Ziel, weil ich ja mit ihnen mitdenken und mitleben möchte: Ich möchte aber zuvörderst gerade nicht *mich* verständlich machen. Das, wie gesagt, kann ich auch auf Englisch erledigen. Nein, ich möchte hören, was *die Anderen* in ihrer Sprache tun, wie ihre Sprache klingt. Hermeneutische Sprachkompetenz ist ein Bemühen um das Verstehen der Anderen und ein Anerkennen der Anderen in ihrer Andersheit. Wenn ich englisch mit einem Franzosen spreche, so ist das natürlich besser, als wenn ich überhaupt nicht ihm spreche. Mein *Französisch*-Sprechen, vor allem mein *Französisch-Verstehen*, ist aber eben gleichzeitig ein Akt des Anerkennens seiner Französischkeit. Es ist die Suche nach «Befreundung» mit dem Anderen. Es geht – noch einmal anders gesagt – nicht um den kommunikativen Quickie, sondern um eine verstehende Langzeitbeziehung.

Nur ein solches, auf Bildung abzielendes Sprachenlernen befördert im europäischen Kontext *Mehr*sprachigkeit – also nicht nur Zweisprachigkeit. Kommunikative Kompetenz allein führt zu jener globalen

Zweisprachigkeit, die sich jetzt überall etabliert, zu einer Art neo-mittelalterlichen Diglossie: oben Englisch – unten die Volkssprachen. Das ist ja auch in Ordnung, wir brauchen das. Nur: es ist nicht besonders gebildet, es ist nicht genug, und es ist nicht europäisch. Mehrsprachigkeit, die bildet, braucht die dritte Sprache.

Europa hatte festgestellt, dass die Formel M + 2 für den europäischen Sprachlernprozess nicht richtig funktionierte, wenn auch für die dritte Sprache die kommunikative Kompetenz die Leitidee ist. Daher hatte die schon mehrfach erwähnte Maalouf-Gruppe ein anderes Konzept für die dritte Sprache entwickelt: die Idee der «persönlichen Adoptivsprache». In der Vorstellung der Adoption der dritten Sprache steckt das Prinzip der Bildung, das ich meine: Ich lasse mich auf das Fremde und Andere ein, ich anerkenne das Andere, ich befreunde mich mit dem Anderen, und das kostet – wie auch das lebenslange Bemühen um ein Adoptivkind – Mühe und Anstrengung. Diese Sprach-Bildung ist übrigens, wie es bei wirklich echter Bildung sein muss, nicht nur geistige Bildung, sondern tatsächlich gleichzeitig Herzens-Bildung (noch einmal kitschigster Sentimentalismus, wie ihn Herr de Swaan verspottet). Ich schlage daher ja auch anstelle des Ausdrucks «Adoptivsprache» den noch sentimentaleren Begriff der «Brudersprache» vor.

Ein Europa der Bildung, also ein Europa, das seines Namens würdig und nicht nur eine Wirtschaftsgemeinschaft ist, kann nur ein Europa der Mehrsprachigkeit sein. So wie das moderne Europa immer mehrsprachig war, sofern es den Bildungszusammenhang mit seiner Vergangenheit durch das Lernen der klassischen Sprachen aufrechterhalten hatte, so bewahrt es mit einer wahrhaft brüderlichen europäischen Mehrsprachigkeit den Bildungszusammenhang seiner Völker.

Und natürlich ist die Befreundung mit den Sprachen jenseits von Europa auch die Grundlage für eine wahrhafte Weltgemeinschaft.

GESTERN

5. WIE KOMMT DIE SPRACHE IN DIE NATION?

Die sprachliche Situation in Europa ist heute, soviel ist sicher schon deutlich geworden, mindestens so revolutionär wie im 16. Jahrhundert, im *Cinquecento*, als neue politische und soziale Realitäten das mittelalterliche Sprachenregime und seine charakteristische diglossische Konstellation mit dem Lateinischen oben – als Sprache der höheren Diskurse und Sprache der Distanz – und den Volkssprachen unten – als niedere Sprachen und Sprachen der Nähe – ins Wanken brachten und als sich daher Europa die *questione della lingua*, die Frage nach der Sprache, stellte. In einem Prozess, der vom 16. bis ins 20. Jahrhundert dauerte, übernahmen die Volkssprachen – zumindest einige von ihnen – die Funktionen des Lateinischen. Dieser historische Prozess führte zum spezifisch europäischen System voll funktionaler Sprachen, einer – verglichen mit anderen Gegenden der Welt – ziemlich einmaligen mehrsprachigen Konstellation. Die neuen, «nationalen» Staaten waren die wichtigsten Strukturen für den Aufstieg der Volkssprachen und für die Erhöhung ihres Status, der schließlich zu einem vollen Ausbau dieser Sprachen führte. Europäische Staaten definierten sich mehr und mehr in Bezug auf die sie tragenden sprachlichen Mehrheiten. «Nationalsprachen» wurden äußerst wichtig für das Funktionieren moderner Staaten. Staatsangehörigkeit war daher oft an die Kenntnis der Nationalsprache gebunden.

Nun erschüttern Globalisierung, Europäisierung und Migration dieses moderne Sprachregime der einzelnen europäischen Länder, wie sie auch das europäische Sprachensystem als Ganzes verändern. So

zwingt die Globalisierung die europäischen Länder dazu, die Globalsprache Englisch in den höheren Diskursen zu verwenden (Wissenschaft, Technik, Ökonomie), welche die Volkssprachen dem Lateinischen abgenommen hatten, also den diskursiven Raum (und das
Prestige) der Nationalsprachen wieder einzuengen. Die Europäisierung
verstärkt diese Tendenz trotz der offiziellen Politik der Förderung und
des Schutzes der Nationalsprachen durch die EU. Die offizielle Mehr-
sprachigkeits-Poesie Europas kontrastiert stark mit der English-On-
ly-Praxis der europäischen Institutionen (schmerzhaft zum Beispiel im
European Research Council), mit den alltäglichen Kommunikations-
praktiken der Europäer, die sich in Athen die Pizza auf Englisch bestellen, oder mit der dramatischen Anglisierung der Wissenschaften. Da
das Prestige der Nationalsprachen sinkt – junge Eliten erziehen ihre
Kinder zunehmend in der prestigereichen «Hochsprache» Englisch –,
wird auch das Erlernen der Nationalsprachen (mit der Ausnahme des
Englischen in Großbritannien) immer weniger attraktiv für Migranten.
Dies gefährdet zunehmend auch die (nicht nur sprachliche) Kohärenz
der Nationalstaaten durch die Bildung neuer, nicht integrierter Minderheiten, die sich in dieser Hinsicht gerade von den traditionellen
sprachlichen Minderheiten (wie etwa den Sorben in Deutschland) unterscheiden, die bilingual im Rahmen des Nationalstaates geworden
waren.

Dies ist eine Kurzfassung der Entwicklungen, die zu jener neuen
europäischen *questione della lingua* führen, die uns in diesem Buch beschäftigt. Eine Tendenz zur Schwächung der Funktionen und der Stellung der Nationalsprachen ist ebenso unabweisbar wie die Lockerung
der Beziehungen zwischen Sprache und Nation, ein Prozess, der in
starkem Gegensatz zum modernen europäischen Aufstieg dieser Sprachen steht, der ohne die Identifikation der Nationen mit ihren Sprachen unmöglich gewesen wäre. Die Frage stellt sich also, ob die Verbindung zwischen Nation und Sprache eine wesentliche ist. Oder bewegen
wir uns auf eine postnationale Welt zu, in der diese Verbindung völlig
obsolet wird? Zur Diskussion dieser Frage möchte ich einen Blick auf
den historischen Moment werfen, da die Verbindung zwischen Nation
und Sprache mit einer expliziten politischen Intention hergestellt wur-

de, nämlich die Französische Revolution. Ich beginne jedoch mit einer berühmten französischen Stimme, die genau diese Verbindung infrage stellte.

5.1. En Sorbonne 1882

5.1.1. Was ist eine Nation? In einem Moment größten historischen Stresses zwischen Deutschland und Frankreich ist einer der bedeutendsten Texte über die Nation geschrieben worden: «Qu'est-ce qu'une nation?» von Ernest Renan. Es ging dabei, obwohl das mit keinem Wort erwähnt wird, um Elsass-Lothringen. Das 1871 in Versailles proklamierte neue Deutsche Reich hatte die deutschsprachigen Gebiete Frankreichs von Frankreich getrennt und ins Reich eingegliedert – im Übrigen gegen den Willen der Bevölkerung des Elsass und Lothringens, die seit mehr als zweihundert bzw. hundert Jahren zu Frankreich gehörten. Das Reich eignete sich damit die lothringischen Industriegebiete an, begründet wurde die Annexion Elsass-Lothringens aber mit der sprachlichen und ethnischen Zugehörigkeit dieses Landes zu Deutschland. Elsass-Lothringen sei ethnisch und sprachlich Teil der deutschen Nation – und daher nun in den Staat zu integrieren, den sich die deutsche Nation gerade gegeben habe. Dieser imperialistische Akt erzeugte den Hass der Franzosen, die ansonsten der deutschen Einigung durchaus nicht feindlich gesinnt waren, sie verstanden ja, dass Deutschland endlich auch so werden wollte wie Frankreich, nämlich eine große Staats-Nation bzw. ein großer Nationalstaat. L'Allemagne, das bis dahin nur eine kulturelle Größe war, wurde durch seine Staatswerdung sozusagen auch französischer. Die Allemagne der Madame de Staël, ein Sprach- und Kulturraum, wurde nun auch eine politische Größe. Die politisch törichte und überflüssige Annexion Elsass-Lothringens zerstörte aber jegliche Sympathie für den neuen Staat und legte den Keim für den nächsten Krieg.

Ernest Renan, der große Philologe und Religionswissenschaftler, ein Bewunderer deutscher Kultur – er wollte der französische Herder werden –, hält in dieser historischen Situation am 11. März 1882 in der Sorbonne – «en Sorbonne» – seine berühmte Rede «Was ist eine Nation?» Die Frage allein zeigt schon, dass es alles andere als klar war, was eine Nation ist. Es gibt nach Renan verschiedene Anwärter auf die Zusprechung des Prädikators «Nation» zu einer Gemeinschaft von Menschen. Renan diskutiert folgende Momente: 1. Abstammung (*race*), 2. Sprache, 3. Religion, 4. ökonomische Interessen, 5. geographische Gegebenheiten. Er lehnt alle fünf Momente als nicht grundlegend für eine Nation ab. Eine Nation sei nicht durch das Blut, den Boden, die Sprache, die Religion oder Wirtschaftsinteressen verbunden. Diesen Momenten hält Renan eine historisch-politische Definition entgegen: Die Nation sei ein geistiges Prinzip, eine «Seele», die einerseits aus einer gemeinsamen Erinnerung an die Vergangenheit – vor allem auch an gemeinsames Leiden – lebe und sich andererseits aus einem gegenwärtigen Wunsch zum Zusammenleben – «un désir de vivre ensemble» – speise. Und dann kommt die berühmte politische Definition der Nation als «plébiscite de tous les jours», als tägliches Plebiszit.

Une nation est une âme, un principe spirituel. […] Avoir des gloires communes dans le passé, une volonté commune dans le présent; avoir fait de grandes choses ensemble; vouloir en faire encore, voilà les conditions essentielles pour être un peuple. […] L'existence d'une nation est (pardonnez-moi la métaphore) un plébiscite de tous les jours. (Renan 1882: 306 f.)

Eine Nation ist eine Seele, ein geistiges Prinzip. […] Gemeinsame Ruhmestaten in der Vergangenheit, ein gemeinsamer Wille in der Gegenwart; zusammen Großes getan haben und solches weiterhin tun wollen, das sind die wesentlichen Bedingungen für ein Volk. […] Die Existenz einer Nation ist – verzeihen Sie mir die Metapher – ein jeden Tag stattfindendes Plebiszit.

Dieser politische Wille basiert auf einer gemeinsamen Geschichte, von der er folgenden weisen und schönen Satz sagt:

Or, l'essence d'une nation est que tous les individus aient beaucoup de choses en commun, et aussi que tous aient oublié bien des choses. (Renan 1882: 285)

Nun, das Wesen einer Nation ist es, dass alle Individuen viele Dinge gemein haben, und auch, dass alle viele Dinge vergessen haben.

Man muss z. B. die Bartholomäus-Nacht vergessen haben, um als Protestant Franzose zu sein. Renan holt mit dieser Nationendefinition Elsass-Lothringen in die Nation zurück: Man braucht keine gemeinsame Sprache oder gemeinsame Abstammung, um zur selben Nation zu gehören. Die gemeinsame – auch leidvolle – Vergangenheit und der gegenwärtige Wunsch der Elsässer, zu Frankreich zu gehören, der «plébiscite de tous les jours», machen aus dem Elsass einen Teil der Nation.

Zweifellos hatte Renan damit Recht. Aber es ist sicher nicht richtig, dass die französische Nation selbst sich damals ohne Bezug auf die anderen – von Renan abgelehnten – Parameter als Nation verstanden hätte. Vor allem ist die Eliminierung des Kriteriums der Sprache im französischen Nationenverständnis völlig unzutreffend. Das passte zwar 1882 gut in die politische Auseinandersetzung mit den Deutschen, und es stimmte wohl tatsächlich für die Mehrheit der Elsässer in der Zeit zwischen 1871 und 1918. Aber es stimmt nicht für das Selbstverständnis der französischen Nation und für die tatsächliche Politik des französischen Staates, insbesondere des demokratischen Staates, in dem die *Nation* der Souverän ist, also für die *Republik.* Und Frankreich war ja 1870 wieder Republik geworden.

Und weil die Sprache auch für das französische Nationenverständnis eine so zentrale Rolle spielt, ist der Abgrund zwischen einer deutschen und einer französischen Nationenauffassung nicht in dem Maße vorhanden, wie er durch die Literatur geistert. Man kann noch überall lesen, die Franzosen hätten einen politischen Nationenbegriff – eben den «plébiscite de tous les jours» – und die Deutschen einen kulturellen und ethnischen (bei dem die Sprache ein wesentliches Element sei).[1] Die Differenz ist in dieser abstrakten Gegenüberstellung nicht zutreffend.[2] Sie stimmt vor allem nicht hinsichtlich des Moments der

Sprache. Bis zu einem gewissen Grad trifft sie hinsichtlich des anderen von Renan diskutierten Moments zu: hinsichtlich der Abstammung. Sichtbar war *diese* Differenz tatsächlich in der Staatsbürgerauffassung des 20. Jahrhunderts: Das deutsche Recht kannte das *ius sanguinis*, Deutscher war noch bis vor Kurzem, wer aus einer deutschen Familie stammte (auch wenn diese seit Jahrhunderten nicht in Deutschland wohnte), während Franzose derjenige war, der auf französischem Boden geboren wurde: *ius soli*. In einer längeren historischen Perspektive waren allerdings beide Prinzipien im Recht beider Länder präsent. Dagegen ist das Kriterium der *Sprache* für die Zugehörigkeit zur Nation in Frankreich mindestens so wichtig wie in Deutschland. Allerdings hat sich der Zusammenhang von Nation und Sprache in den beiden Ländern historisch jeweils ganz anders hergestellt.

Renans «plébiscite de tous les jours», bei dem die Sprache keine Rolle spielen soll, war 1882 nicht nur gegenüber Deutschland, sondern auch für die französische Innenpolitik wichtig. Es war politisch immer noch weise, gerade das Argument zurückzuweisen, dass die gemeinsame *Sprache* die Nation konstituiere. Frankreich gibt es zwar seit Jahrhunderten, eigentlich seit tausend Jahren, seit dem Vertrag von Verdun 843. Es erweitert sich über die Jahrhunderte im Osten um wesentliche Stücke Lotharingiens, des karolingischen Mittelreiches, und seit dem 17. Jahrhundert hat es ungefähr die heutige Ausdehnung. Als *Staat* ist Frankreich immer stärker geworden, gerade auch durch die Französische Revolution. Aber dieser Staat ist – auch noch 1882 – ein *vielsprachiges* Land. Das hat sich auch in den hundert Jahren seit der Revolution von 1789 noch nicht wirklich verändert, wo man dieses Faktum als ausgesprochen unerwünscht erlebte. Auch deswegen muss es Renan darauf ankommen, die Sprache herunterzuspielen, nicht nur in Bezug auf Elsass-Lothringen, sondern in Bezug auf das ganze Land. Neben Französisch wurde in Frankreich immer noch deutsch, italienisch, okzitanisch, katalanisch, baskisch, bretonisch und flämisch gesprochen. Renan bringt zwei Argumente gegen die Sprache als Konstituens der Nation vor: ein politisches und ein philosophisches.

5.1.2. Das politische Argument gegen die Sprache Natürlich leugnet Renan die politische Bedeutung der Sprache nicht: «La langue invite à se réunir», «Die Sprache lädt zur Vereinigung ein». Aber: «elle n'y force pas», «sie zwingt nicht dazu» (Renan 1882: 298). Renan verweist zum Beweis dieser Auffassung einerseits auf Gemeinschaften, die zwar dieselbe Sprache sprächen, aber doch verschiedene Nationen seien – wie die USA und England. Andererseits gebe es mehrsprachige politische Gemeinschaften, die eine Nation bildeten, wie die Schweiz. Die Beispiele zeigen im Übrigen, dass «Nation» bei Renan – auch wenn er es nirgendwo sagt – ganz offensichtlich an einen *Staat* gebunden ist. Das versteht sich anscheinend von selbst: Nation ist das Staats-Volk.

Also: Sprachgemeinschaft und «Nation» koinzidieren nicht. Es gibt, wie Renan sagt, etwas Höheres als die Sprache, nämlich den Willen zusammenzuleben:

> Il y a dans l'homme quelque chose de supérieur à la langue: c'est la volonté. (Renan 1882: 298 f.)

Wenn dem nicht so wäre, würde das in der Tat die französische Nation 1882 in schwere Bedrängnis bringen. Nicht nur wegen des Elsass, sondern auch, weil viele Sprachen in Frankreich gesprochen werden, darf Sprache nicht als nationenkonstituierend erscheinen. Die Nation liegt jenseits der Sprache:

> Ne peut-on pas avoir les mêmes sentiments et les mêmes pensées, aimer les mêmes choses en des langages différents? (Renan 1882: 299).

> Kann man nicht dieselben Gefühle und dieselben Gedanken haben, dieselben Dinge in verschiedenen Sprachen lieben?

Und um dieses lockere Verhältnis zwischen Nation und Sprache in Frankreich zu belegen, behauptet Renan, dass Frankreich niemals Zwangsmittel – «mesures de coercition» (Renan 1882: 299) – angewendet habe, um die sprachliche Einheit zu erreichen. Das ist nun freilich eine einigermaßen überraschende Feststellung. Es gibt 1882 zwar noch kein obligatorisches einsprachiges französisches Schulwesen. Das wäre in der Tat die massivste «mesure de coercition». Es fragt sich aber, ob nicht z. B. eine einsprachige französische Verwaltung in einem vielsprachigen Land doch so etwas wie ein Zwangsmittel ist – und dieses gibt es seit der Ordonnance von Villers-Cotterêts von 1539. Seitdem besteht in Frankreich die Pflicht, auf Französisch zu urkunden: «en langage françois et non autrement» (Wolf Hrsg. 1969: 52). Und ein – wenn auch kurzlebiges – Gesetz erneuerte und radikalisierte während der Französischen Revolution genau diese Obligation mit drastischen Strafandrohungen.[3] Des Weiteren kann man Renan wohl erwidern, dass die wirkungsvollste «mesure de coercition» durchaus schon lange vorbereitet wird – und zwar seit hundert Jahren, seit der Französischen Revolution –, dass sie nur noch nicht zur Anwendung gekommen ist, dass aber ihre Implementierung unmittelbar bevorsteht. Zwei Wochen nach Renans Rede «en Sorbonne», am 28. März 1882, wird nämlich der Erziehungsminister Jules Ferry eine extrem erfolgreiche Zwangsmaschine zur Verbreitung der französischen Sprache in Gang setzen, die Schule der Dritten Republik. Das *obligatorische* Schulwesen ist eine «mesure de coercition», die innerhalb von fünfzig Jahren die Franzosen in eine französischsprachige Nation verwandeln wird und die die anderen Sprachen Frankreichs endgültig in die Privat- und Nähesphäre verweisen, wenn nicht gar zum Verstummen bringen wird.[4] Man darf vermuten, dass Renan von diesen unmittelbar bevorstehenden Zwangsmaßnahmen des Ministers gehört hatte.

5.1.3. Das philosophische Argument gegen die Sprache

Das zweite Argument gegen die Sprache als Wesensmerkmal der Nation ist philosophisch oder sprachtheoretisch. Es deutet sich schon in dem zitierten Satz an, dass man doch dasselbe in verschiedenen Sprachen fühlen und denken könne. Renan polemisiert gegen die Auffassung, Sprachen seien partikulare «Weltansichten», wie Humboldt das genannt hatte, oder jede Sprache habe ein ihr eigenes kostbares «génie», welches den Geist der Nation oder deren Charakter spiegele. Gerade in der französischen Tradition war diese Verbindung von Geist der Sprache und Geist der Nation besonders stark. Von Frankreich aus ging diese Vorstellung der Verbindung des «Geistes» einer Sprache mit dem «Geist» einer Nation in das europäische Sprachdenken ein: Schon in der Renaissance wurde vom *idíoma*, dem ganz besonderen Eigenen einer Sprache, gesprochen; im Umkreis der französischen Akademie (1635) wurde das «génie des langues» entdeckt; Condillac (1746) hatte es philosophisch zu greifen versucht; in der klassischen deutschen Sprachphilosophie (Herder, Humboldt) nimmt dieser Gedanke eine zentrale Stelle ein. Es besteht kein Zweifel daran, dass dieses Theorie-Element dann in eine politische Waffe gewendet wurde: Der spezifische mit der Sprache verbundene «Geist» musste als Legitimation für die Annektierung des deutschsprachigen Elsass an das große deutschsprachige Land herhalten. Die imperialistische Perversion des Theorems beweist allerdings noch nicht, dass es falsch ist.

Bei Wilhelm von Humboldt lesen wir 1835 Sätze wie den folgenden:

> Die Sprache ist gleichsam die äußerliche Erscheinung des Geistes der Völker; ihre Sprache ist ihr Geist und ihr Geist ihre Sprache; man kann sich beide nie identisch genug denken. (VII: 42)

Humboldt verwendet die Ausdrücke Nation und Volk zumeist synonym. Daher können wir diesen ersten Satz durch einen zweiten ergänzen:

> Eine Nation in diesem Sinne ist eine durch eine bestimmte Sprache charakterisirte geistige Form der Menschheit, in Beziehung auf idealische Totalität individualisirt (VI: 125)

oder durch den schönen Satz aus einem früheren Text:

> Sprache ist der Odem, die Seele der Nation selbst (III: 166).

Nun ist zwar auch bei Renan eine Nation ein «geistiges Prinzip», eine «Seele». Aber er schließt gerade die Sprache – Humboldts Nationen-Seele – aus diesem Nationen-Geist aus. Wenn Sprache nicht

Teil der «Seele», des «principe spirituel», der Nation sein soll, muss Renan die Bedeutung der Sprache für den geistigen Haushalt des Menschen herabstufen. Renan muss hier genau wie Gerhards (2010) gegen die Weltansichtsthese argumentieren, um von der Sprache als etwas semantisch Tiefem und daher geistig Trennendem wegzukommen.[5] Denn wenn Sprache etwas ist, das Nationen tief prägt, das sie in ihrem Denken und Fühlen tief beeinflusst, «la manière de voir et de sentir» (Condillac 1746: 264), dann ist das natürlich erst einmal nicht sehr gut für ein politisches Ganzes, das aus vielen Sprachgemeinschaften besteht. Wenn Sprachgemeinschaften auch Denk- und Fühlgemeinschaften sind, dann stellen die verschiedenen Sprachen Grenzen dar, die nicht so leicht zu überwinden sind. Renan will aber gerade Trennungen zwischen Sprachgemeinschaften überwinden: «Il y a dans l'homme quelque chose de supérieur à la langue: c'est la volonté» (298 f.). Der politische Wille steht über der Sprache, also überwindet er die (niedrige, enge und trennende) Sprache. Konsequenterweise muss Renan eine allzu tiefe Determinierung des Menschen durch die Sprache zurückweisen. Daher beschwört er die Gefahr, sich sprach- und kulturrelativistisch in eine Sprache und in eine Kultur einzuschließen:

Quand on y met de l'exagération, on se renferme dans une culture déterminée, tenue pour nationale; on se limite, on se claquemure. On quitte le grand air qu'on respire dans le vaste champ de l'humanité pour s'enfermer dans des conventicules de compatriotes. Rien de plus mauvais pour l'esprit, rien de plus fâcheux pour la civilisation. N'abandonnons pas ce principe fondamental, que l'homme est un **être raisonnable** et moral avant d'être parqué dans telle ou telle langue. (Renan 1882: 300)

Wenn man es übertreibt, dann schließt man sich in eine bestimmte, als national betrachtete Kultur ein; man grenzt sich ab, man mauert sich ein. Man verlässt die frische Luft, die man im weiten Feld der Menschheit atmet, um sich in Konventikeln von Kompatrioten einzuschließen. Nichts ist schlimmer für den Geist, nichts ärgerlicher für die Zivilisation. Geben wir das Grundprinzip nicht auf, dass der Mensch ein vernünftiges und moralisches Wesen ist, bevor er in diese oder jene Sprache eingepfercht wird.

Renan warnt also davor, sich in Sprachen wie in «Konventikeln von Kompatrioten» einzuschließen, beziehungsweise, mit dem schönen, seltenen Wort «se claquemurer», sich einzumauern. Er weist dagegen darauf hin, dass der Mensch zuerst überhaupt Mensch – ein Vernunftwesen – ist und erst in zweiter Hinsicht einer bestimmten Sprachgemeinschaft angehört. Er macht den universellen Teil des Menschen gegenüber dem einzelsprachlich-historischen stark: «l'homme est un être raisonnable et moral avant d'être parqué dans telle ou telle langue». Renan trennt also die Vernunft von der Sprache bzw. das Universelle vom Partikularen.[6] Das hat mit der Tradition der Formel vom *être raisonnable* zu tun. Das *être raisonnable* ist die französische Version des lateinischen *animal rationale*, das seinerseits eine sehr einseitige Übersetzung des griechischen *zoon logon echon* ist. *Logos* wird nämlich lateinisch mit *ratio* – «Vernunft, Rechenkunst» – übersetzt. Der griechische *logos* ist aber Sprache und Denken – *sermo* und *ratio* – zugleich. Wenn man nun das griechische *logon echon* mit «Sprache habend» übersetzt, dann ist die Trennung von *raison* und *langue* nicht mehr zu halten: Natürlich ist der Mensch – jeder Mensch – mit *logos* ausgestattet. Aber es ist auch klar, dass diese universelle Sprachdisposition des Menschen sich immer – notwendigerweise – in einer *bestimmten* Sprache manifestiert. Das *zoon logon echon* hat notwendigerweise einen französischen oder baskischen oder russischen *logos*. Genau der soll aber als einengend, als nicht dem Menschen als rationalem Wesen entsprechend eliminiert werden.

5.1.4. Humboldts Sprachnation Um zu verdeutlichen, wogegen Renan hier argumentiert, habe ich den Humboldtschen Nationenbegriff angeführt, der ganz auf die Sprachgemeinschaft ausgerichtet ist: «Eine Nation in diesem Sinne ist eine durch eine bestimmte Sprache charakterisirte geistige Form der Menschheit.» Durch einen näheren Blick auf Humboldts Nationenkonzept möchte ich jedoch zeigen, dass die Verbindung von Sprache und Nation nicht unbedingt die Konsequenzen hat, die Renan befürchtet: Trennung und Abschließung, und dass dieser vermeintlich «deutsche» Nationenbegriff durchaus mit dem «französischen» oder «politischen» vereinbar ist.

«Eine durch eine bestimmte Sprache charakterisirte geistige Form der Menschheit» nennt Humboldt die Nation. Ganz eindeutig formt die Sprache die Nation als dieses besondere geistige Individuum. Das bedeutet aber nicht, dass der besondere Geist in das Partikulare eingeschlossen bleibt, wie Renan meint: *claquemuré*. Der Geist der Nation öffnet sich nämlich in vielfacher Hinsicht: auf die Menschheit, auf andere Sprachgeister, auf anderes als die Sprache.

Erstens sagt Humboldt, wie Renan, dass der Mensch immer und zuvörderst Teil der *Menschheit* ist. Aber er ist es gerade, weil er Sprache hat:

> namentlich aber in der Sprache liegt eine innere Überzeugung, dass das Menschengeschlecht, trotz aller Trennung, aller Verschiedenheit, dennoch in seinem Urwesen in seiner letzten Bestimmung unzertrennlich und eins ist. (VI: 125)

Humboldt trennt also die Sprache nicht von einer abstrakten Rationalität, sondern nimmt eine *universelle Sprachlichkeit* an: *zoon logon echon*. Gerade deswegen ist nun der Mensch auch nicht eingeschlossen in eine partikulare Sprache, jede Sprache ist ja «eine Form der *Menschheit*». Humboldts sprachlicher Nationenbegriff, auch wenn er eine geistige Individualität meint, weist gleichzeitig über diese hinaus: in die Menschheit. Jede Sprache – und also auch jede Nation – repräsentiert die Sprache überhaupt (*logos*) und die Menschheit, so wie jeder griechische Gott als Individuum auch das Göttliche überhaupt repräsentiert.[7] Anders als individualisiert ist nach Humboldt das Universelle gar nicht zu haben. Das Trennend-Verbindende der Sprachen verdeutlicht Humboldt in dem schönen Vergleich mit dem Meer:

> Die Sprachen trennen allerdings die Nationen, aber nur um sie auf eine tiefere und schönere Weise wieder inniger zu verbinden; sie gleichen

darin den Meeren, die, anfangs furchtsam an den Küsten umschifft, die länderverbindendsten Strassen geworden sind. (VI: 124)

Aus Humboldts offenem Nationen- und Sprachbegriff folgt zweitens, dass ein Mensch durchaus an *mehreren* Sprachen teilhaben kann, dass «der Mensch sich gewöhnen kann, sich mehrerer, als seiner eignen zu bedienen» (VI: 188). Gerade angesichts der Vielfalt der Sprachen in Frankreich (Humboldt hat lange in Frankreich gelebt und das Land bereist) erkennt er die Möglichkeit multipler nationaler Zugehörigkeiten:

> Insofern ist der Begriff [der Nation] auch ein relativer, da es mehrere unter einander begriffene Sphären der Eigenthümlichkeit geben, und Völker, die in einer beschränkteren einander als verschiedene Nationen entgegenstehen, in einer weiteren zu der nämlichen gehören können. Die wirkliche Verschiedenheit prägt sich allemal auch in Verschiedenheit der Sprache, wäre sie auch nur eine der Mundart, aus, und in der Einerleiheit können verschiedene Sprachen nur insofern zusammenstoßen, als der Mensch sich gewöhnen kann, sich mehrerer, als seiner eignen zu bedienen. Da die Mundarten und getrennt dastehende Volkssprachen allemal der Bildung weichen, so giebt es bisweilen in demselben Volksstamm nationenartige Verschiedenheit. Der gemeine Nieder-Bretagner oder Gascogner ist in einem anderen Sinne Franzose, als der gebildete. (VI: 188)

Der gebildete Gaskogner hat zwei Sprachen – und Nationen, er ist vielleicht mehr Franzose als Gaskogner. Der «gemeine» Gaskogner, der wenig Französisch kann, gehört in seiner «beschränkteren Sphäre» zur gaskognischen Nation, aber er ist in einer «weiteren Sphäre» eben auch Mitglied der französischen Nation (wie der «gemeine» Bretone, zu dessen «bretonischer» Nation der Gaskogner aber nicht gehört).

Obwohl Humboldt zunächst Sprache und Nation engführt, geht der Begriff der Nation, drittens, auch bei ihm über die Sprache hinaus: Das Sprachliche erschöpft den Begriff der «Nation» nicht. Auch Humboldt nennt als weitere Momente der Nation (VI: 188) – nach Abstammung und Sprache, die «obenan» stehen – das Zusammenleben und die Gleichheit der Sitten, die bürgerliche Verfassung, die gemeinschaftliche Tat und den gemeinschaftlichen Gedanken, die «nationelle» Geschichte und Literatur. Alles dieses zusammen bildet den «Geist» der Nation. Und zuallerletzt gibt er auch noch dem voluntaristischen Moment in Renans Nationenauffassung Recht:

> Eine Nation wird erst wahrhaft zu einer, wann der Gedanke es zu wollen in ihr reift, das Gefühl sie beseelt, eine solche und solche zu seyn. (VI: 188)

Die Gegenüberstellung von Renans und Humboldts Überlegungen zur Nation zeigt also, dass man die Sprache nicht ausschließen muss, um zu einem Nationenkonzept zu gelangen, das auf eine mehrsprachige Nation wie Frankreich passt. Das «deutsche» Konzept der Nation als Sprach-Gemeinschaft mit einer gemeinsamen sprachlichen «Weltansicht» schließt die Möglichkeit multipler Zugehörigkeiten in keiner Weise aus. Natürlich kann ein Elsässer, der in sprachlicher Hinsicht der deutschen Sprachnation angehört, auch der französischen Nation angehören (selbst wenn er kein Französisch kann), weil er – in weiterer kultureller, politischer und historischer Hinsicht – an die französische Nation gebunden ist und zu ihr gehören will.

5.2. Wie die Sprache in die Nation kam: Die Französische Revolution

Nachdem wir bisher den *systematischen* Ausschluss der Sprache aus dem Nationenkonzept analysiert haben, soll im zweiten Teil dieses Kapitels die *historische* Frage erörtert werden, die sich stellt, wenn Renan negiert, dass Frankreich eine Nation sei, die sich auf die Sprache gründet. Um zu zeigen, wie gerade die Sprache zur «Seele» der französischen Nation geworden ist – mit massiven Auswirkungen auf ganz Europa –, müssen wir zu dem historischen Moment zurückkehren, an dem die Nation – *la nation* – zum Souverän des Landes wird, zur Französischen Revolution.

In dem anderen Land, das diesen revolutionären Schritt vor Frankreich getan hat, ist im Übrigen eher von *the people* als von *nation* die Rede. Die Unabhängigkeitserklärung der Vereinigten Staaten beginnt bekanntlich folgendermaßen:

> When in the Course of human events, it becomes necessary for one *people* to dissolve the political bands which have connected them with another [...].

In Frankreich wird der Ausdruck *nation* bevorzugt. Es ist im Übrigen kaum möglich, einen Unterschied zu machen. Es scheint aber so zu sein, dass man den Ausdruck *nation* vorzieht, wo man soziologisch neutral sprechen will, wo die soziologische Konnotation von *peuple*, also «einfaches, niederes Volk», vermieden werden soll. Eine *nation* ist niemals niedrig! Hier beginnt auch die moderne Karriere des Begriffs.[8]

5.2.1. Le tiers état In der Gründungsurkunde der französischen Demokratie, in *Qu'est-ce que le tiers état?* des Abbé Sieyès, ist hauptsächlich (nicht ausschließlich) von *nation* die Rede. Es wird die revolutionäre Gleichung aufgestellt: der Dritte Stand ist die Nation:

> Le tiers état est une nation complète. (Sieyès 1789/1970: 120)

Dies war einigermaßen evident angesichts der Tatsache, dass die beiden anderen Stände, also Klerus und Adel, etwa zweihunderttausend Menschen umfassten, der Dritte Stand dagegen 26 Millionen.[9] Der Dritte Stand ist deswegen die Nation, weil er die Bevölkerung Frankreichs ist: 99 %. Die Nation ist nun bei Sieyès zunächst eine ökonomische Gemeinschaft, eine Arbeitsgemeinschaft, die dann politisch und juristisch definiert wird (und hier haben wir auch die Quelle von Renans Frage «Was ist eine Nation?»):

> Qu'est-ce qu'une nation? Un corps d'associés vivant sous une loi *commune* et représentés par la même législature. (Sieyès 1789/1970: 126)

Was ist eine Nation? Ein Körper vereinter Menschen, die unter einem gemeinsamen Gesetz leben und von demselben Gesetzgeber repräsentiert werden.

Und als neuer Souverän ist die Nation die Quelle des Rechts, sie ist der Ursprung:

La nation existe avant tout, elle est l'origine de tout. Sa volonté est toujours légale, elle est la loi elle-même. (Sieyès 1789/1970: 180)

Die Nation existiert vor allem, sie ist der Ursprung von allem. Ihr Wille ist immer legal, sie ist das Gesetz selbst.

In der Tat ist hier von Sprache, Blut, Religion, Geographie oder wirtschaftlichen Interessen überhaupt nicht die Rede. Insofern ist *nation* am Anfang der Französischen Revolution tatsächlich ein rein politisch-juridischer Begriff. Die Nation setzt sich in die politische Rolle ein, die ihr *von Natur aus* gebührt. Sie wird anstelle des Königs, dessen Ursprung Gott war («par la grâce de Dieu»), zur Quelle des Rechts.

Avant d'elle et au-dessus d'elle il n'y a que le droit *naturel*. (Sieyès 1789/1970: 180)

Vor ihr und über ihr gibt es nur das natürliche Recht.

Die Nation ist also Quelle des Rechts «par la grâce de la Nature». Der Dritte Stand erklärt sich zur Nation, und die Generalstände erklären sich zur National-Versammlung: Assemblée nationale. Und diese erklärt sich zur Constituante, also zur Verfassunggebenden Versammlung, die das gesamte Königreich neu ordnet.

Das ist nun alles ganz wunderbar, der Enthusiasmus ist groß, das aufgeklärte Europa ist begeistert. Der französische König und seine gekrönten Freunde in Europa allerdings weniger. Er fühlt sich nicht als Teil der Nation, er möchte die ihm von Gott gegebene Macht nicht an die Natur und die Nation abgeben. Daher wird er von dieser abgesetzt – und später dann überflüssigerweise auch noch guillotiniert. Das Volk ist endgültig der Souverän: Im September 1792 wird Frankreich Republik, Demokratie, Herrschaft des Volkes.

5.2.2. Das Sprachproblem Nun bekommt aber die Herrschaft des Volkes im Verlaufe der revolutionären Ereignisse ein riesiges Problem: Die Nation macht nicht richtig mit bei ihrer eigenen Herrschaft, obwohl sie doch nun der Souverän ist. Einer der Gründe – vielleicht der wichtigste – für die mangelnde Partizipation ist, dass die Nation ein riesiges Sprachproblem hat. Sie hat sogar mehrere Sprachprobleme: Sie kann kein Französisch, sie kann nicht lesen und schreiben, und sie spricht die «alte Sprache» (*oldspeak*).

Die Französische Revolution wird betrieben von relativ wenigen Akteuren: Es sind gut ausgebildete, aufgeklärte Männer, die französisch sprechen und schreiben. Diese erklären 26 Millionen Franzosen zum Souverän und sich selbst zu dessen Vertretern. Aber diesen französisch sprechenden Männern aus und in Paris gelingt es nicht recht, die politischen Neuerungen im Land zu verbreiten und die demokratische Partizipation des Souveräns in Gang zu setzen. Die Gegner der Revolution nutzen das zum konterrevolutionären Kampf. Man muss also etwas tun, damit das demokratische Projekt überhaupt gelingt.

Der Abbé Grégoire, der Hauptakteur einer revolutionären Sprachpolitik, führt – soweit das damals möglich war – schon 1790 eine Enquête zur sprachlichen Situation im ganzen Land durch und stellt fest, dass sechs Millionen Franzosen – zwei Fünftel – überhaupt kein Französisch können, sechs weitere Millionen nur mit Schwierigkeit einem Gespräch auf Französisch folgen können und dass nur etwa drei Millionen, also ein Fünftel der Nation, des Französischen mächtig sind, und von diesem Fünftel wiederum kann nur ein Teil auch schreiben und lesen:

> On peut assurer sans exagération qu'au moins six millions de Français, sourtout dans les campagnes, ignorent la langue nationale; qu'un nombre égal est à peu près incapable de soutenir une conversation suivie; qu'en dernier résultat, le nombre de ceux qui la parlent n'excè-

dent pas trois millions, et probablement le nombre de ceux qui l'écri-
vent correctement encore moindre. (Grégoire 1794 in seinem «Rapport
sur la nécessité et les moyens d'anéantir les patois et d'universaliser
l'usage de la langue française», in: de Certeau et al. 1975: 302)

Man kann ohne Übertreibung sagen, dass mindestens sechs Millionen
Franzosen, vor allem auf dem Land, die Nationalsprache nicht können;
dass eine gleich große Zahl einigermaßen unfähig ist, ein längeres Gespräch zu führen; dass daher letztendlich die Zahl derer, die die Nationalsprache sprechen, drei Millionen nicht übersteigt, und wahrscheinlich ist die Zahl derer, die sie richtig schreiben, noch kleiner.

Dabei sind übrigens die Zahlen interessant. Der Abbé Sieyès spricht in
der zitierten Schrift von 26 Millionen Bürgern Frankreichs. Grégoire
kommt aber insgesamt nur auf 15 Millionen Franzosen, etwas mehr als
die Hälfte der von Sieyès angenommenen 26 Millionen. Ich vermute,
dass Grégoire schlicht die Frauen aus seiner Statistik herausgekürzt hat,
dass er also von einer Gesamtzahl von 30 Millionen Einwohnern Frankreichs ausgeht und diese Zahl halbiert. Bis die fehlende Hälfte der französischen Nation wieder auf die Tagesordnung und politisch zu Wort
kommt, wird mehr als ein Jahrhundert vergehen.

Grégoires demoskopische Erhebung ist ein gravierender Befund,
dessen relationale Verhältnisse einigermaßen plausibel erscheinen:
Nur ein Fünftel der Nation spricht französisch, zwei Fünftel sprechen
andere Sprachen, weitere zwei Fünftel (ich vermute, er meint die okzi-
tanophonen Teile der Bevölkerung) verfügen nur über eine begrenzte
mündliche Beherrschung der französischen Sprache. Dies ist eine erns-
te Situation für eine Volksherrschaft. Die ungenügende Sprachbeherr-
schung ist ein gravierendes Hindernis für die Demokratie. Der neue
Souverän kann seine Macht nicht angemessen ausüben, weil er nicht
sprechen kann.

Die Republik reagiert auf das Problem der Vielsprachigkeit des
Volkes zunächst mit dem Projekt, die in Paris beschlossenen Gesetze
und Dekrete in die Sprachen der Republik übersetzen zu lassen. Das ist
sozusagen die «Brüsseler» Regelung: Im Pariser Zentrum wird auf

Französisch verhandelt (wie heute auf Englisch in Brüssel) und entschieden, die Peripherie bekommt die Entscheidungen dann in ihren
jeweiligen Sprachen mitgeteilt. Das Projekt scheitert – aus *praktischen*
Gründen, die uns hier nicht länger beschäftigen sollen.[10] Es war natürlich auch unglaublich teuer, wie wir aus Brüssel wissen.

Das Übersetzungsprojekt scheitert aber vor allem aus *theoreti-
schen* Gründen, auf die es mir hier ankommt, weil diese auf die Beziehung von Sprache und Nation verweisen: Angesichts der Schwierigkeiten, die politische Kohäsion des Landes herzustellen oder zu halten,
sehen nämlich die französischen Politiker, die gerade das ganze Land
nach den Gesetzen der Vernunft vereinheitlicht haben, dass sie auch
die Sprache *vereinheitlichen* müssen. Gegen die alten Zustände, gegen
die Geschichte wird das ganze Land neu geregelt: Die alten chaotischen
Provinzen sind zerschlagen worden, und das Land ist in neue, *vernünf-
tige* Verwaltungseinheiten, *départements*, eingeteilt worden. Die alten
Maße und Gewichte sind abgeschafft worden. Mit der Einrichtung der
Republik ist auch der alte christliche Kalender getilgt und ein auf «natürlichen» Einteilungen basierender revolutionärer Kalender einge-
führt worden. Warum sollte man da die alten Sprachen Frankreichs
beibehalten, die wie die alten Maße und Gewichte die Verbindung und
Kommunikation zwischen den Franzosen nur behindern? Daher fordern die Slogans der Jakobiner die Vereinheitlichung der Sprache:

[...] pour fondre tous les citoyens dans la masse nationale, il faut identité de langage. (Grégoire)
[...] um alle Bürger in die National-Masse zu verschmelzen, braucht
man die Gleichheit der Sprache.

Citoyens, la langue d'un peuple libre doit être une et la même pour
tous. (Barère)
Bürger, die Sprache eines freien Volkes muss einheitlich sein und dieselbe für alle.

[...] nous devons tous avoir le même idiôme. (Domergue)
[...] wir müssen alle dieselbe Sprache haben.

> La République, une et indivisible, dans son territoire, dans son système
> politique, doit être une et indivisible dans son langage. (Domergue)
> Die Republik, eins und unteilbar in ihrem Territorium, ihrem politischen
> System, muss eins und unteilbar in ihrer Sprache sein.[11]

Um dieses ehrgeizige Ziel zu realisieren, werden verschiedene Projekte vorgeschlagen, von denen allerdings keines wirklich in der Zeit der Französischen Revolution, also bis zur Kaiserkrönung Napoleons 1804, realisiert wird: Barère schlägt die Entsendung von *instituteurs* in die nicht-frankophonen Gebiete vor, von republikanischen Aposteln, die den nicht-frankophonen Bauern die Pariser Gesetze übersetzen und vorlesen und auch den Kindern Französisch beibringen sollen. Man erwägt einmal, die Elsässer ins Landesinnere umzusiedeln, wo sie dann von den Deutschen auf der anderen Seite des Rheins getrennt wären und Französisch lernen würden. Grégoire schlägt zum Beispiel eine französische Sprachprüfung für Heiratswillige vor, vor allem aber entwirft er Gedanken für eine mediale Immersion: Patriotische Bücher, populärwissenschaftliche Almanache, Zeitungen, Lieder und Schauspiele sollen das Französische verbreiten. Natürlich werden Schulprojekte ins Auge gefasst.[12]

5.2.3. Dasselbe denken

Man muss die Projekte der sprachlichen Vereinheitlichung Frankreichs aber noch etwas tiefer fassen: Die geplante sprachliche Uniformierung war nicht nur eine Maßnahme zur Verbesserung der praktischen *Kommunikation* und des hindernisfreien kommunikativen Verkehrs in der Republik. Der tiefere Grund für die sprachliche Uniformierung war der Wille zur Reform des *Denkens* der Franzosen und zur Verbreitung des revolutionären neuen Denkens. Gerade die französische Aufklärung, genauer die Erkenntnistheorie ihres wichtigsten Philosophen, Condillac, war davon überzeugt, dass Sprache und Denken eng miteinander verbunden sind. Jede Sprache, so Condillac, hat ihr eigenes «génie», eine bestimmte Art – wie er sagt – zu denken und zu fühlen: eine «manière de voir et de sentir».

Sprachen sind also – so die allmählich sich in ganz Europa verbreitende Auffassung der Aufklärung – nicht nur Mittel zum Kommunizieren, sondern sie sind vor allem Mittel zum *Denken, kognitive Instrumente*. Dieses Denken ist nicht dasselbe in den verschiedenen Sprachen, denn in ihnen drücken sich die Völker jeweils verschieden aus:

> Tout confirme donc que chaque langue exprime le caractère du peuple qui la parle. (Condillac 1746: 260)

> Alles spricht also dafür, dass jede Sprache den Charakter des Volkes ausdrückt, das sie spricht.

Die Sprachen unterscheiden sich daher nicht nur – wie Europa seit der Antike gedacht hat – in ihren Lauten, sondern auch ihre Bedeutungen sind jeweils verschieden.

> [...] mais je demande s'il n'est pas naturel à chaque nation de combiner ses idées selon le génie qui lui est propre [...]. Or ces combinaisons [...] sont proprement ce qui constitue le génie d'une langue. (Condillac 1746: 266)

> [...] aber ich frage, ob es nicht jeder Nation natürlich ist, ihre Ideen gemäß dem ihr eigenen Genius zu kombinieren. Nun, diese Kombinationen sind es gerade, die den Genius einer Sprache ausmachen.

Die Sprach- und Erkenntnistheorie des 18. Jahrhunderts ist vom gegenseitigen Einfluss von Sprache und Denken überzeugt. Man kann davon ausgehen, dass die gebildeten französischen Männer, die die Revolution gemacht haben, ihren Condillac gelesen hatten oder zumindest condillacisch gesinnt waren. Daher nahmen die französischen Revolutionäre auch an, dass die alten Sprachen Frankreichs nicht nur die Kommunikation behinderten, sondern auch Denkweisen enthielten, die es zu eliminieren galt. Die «Vernichtung» (von «anéantissement» spricht Grégoire) der anderen Sprachen in Frankreich war daher nicht nur die Beseitigung eines Kommunikationshindernisses, sondern gleichzeitig und vor allem ein Vernichten *alten Denkens* – *oldthink* – und damit ein Beitritt in jene Sprachgemeinschaft, in der das Richtige gesagt und gedacht wurde: Das Französische war die «langue de la liberté» und die Sprache der vernünftigen Weltordnung. Das Bretonische war dagegen nach einer berühmten Diatribe des Propagandisten Barère die Sprache des Föderalismus und des Aberglaubens, das Deutsche die Sprache des Anti-Republikanismus, das Italienische die Sprache der Konterrevolution, das Baskische die Sprache des Fanatismus, also der alten Religion.[13] Alles dies ist altes Denken, welches an den alten Sprachen hängt und das neue Denken behindert und daher eliminiert werden muss.

Die beiden Motive der kommunikativen Vereinheitlichung Frankreichs und der philosophisch-wissenschaftlichen Reform von Sprache und Denken fließen also zusammen: Die Nation muss dieselbe Sprache – Französisch – haben, da sie auf dieselbe Weise denken soll. Domergue, der *grammairien patriote*, sagt es folgendermaßen:

Tous enfans de la même famille, nous devons tous parler le même idiôme, comme nous devons tous avoir la même pensée, être unis par le même sentiment. (Domergue in: Busse 1992: 184)

Wir sind alle Kinder derselben Familie und müssen daher alle dieselbe Sprache sprechen, da wir alle dasselbe Denken haben müssen und durch dasselbe Fühlen verbunden sein müssen.

Auch Grégoire sagt in seinem Bericht über die Vernichtung der anderen Sprachen in Frankreich, dass die Maßnahmen zur «uniformisation», zur «identité de langage», letztlich den Zweck haben, die Gedanken zu revolutionieren, Aufklärung, also richtiges Denken, zu verbreiten: «Vorurteile» werden ausgemerzt, «extirper tous les préjugés», Wahrheiten werden entfaltet, «développer toutes les vérités». Falsches Denken wird eliminiert – *le préjugé*, das ist das Schlüsselwort zur Bezeichnung des Feindes der Aufklärung –, das falsche Denken in den anderen Sprachen. Wahrheit wird verbreitet, das wahre Denken im Französischen. Die Parallelen zur monotheistischen missionarischen Aktivität – die

Eliminierung der alten Götter, der heidnischen Götzen, für den *einen wahren* Gott – ist offensichtlich.

> Tout ce qu'on vient de dire appelle la conclusion que pour extirper tous les préjugés, développer toutes les verités, tous les talents, toutes les vertues, fondre tous les citoyens dans la masse nationale, simplifier le méchanisme et faciliter le jeu de la machine nationale, il faut identité de langage. (Grégoire in: de Certeau et al. 1975: 308)

> Alles bisher Gesagte zwingt zu der Schlussfolgerung, dass man zur Ausrottung aller Vorurteile, zur Entwicklung aller Wahrheiten, aller Talente, aller Tugenden, zur Verschmelzung aller Bürger in der nationalen Masse, zur Vereinfachung des Mechanismus und zur Erleichterung des Spiels der nationalen Maschine die Gleichheit der Sprache braucht.

Die französische Sprache wird also im revolutionären Gründungsmoment der Republik im jakobinischen Nationendiskurs eindeutig zum zentralen Moment der Nation. Sie heißt jetzt auch «langue *nationale*». Es gibt diese Sprachnation noch nicht, aber die demokratische und republikanische neue Ordnung erfordert eine Nation als Gemeinschaft von Menschen, die dieselbe Sprache sprechen, weil sie dasselbe denken müssen.

5.2.4. Sprach-Revolution Ein letzter revolutionärer Schritt ist allerdings zur Erreichung dieses Ziels noch zu gehen. Selbst wenn die ganze Nation französisch spricht, selbst wenn die kommunikative und kognitive Einheit erreicht ist, so ist noch ein letztes Problem zu lösen: Das Französische selbst ist nicht frei von Vorurteilen. Nicht nur sind die anderen Sprachen Frankreichs und die in ihnen steckenden Vorurteile zu beseitigen, auch das Französische ist ja bei aller Aufgeklärtheit eine alte Volkssprache, in der sich noch altes Denken hält. Dieses Denken stört beim Denken der Wahrheit, denn es ist partikular und nicht universell. Wissenschaftliches, neues, revolutionäres Denken muss dieses partikulare Genie hinter sich lassen. Das Französische selbst ist also zu «revolutionieren», das heißt, es ist eine semantische Säuberung des Französischen vorzunehmen. Das klassische Beispiel für die Eliminierung der alten Sprache und die Einsetzung korrekter Sprache ist die semantische Reform des Kalenders. Die alte chaotische, «willkürliche» Mischung von römischen, hebräischen und christlichen Namen wird durch Wörter ersetzt, die sich auf die *natürliche* Ordnung der Dinge beziehen, auf das Wetter (*ventôse, thermidor*), und auf ein *rationales* numerisches System, das Dezimalsystem (von *primidi* bis *décadi*).[14] Es ist daher auch nicht überraschend, dass am Ende von Grégoires großer Rede über die französische Sprache das Projekt einer neuen Grammatik und eines neuen Wörterbuchs steht, sozusagen ein neues Akademieprojekt, nun aber im Namen der Aufklärung des Denkens – nicht mehr im Namen von Eleganz und Reinheit.[15]

Wenn man diese Aufklärung und Revolution der französischen Sprache zu Ende denkt, kommt man zu folgender Konsequenz: Sofern die Sprache, die hier verbreitet werden soll, die Sprache der Wahrheit ist, ist sie gar nicht mehr französisch: Sie ist eigentlich universell, da sie ja die Partikularität und die Irrtümer des *génie de la langue* hinter sich lässt, also auch diejenigen des Französischen. Die Ideologen der französischen Sprache – z. B. Voltaire oder Rivarol – hatten schon immer behauptet, dass der französische Geist und der Geist der Menschheit koinzidieren: Die sogenannte *clarté* des Französischen sei nichts anderes als die den universellen Denkgesetzen entsprechende Struktur des Französischen. In der Tat wird die revolutionäre Sprachpolitik genau hieran noch weiterarbeiten: an der wissenschaftlichen Reform des Französischen, an der Austreibung des Französischen aus dem Französischen. Das letzte – und einzige erfolgreiche – revolutionäre Sprachprojekt war die Etablierung von Écoles centrales. Dies waren Schulen in allen Hauptorten der Départements, deren Aufgabe es war, eine neue Elite im Sinne der aufgeklärten Republik zu bilden. Das Zentrum der Erziehung war der Unterricht in *grammaire générale*. Diese war keine französische Grammatik, sondern gerade *allgemeine* Grammatik als ein von aller Besonderheit gereinigtes universelles System des Denkens, Grammatik einer im Sinne universeller Wissenschaftlichkeit «revolutionierten» Sprache.[16]

5.2.5. Die Schule Auch wenn erst einmal nichts von den Vereinheitlichungsmaßnahmen der Ersten Französischen Republik realisiert worden ist, so ist doch klar, dass hier ein Projekt in Gang gesetzt wird, das deutlichen Zwangscharakter hat. «Mesures de coercition» werden ins Auge gefasst, um das Land zu vereinheitlichen und die französische Sprache in die Nation zu bringen. Der Zwangscharakter der sprachlichen Maßnahmen der jakobinischen Republik ist in den zitierten jakobinischen Texten überdeutlich. Barère droht im Stil des Terreur den Verrätern an dem Sprachprojekt und stellt gleichsam schon die Guillotine für diejenigen auf, die sich dem Projekt widersetzen sollten:

> Laisser les citoyens dans l'ignorance de la langue nationale, c'est trahir la patrie. (Barère in: de Certeau et al. 1975: 296)

> Die Bürger in der Unwissenheit der Nationalsprache zu belassen ist Verrat am Vaterland.

Frankreich erdenkt in seinem Projekt zur sprachlichen Vereinheitlichung der Republik das mächtigste «moyen de coercition», das dann allerdings erst in der Dritten Republik massiv und systematisch eingesetzt wird: die Schulpflicht, das *enseignement obligatoire*, dessen Hauptzweck es ist, die *langue de la liberté*, die *langue de la République*, die *langue nationale* in Frankreich zu verbreiten. Zwei Wochen nach Renans Rede über die Nation im März 1882 wird die Maschine des republikanischen Schulprojekts in Gang gesetzt, das der Nation die gemeinsame Sprache bringen wird. Die Sprache war aber schon seit der Französischen Revolution wesentliches Moment der Nation, als sie im Gründungsmoment der französischen Republik explizit und leidenschaftlich als das Zentrum der Nation – als ihr Denken und Fühlen nämlich – erkannt wurde.

5.3. Frankreich – Deutschland – Europa

Die überaus französische Idee des «génie des langues» wird eine gemeinsame Überzeugung der europäischen Aufklärung. Die Deutschen, die immer als die (bösen) Erfinder dieses Theorems von den Sprachen als den «Geistern der Nationen» angesehen werden, erben es von den Engländern und Franzosen, wenn man den europäischen Geist national aufspalten will. Der Unterschied zwischen dem deutschen und dem französischen Nachdenken über das «génie des langues» liegt eher in einem weiteren Moment: In Frankreich ist es oft verbunden mit einem sprach*kritischen* Motiv. Der neue Mensch der Revolution soll letztlich eigentlich nicht mehr französisch denken, sondern wissenschaftlich, aufgeklärt, universell. Im Grunde soll er das (alte) Französische und sein Genie hinter sich lassen. Dagegen fassen die Deutschen die Idee des «génie de la langue» als etwas Positives auf – und feiern den jeweiligen nationalen Geist in den Sprachen, natürlich auch den Geist des Deutschen, das sie gerade mit Begeisterung erst entdecken.[17]

Wie sehr Renan auch immer das Nationenkonzept von der Sprache lösen möchte, es ist in Frankreich seit der Revolution aufs Engste mit der Sprache verknüpft. Seitdem wird in einer immer allgemeiner werdenden Volksbildung auch die französische Sprache verbreitet, bis 1882 freiwillig, seit Jules Ferry aber *obligatoirement*. Die republikanische Schule befördert binnen zweier Generationen die französische Sprache in die Köpfe der Franzosen.

Die enge Verbindung von Nation und Sprache in Frankreich zeigt sich auch in einer nach dem vollendeten Schulprojekt nicht abreißenden Sprachpolitik. Frankreich kennt seit 1975 staatliche Aktivitäten zur Pflege, zum Bewahren und zur Verbreitung des Französischen, eine Sprachinnenpolitik und eine Sprachaußenpolitik zugunsten des Französischen. Frankreich hat 1992 die französische Sprache als Teil seiner Persönlichkeit – seiner Persönlichkeit als Nation natürlich – in die Verfassung aufgenommen: «La langue de la République est le français.» Die Politiker aller Parteien beschwören, dass die Sprache das

Bindemittel – *le ciment* – der Nation sei, oder, wie es auf der Webseite der französischen Regierung heißt:

De tous les liens que nouent les hommes dans la cité, le lien de la langue est le plus fort.[18]

Von allen Banden, die die Menschen im Gemeinwesen knüpfen, ist das Band der Sprache das stärkste.

Nun, das ist sicher so, aber es ist – und darauf hat Renan zu Recht hingewiesen – auch ein problematisches, konfliktreiches Band: Es schließt ja nicht nur ein, in die *cité*, in die Polis, es schließt eben auch aus. Die «conventicules de compatriotes» können ja tatsächlich die offene Luft der Welt vergessen.

5.3.1. Deutschland – Frankreich

Die Identifikation von Sprache und Nation ist eine europäische Gemeinsamkeit. Diese europäische, gerade nicht nur deutsche Idee hat sich überall in Europa durchgesetzt. Sie bestimmte die politischen Entwicklungen in Europa im 19. Jahrhundert: die Einheit Italiens, die Einheit Deutschlands, die nationalen Unruhen in Österreich-Ungarn. Sie bestimmte unglücklicherweise auch die politische Neuordnung nach dem Ersten Weltkrieg, die dann so schlecht war, dass sie den Zweiten Weltkrieg generierte. Daher hat Europa nach dem zweiten Krieg gerade auch dieses Prinzip wieder abgeschwächt. Zwar lässt Europa die Sprachen unangetastet, die EU sucht aber nach einem Gemeinsamen jenseits der Sprachen.

Trotz der gemeinsamen Identifikation von Sprache und Nation ist das Verhältnis von Sprache und Nation in den verschiedenen Ländern aus historischen Gründen verschieden. In Frankreich ist die gemeinsame Sprache eine späte Errungenschaft. Zuerst gab es einen Staat, dann erst wurde dieser Staat in einem langen historischen Prozess auch eine Sprachgemeinschaft, die ungefähr 1930/1940 vollendet war. Es ist eine späte und prekäre Sprachgemeinschaft. Daher wird sie auch so massiv verteidigt.

In Deutschland geht die Sprachgemeinschaft der staatlichen Gemeinschaft voraus. Die germanischen Stämme sitzen seit mehr als tausend Jahren in ihrem Kernland. Sie breiten sich im Mittelalter sogar langsam wieder nach Osten aus. Seit der Reformation schaffen sich diese sprachlich verwandten Menschen eine gemeinsame Sprache, zunächst geschrieben, dann auch gesprochen. Die jahrhundertelange Existenz sprachlicher Gemeinsamkeit schafft ein Gefühl sprachlicher Sicherheit, das in Gegensatz steht zum französischen Gefühl ihrer ständigen Gefährdung. Die sprachliche Gemeinsamkeit ist die Grundlage von «Deutschland». Erst spät wird ein Teil des Sprachlands «Deutschland» ein Staat. Der richtet dann allerdings erheblichen Schaden an der Sprachnation an: Durch seine Kriege hat er das Sprachgebiet erheblich verkleinert, die Sprachloyalität der anderen deutschsprachigen Staaten erschüttert und die internationale Stellung des Deutschen als wissenschaftliche und philosophische Sprache geschwächt. Mit seinen bürokratischen Eingriffen – Rechtschreibreform – verunsichert er die Gemeinschaft der Schriftsprache. Mit seiner katastrophalen Schul- und Sprachpolitik schwächt er das Deutsche im Inneren systematisch. Noch hält er allerdings am Deutschen als Staatssprache fest. Dass diese Position aber geschwächt ist, sieht man an den Vorschlägen, das Deutsche in die Verfassung zu schreiben. Das ist ein Zeichen für die Gefährdung der jahrhundertelangen Sicherheit sprachlicher Gemeinschaft: Gefährdung durch die Nicht-Integration eines Teils der Einwanderer, Gefährdung durch die kulturell-sprachliche Emigration der Eliten.

5.3.2. Europa «[…] pour fondre tous les citoyens dans la masse nationale, il faut identité de langage» (Grégoire in: de Certeau et al. 1975: 308), «[…] um alle Bürger in die National-Masse zu verschmelzen, braucht man Gleichheit der Sprache.» Wenn dem so ist, das heißt, wenn die französischen Revolutionäre – und nicht Renan – recht haben, wird es erst dann eine europäische Nation geben, wenn Europa eine Sprache spricht. Dieser jakobinische Prozess der Sprachnationenwerdung ist voll im Gange. Die europäischen Regierungen sind jedenfalls mehr um die sprachliche Globalisierung ihrer Bevölkerungen bemüht als um die Sorge für die Nationalsprachen. Es ist evident, dass die Europäer – wie früher die Bretonen und Okzitanier das Französische – zunehmend Englisch lernen und somit zu einer Sprachnation zusammenwachsen. In Frankreich hat es 150 Jahre gedauert, bis alle Franzosen Französisch konnten. Die sprachliche Vereinheitlichung Europas wird schneller gehen.

Aber, so jedenfalls die offizielle Brüsseler Politik, so wie in Frankreich soll es ja gerade nicht sein. Die Sprachen sollen ja gerade nicht geopfert werden. Mehrsprachigkeit sei der wesentliche Zug europäischer Identität. Wenn Europa eine multilinguale Nation sein soll, muss nach anderen Kriterien für seine Nationalität als der Einheit der Sprache Ausschau gehalten werden. Hierfür ist Renans Rede von 1882 immer noch ein bedenkenswerter Text.

5.3.3. Vergessen – Vergeben Blut, Boden, Ökonomie und Religion waren die anderen Optionen. Blut, Boden, Religion entfallen. Die gemeinsame Ökonomie war ja durchaus ein Anfang und ein Versuch. Sie zerfällt gerade wieder, beziehungsweise sie schafft anscheinend kaum ein Gefühl europäischer Zusammengehörigkeit. Es bleibt also Renans «plébiscite de tous les jours», gegründet auf gemeinsamer Geschichte. Geschichte sind aber nicht nur die «großen Dinge, die wir gemeinsam gemacht haben», sondern:

[...] avoir souffert, joui, espéré ensemble, voilà ce qui vaut mieux que les douanes communes et des frontières conformes aux idées stratégiques; voilà ce que l'on comprend malgré les diversités de race et de langue. Je disais tout à l'heure: „avoir souffert ensemble"; oui, la souffrance en commun unit plus que la joie. (Renan 1882: 307)

[...] zusammen gelitten haben, sich zusammen gefreut haben, zusammen gehofft haben ist besser als gemeinsame Zölle und strategisch gut gemachte Grenzen; das versteht man auch trotz der Verschiedenheiten von Abstammung und Sprache. Ich sagte soeben „zusammen gelitten haben", ja, das gemeinsame Leiden vereint mehr als die Freude.

Angesichts der europäischen Geschichte ist die Erinnerung des Leidens ein unumgängliches Prinzip für eine europäische Nation. Dazu gehört nach Renan aber auch die Notwendigkeit des Vergessens:

> L'oubli, et je dirai même l'erreur historique, sont un facteur essentiel de la création d'une nation. (Renan 1882: 284 f.)

> Das Vergessen, ich würde sogar sagen der historische Irrtum, sind ein wesentlicher Faktor bei der Schaffung einer Nation.

Das Vergessen-Sollen war ja eine Forderung vieler Friedensschlüsse seit dem Westfälischen Frieden. Aber nach den Gräueln des 20. Jahrhunderts ist Vergessen sehr schwer, wenn nicht unmöglich. Etienne François (2010) hat daher für eine europäische Kultur der Vergebung plädiert. Vergeben, nicht vergessen. Das Vergessene kehrt als Unabgegoltenes schmerzhaft wieder: Nie vergessen die Völker Europas die Verbrechen der Deutschen, wie auch die französischen Protestanten die Bartholomäus-Nacht nie vergessen haben. Vielleicht hätten sie vergeben, was sie schon nicht vergessen können, wenn man sie um Vergebung gebeten hätte.

Eine gemeinsame Geschichte haben, etwas gemeinsam wollen, ist das Prinzip der Nation bei Renan. Bereichert um das Moment des Vergebens wäre Renans tägliches Plebiszit keine schlechte Basis für eine mehrsprachige postnationale Nation, für Europa.

6. NATIONALSPRACHEN UND AKADEMIEN

Ob die Sprache ein Wesensmerkmal von Nation ist und wie die Sprache in die Nation kommt, haben wir im vorigen Kapitel – am Beispiel Frankreichs – angesichts der Veränderung der Sprachlandschaft Europas diskutiert. Dabei haben wir einerseits einen modernen – wesentlich auf den Staat bezogenen – Nationenbegriff verwendet und des Weiteren sozusagen vorausgesetzt, dass die Nation oder ihre Theoretiker schon wissen, was sie meinen, wenn sie von der «Sprache der Nation» sprechen. Das ist aber alles andere als evident. Was meinen die französischen Revolutionäre denn eigentlich, wenn sie sagen, dass in Frankreich die «langue nationale» universalisiert werden müsse? Auch das Französische ist wie die anderen Sprachen Europas geographisch und sozial nicht einheitlich. Ein Bauer aus der Normandie spricht anders als ein Intellektueller aus Paris. Das Französische ist dialektal und soziolektal differenziert. Nun, wenn von der «langue nationale» die Rede ist, meinen die gebildeten Pariser um 1800 wie heute die «Norm», die «Standardsprache», die Rede- und Schreibweise der kultivierten Schichten. Sie meinen jene Sprache, die sie selbst sprechen und schreiben und die seit langer Zeit schon von ihrer Akademie betreut und gepflegt wird. Diese Sprache ist aber um 1800 alles andere als «national». Nicht nur spricht, wie wir gesehen haben, ein Großteil der Nation, also des Staatsvolkes, kein Französisch, auch die Französisch-Sprecher – so stellt der Abbé Grégoire fest – sprechen oder schreiben durchaus nicht alle «gutes» Französisch. Dieses aber soll natürlich in der Nation verbreitet werden. Ich werde in diesem Kapitel zu zeigen versuchen, welche Sprache die berühmten Sprachpflege-Institutionen in Europa pflegen und wie das mit der «Nation» zusammenhängt.

6.1. Italien: Accademia della Crusca

Der große Dichter Italiens, Dante, sucht am Anfang des 14. Jahrhunderts in Italien eine – gesamtitalienische – Sprache für seine Dichtung. Dies sollte, wie schon anderswo in Europa, nicht das Lateinische sein, sondern die Volkssprache, das Vulgare. *Vulgare latium*, «italienische Volkssprache», nennt er sie, im Gegensatz zur Sprache der Gelehrsamkeit, dem Latein, das Dante *gramatica* nennt. Er glaubt, diese Sprache müsse «höfisch» (*curiale*) sein. Volkssprachliche Dichtung ist um 1300 ja tatsächlich eine «höfische», also mit der Adelsgesellschaft verbundene Angelegenheit. Es ist aber um 1300 merkwürdig, von einem italienischen Hof zu sprechen, die Italiener haben nämlich keinen. «Curia caremus», «wir haben keinen Hof», konstatiert Dante daher. Und doch:

> Quare falsum esset dicere curia carere Ytalos, quanquam Principe careamus, quoniam curiam habemus, licet corporaliter sit dispersa. (1979: I xviii 5)

> Deswegen wäre es aber falsch zu sagen, dass wir Italiener keinen Hof haben, denn, obwohl wir keinen Fürsten haben, so haben wir doch einen Hof, auch wenn er materiell verstreut ist.

Dort, an diesem idealen Hof, situiert Dante am Ende des ersten Teils seines sprachphilosophischen und poetologischen Traktats *De vulgari eloquentia* jene Sprache, die er sucht: an einem Hof, dessen Glieder nicht wirklich vorhanden sind, wohl aber durch das «gratiosum lumen rationis» (Dante 1979: xviii 5), das Gnadenlicht der Vernunft, ideal also, vereinigt sind.

Dante konstruiert also eine ideale Volksprache, ein «vulgare illustre, cardinale, aulicum, curiale», eine literarisch glänzende, maßgebliche, der Macht nahe und höfisch gebildete Sprache. Diese imaginierte Sprache eine «Nationalsprache» zu nennen wäre ein eklatanter Anachronismus. Die italienische Sprachgeschichtsschreibung – ein Kind des Risorgimento und des Nationalstaates – begeht diesen Anachronismus gern, weil sie Dante nicht nur als den Schöpfer der Nationalsprache in seinen Dichtungen, sondern auch noch als den ersten großen Theoretiker ihrer Nationalsprache sehen möchte. Es geht in *De vulgari eloquentia* aber tatsächlich nur um die Schriftsprache einer kleinen Elite, der besten Dichter, die über die höchsten Dinge – über Liebe, Tugend und Waffenruhm – dichten und zwar in Canzonen, das heißt im höchsten möglichen literarischen Stil, im tragischen Stil.[1] Ein solches poetisches Register eine «Nationalsprache» zu nennen ist kaum angemessen. Das Konzept der Nation ist noch lange nicht geboren. Und, wie gesagt, Italien hatte nicht einmal einen Hof, dessen Sprache dies hätte sein können. Allerdings gibt es bei Dante schon die Vorstellung eines geographischen und politischen Raums «Italien», in dem jenes poetische Register geschrieben und gelesen werden sollte.

In der Tat hatte Italien bis zur Einheit 1860 keinen Hof. Und es hatte auch bis 1860 keine Nationalsprache. Nur etwa 2,5 % der italienischen Bevölkerung konnten bei der italienischen Vereinigung das, was wir «Italienisch» nennen.[2] Das italienische Volk sprach verschiedene Dialekte, aber nicht italienisch. «Italienisch» wurde bis zur Einheit im Wesentlichen nur geschrieben, und es wurde auf der Opernbühne gesungen, gesprochen hat es kaum jemand. Italienisch war 1860 eine Schreibsprache für die literarische Elite.

Italien hatte allerdings eine Akademie, die sich um die Sprache kümmerte, die erste und immer noch zweitberühmteste Sprachakademie Europas, die Accademia della Crusca, und zwar schon seit 1583.[3] Diese Akademie hatte 1612 ihr berühmtes *Vocabolario degli Accademici della Crusca* herausgebracht. Welche Sprache war es denn, die die Crusca pflegte, wenn es nicht die Nationalsprache war? Die Crusca hatte 1612 im Wesentlichen den Wortschatz der drei großen Dichter Boccaccio, Petrarca und Dante, der Klassiker des Trecento, verzettelt und in einem ziemlich voluminösen Buch dokumentiert. Es ist also ein hochliterarisches, geschriebenes, sozial aristokratisches und regional ziemlich eingeschränktes, nämlich toskanisches, Register. Außerdem ist diese Dichtersprache 1612 immerhin schon 300 Jahre alt.

Das italienische Wunder ist aber, dass dieses sehr konservative und sehr beschränkte Register dann zur Grundlage für die «Nationalsprache» des außerordentlich zerklüfteten Dialektraums Italien wird, also zur Grundlage für das, was heute in den Zeitungen und Büchern zu lesen ist, was wir im Radio hören und was Ausländer lernen. Die italienische Dichtungssprache des 14. Jahrhunderts ist tatsächlich die Basis dieser Nationalsprache. Italien hat daher das einmalige Glück, dass es heute noch seine siebenhundert Jahre alten Dichtungen ohne allzu große Schwierigkeiten lesen kann. Dante, Boccaccio, Petrarca sind immer noch lesbar mit Kenntnissen des modernen Italienischen.

Als im 19. Jahrhundert mit der Einheit Italiens die Nation zu sprechen und zu schreiben begann, nicht nur die kleine literarische Elite, stellte sich natürlich die Frage, welche Sprache sie denn verwenden sollte, welche Sprache die politischen Institutionen sprechen und schreiben sollten – das italienische Parlament hat übrigens am Anfang französisch gesprochen –, welche Sprache an den Schulen unterrichtet werden sollte, wie die Presse schreiben sollte und – im 20. Jahrhundert – welche Sprache in den Medien zu vernehmen sein sollte. Die Italiener haben sich seit der Einheit eine Nationalsprache geschaffen, indem sie die alte Dichtersprache rhetorisch und formal abgerüstet und in die vielfältigen Diskurse des modernen und demokratischen Lebens eines großen Landes eingepasst haben. Sie haben die alte geschriebene Sprache für die Domänen des modernen Lebens ausgebaut, eine gesprochene Norm gebildet und sie in allen Schichten des Volkes verbreitet. Nach anderthalb Jahrhunderten sprechen – und schreiben – nun 80 % der Italiener italienisch, nicht mehr nur 2,5 % wie 1860. Nachdem sich zunächst mit der Erlernung der Nationalsprache eine Diglossie Dialekt-Nationalsprache ausgebreitet hatte (das ist, wie schon mehrfach gesagt, der übliche Weg zur Vereinheitlichung), sprechen heute sogar immer mehr Italiener *nur* die Nationalsprache.

Die Rolle der Crusca in diesem Prozess war es also nicht, eine «Nationalsprache» zu propagieren, sondern gleichsam den Keim einer Nationalsprache aufzubewahren, indem sie die Dichtersprache des

Trecento gehütet und gepflegt hat. Das Wörterbuch der Accademia war eine Flaschenpost, deren Botschaft über lange Zeit das Geheimnis einer kleinen Gruppe blieb, um dann im rechten Moment von der Nation gelesen zu werden und Nutzen zu bringen. Es war wie ein kleiner Kern, der jahrelang auf steinigem Grund liegt und plötzlich auf fruchtbare Erde fällt, Licht und Wasser bekommt und zu einem großen Baum wächst.

Das hat nicht allen gefallen. Pier Paolo Pasolini zum Beispiel hat (um 1960) gehasst, was da gewachsen war, er sah in der neuen italienischen Nationalsprache nur ein elendes, verarmtes, hässliches Gewächs, das nicht mehr aus den Quellen der Sprache des Volkes gespeist wird, aus den Dialekten. Das ist zwar durchaus richtig beobachtet, aber doch falsch beurteilt. Natürlich geben die Italiener zunehmend ihre Dialekte auf, die Nationalsprache erobert nähesprachliche Bereiche, in denen vormals die Dialekte herrschten, allerdings langsam und von Region zu Region in unterschiedlichem Maße. Natürlich ist die neue Nationalsprache – wie jede moderne Nationalsprache – auch eine Sprache der Technik, der Verwaltung, der Wissenschaft, des Geschäftslebens, eine normierte Sprache für die Nachrichten, die Presse, die Schule, die Universität – es ist keine Sprache der Scholle. Da sie eine Sprache für das ganze Land ist, schöpft sie in der Tat nicht primär aus den lokal begrenzten Dialekten und der Sprache niederer Schichten. Aber die sozialen und regionalen Dialekte sind ja durchaus noch vorhanden im Varietätengefüge der italienischen Sprache, und die neue Koinè ist bei allen Unterschieden zu diesen Varietäten «italienisch». Dies Entwicklung einer *eigenen* Koinè in den europäischen Sprachen ist im Übrigen eine der großen Differenzen zu der sich abzeichnenden Ausbreitung der englischen Euro-Gemeinsprache, bei der einfach eine voll ausgebaute *fremde* Welt-Koinè an die Stelle der nationalen Koinès gesetzt wird.

Die Crusca existiert auch heute noch und ist eine seriöse Forschungsstelle für die italienische Sprache geworden. Im Gegensatz zur französischen Akademie sind ihre fünfzehn Mitglieder professionelle Sprach- und Textwissenschaftler. Ihr Hauptbetätigungsfeld ist immer noch die Lexikographie. Hinsichtlich ihrer linguistischen Professionalität ähnelt sie mehr dem Mannheimer Institut für Deutsche Sprache (IDS) als der Académie française. Allerdings würde ich der Crusca weniger tatsächlichen Einfluss auf die Nationalsprache zusprechen als etwa der Duden-Redaktion. Letztere sagt ja allen Deutschsprachigen, wo's lang geht. Der Rechtschreib-Duden findet sich in jedem deutschen Büro. Ich sehe nicht, dass irgendein Produkt der Crusca diese mächtige Position im italienischen Sprachraum innehätte. Die Crusca ist aber andererseits wie die französische Akademie ein vom Präsidenten der Republik eingesetzter hoch prestigiöser Kreis von Gelehrten. Diese gleichsam prinzliche Stellung der Crusca symbolisiert die hohe Stellung, die die Sprache in den Institutionen der Republik Italien einnimmt. Eine solche illustre Position hat die deutsche Sprache in keinem deutschsprachigen Land.

6.2. Die Académie française

6.2.1. Glanz und Verteidigung Das Land, in dem Akademie und Nationalsprache sozusagen sprichwörtlich zusammengehören, ist Frankreich. Die Deutschen sagen das entweder neidisch – wie ich –, weil sie finden, dass eine Nationalsprache durchaus eine prestigereiche Institution zu ihrer Illustrierung und Verteidigung gebrauchen kann, oft aber auch ein bisschen mitleidig, weil sie finden, dass die *Académiciens* es mit ihrer Sprache übertreiben. *Défense et illustration de la langue française*, dieser Titel der berühmten Streitschrift von Joachim Du Bellay aus dem Jahre 1549, beschreibt immer noch ganz gut das, was die Herrn und wenigen Damen des erlauchten Gremiums tun. Der Glanz der großen Schriftsteller, die die Mitglieder der Akademie oft sind, wird durch die Akademie gleichsam auf die Sprache der Nation gelenkt: Der literarische Glanz illustriert die französische Sprache. Vor allem verteidigen die Akademiker die Sprache immer wieder gegen richtige oder vermeintliche Gefahren.

So hat zum Beispiel vor Kurzem die Académie française massiv für die Nationalsprache gegen die Regionalsprachen agitiert. Die Freunde der französischen Regionalsprachen wollten diese nämlich als

kulturelles Erbe in der Verfassung der französischen Republik veran-
kern, auch damit Frankreich endlich die europäische Charta für die Re-
gional- und Minderheitensprachen ratifizieren kann. Die Nationalver-
sammlung hatte zunächst auch mit großer Mehrheit dafür votiert. Die
Regionalsprachen sollten in Artikel 1 der Verfassung, also ganz oben
in der Hierarchie der Verfassungswerte stehen, noch vor dem Französischen, das in Artikel 2 als Sprache der Republik Verfassungsrang hat.
Die Académie hat aber laut protestiert, der Senat hat sich den Protest zu
eigen gemacht, worauf dann schließlich die Regionalsprachen in den
Artikel 75 verbannt wurden, also zu den regionalen Körperschaften,
und damit nur einen höchst unbedeutenden Verfassungsrang erreicht
haben.

Was das zweite große Problem der französischen Sprache angeht,
die Konkurrenz mit dem Englischen, so konnte der vorletzte Sekretär
der Akademie, der 2009 verstorbene Maurice Druon, wie kaum ein anderer vor dem Untergang des Französischen durch die Überschwem-
mung mit englischen Wörtern warnen und klagen.[4] Der französische
Staat hat eine imposante Maschinerie zum Kampf gegen die englischen
Wörter in Stellung gebracht: Achtzehn ministerielle Kommissionen
und eine Generalkommission beraten über neue französische Wörter
zur Ersetzung englischer Wörter. In diesem staatlichen Kampf gegen
die Invasion englischer Wörter hat die Académie française nun eine
wichtige Funktion erhalten: Sie hat das letzte Wort, sie ist die letzte Instanz bei dieser staatlichen Generierung neuer französischer Wörter.
Das ist übrigens das erste und einzige Mal, dass die Académie française
tatsächlich eine durch Gesetz legitimierte Entscheidungsbefugnis in
sprachlichen Dingen hat, die dann auch verbindlich sind, jedenfalls in
den sprachlichen Aktivitäten der staatlichen Institutionen. Den einzelnen Bürger kann der Staat natürlich nicht zwingen, diese Wörter zu gebrauchen. Im Wesentlichen bleibt aber die Académie française eine Institution mit beratender Funktion, eine Art Orden für literarische
Verdienste, der sich seit fast vier Jahrhunderten jeden Donnerstag mit
allen französischen Wörtern beschäftigt. Sie ist jetzt beim neunten al-
phabetischen Durchgang durch den französischen Wortschatz.

Und schließlich noch ein weiteres Beispiel rabiater «Verteidigung» der französischen Sprache: Die Académie française hatte sich vor einigen Jahren lebhaft gegen die Feminisierung von Titeln und Berufsbezeichnungen gewandt, als die Damen der Regierung Jospin Madame *la* Ministre und nicht mehr Madame *le* Ministre genannt werden wollten. Die Académie hat gewonnen.

Was immer man von diesen Aktivitäten hält, die Académie française scheint so etwas wie der Kettenhund der französischen Nationalsprache zu sein, der immer laut bellt, wenn irgendetwas strukturell Wichtiges an ihr verändert werden soll (Feminisierung), wenn ihr Status geschwächt wird (Regionalsprachen) oder wenn ihr Ausbau in Gefahr ist (englische Wörter). Die Franzosen selbst scheinen zu diesen Aktivitäten ihrer Akademie ein zweideutiges Verhältnis zu haben: Einerseits machen sie sich gern über die sprachpflegerischen Aktivitäten der alten Akademie lustig, andererseits aber sind sie durchaus mit der Existenz einer solchen Akademie einverstanden. Ich vermute, dass ein nationaler Entrüstungssturm losbrechen würde, wenn eine Regierung die Absicht kundtäte, die Académie française – wegen erwiesener Überflüssigkeit – zu schließen.

6.2.2. Die Aufgabe der Akademie

Akademie und Nationalsprache gehörten aber in Frankreich durchaus nicht immer so eng zusammen. Es ist sogar so, dass genau in dem Moment, in dem das Französische tatsächlich die Sprache der Nation werden sollte, nämlich in der Französischen Revolution, die Freunde der «langue nationale» die Académie française schließen ließen. Dieses historische Ereignis verdeutlicht eine konstitutive Spannung zwischen Akademie und Nationalsprache.

Akademien sind nämlich höchst aristokratische Angelegenheiten. Sie werden von Fürsten und Aristokraten gegründet, verstehen sich als elitäre gelehrte Clubs und verfolgen hoch elitäre Ziele. Der Accademia della Crusca ging es um die hohe Sprache der Literatur, nicht um die Sprache von Leuten, die mit einigem Recht «Volk» oder «Nation» genannt werden können. In Frankreich war das nicht anders. Das Elitäre und Aristokratische ihrer Mitglieder war – und ist – sogar noch ausgeprägter. Die Académie française geht aus einem privaten adeligen Literatenkreis hervor, den der Kardinal Richelieu zwingt, eine öffentliche Körperschaft zu werden.[5] Ihre Aufgabe benennen die Statuten folgendermaßen:

La principale fonction de l'Académie sera de travailler avec tout le soin, et toute la diligence possibles, à donner des régles certaines à nostre langue, et à la rendre pure, éloquente, et capable de traiter les Arts, et les Sciences. (Baum 1989: 11)

Die hauptsächliche Aufgabe der Akademie soll es sein, mit aller möglichen Sorgfalt und allem Eifer unserer Sprache sichere Regeln zu geben und sie rein und eloquent zu machen und zu befähigen, die Künste und Wissenschaften zu behandeln.

«Sichere Regeln», «règles certaines», das verweist vor allem auf die Grammatik. «Reguliert» zu werden, das heißt in eine feste Grammatik gebracht zu werden, ist sozusagen die höchste Ehre, die einer Sprache widerfahren kann. Denn «Grammatik» war etwas, was bis ins 16. Jahrhundert hinein den klassischen Sprachen vorbehalten war, diese hatten eine Grammatik und feste Regeln. Diese hießen sogar einfach «Grammatik». Wir haben gerade gesehen, dass Dante die lateinische Gelehrtensprache des Mittelalters *gramatica* nannte. Bei den Volkssprachen war man sich nicht sicher, ob sie überhaupt Regeln hatten. Also musste man ihnen welche geben, wollte man sie in den Rang des Lateinischen oder des Griechischen erheben. Das wurde im 16. Jahrhundert in ersten französischen Grammatiken (Palsgrave, Meigret) in Angriff genommen. Die französische Akademie wird diese Aufgabe niemals richtig – und viel zu spät – erfüllen.

Die «Eloquenz» – «la rendre éloquente» – verweist auf das Regelwerk für die Diskursebene, auf die Rhetorik, die ebenfalls volkssprachlich umzuschreiben war. Denn auch «eloquent», also mit allen diskursiven Wassern gewaschen, vor allem für alle hohen Diskurse geeignet, waren zunächst nur die klassischen Sprachen. Auch hier geht es darum, die Volkssprache auf die Höhe der klassischen Sprachen zu heben. Eine Rhetorik wird die Akademie aber nicht verfassen.

«Reinheit» – «pure» – und die Befähigung zur Bearbeitung von Künsten und Wissenschaften – «capable de traiter les Arts, et les Sciences» – betreffen den Wortschatz. Hierauf konzentriert sich die Arbeit der Akademie von Anfang an.

6.2.3. Reinheit Von allem Müll, allen «ordures», sei das Französische zu reinigen, fordert Nicolas Faret in seinem Entwurf für eine Akademie 1634: «nettoyer la Langue des ordures qu'elle avoit contractées» (Baum 1989: 2). Faret war so etwas wie der Ideologe der Akademie. Er hatte zuvor ein für die Epoche maßgebliches Buch verfasst, *L'honnête homme*, eine Adaptierung des italienischen *Cortegiano* auf die französische Situation. Faret entwirft darin den Typ des französischen Höflings. An ihm orientiert sich die Sprachnorm und die Vorstellung von «Reinheit».

Zunächst ist alles *Dialektale* unrein. Der Vorgänger der akademischen Reinigungsaktivitäten, der Dichter Malherbe, hatte sich schon darum bemüht, den Hof zu «degascognisieren» (*dégasconner*), also von allen okzitanischen Einflüssen zu befreien. Henri IV stammte aus dem Béarn, und sein Französisch und das seiner Entourage war offensichtlich stark okzitanisch beeinflusst. Die – wie wir Linguisten sagen – diatopische Reinheit gibt es im geographischen Zentrum, dort wo auch das politische Zentrum sitzt, in Paris.

Dass *Volkstümliches* unwillkommen ist, versteht sich angesichts der adeligen Gesellschaft von selbst. Claude Favre de Vaugelas, das in Sprachdingen maßgebliche Mitglied der Akademie, schließt in seinen normgebenden *Remarques sur la langue française* (1647) das niedere Volk, *le peuple*, ausdrücklich aus. Das Volk ist der Ort der schlechten Sprache, des *mauvais usage*. Vaugelas wird den Hof – bzw. den besten Teil des Hofes –, also das aristokratische Zentrum Frankreichs, zu dem Ort erklären, wo das reinste Französisch gesprochen wird, wo der sogenannte *bon usage* herrscht:

Voici donc comme on définit le bon usage. C'est la façon de parler de la plus saine partie de la cour conformément à la façon d'écrire de la plus saine partie des auteurs du temps. Quand je dis la cour, j'y com-

prends les femmes comme les hommes, et plusieurs personnes de la
ville où le prince réside, qui par la communication qu'elles ont avec les
gens de la cour participent à sa politesse. (Vaugelas 1647/1996: 10)

Folgendermaßen definiert man den guten Gebrauch: Er ist die Rede-
weise des besten Teils des Hofes, entsprechend der Schreibweise des
besten Teils der Autoren unserer Zeit. Wenn ich «Hof» sage, so verstehe
ich darunter die Frauen ebenso wie die Männer und mehrere Personen
der Stadt, in der der Fürst sich aufhält, die durch den Verkehr mit den
Hofleuten an seiner Lebensart teilhaben.

Die den Hof umgebende Stadt hat nur insofern mitzureden, als sie an
der «politesse du prince», an der aristokratischen Kultur des Hofes, teil-
hat. Städtische Teilhaber an der höfischen Kultur sind insbesondere «la
Chaire» und «le Barreau», also die Kirche und die hohen Justizbeam-
ten. Zusammengenommen ist es das soziologische Ensemble, das mit
der Formel «la Cour et la Ville» bezeichnet wird, welches den sozialen,
diastratischen Ort der sprachlichen Reinheit repräsentiert.[6]

Auch *Ausländisches* ist in der reinen Sprache nicht willkommen.
Die Reinigungsanstalt steht in der Tradition der Reinigungsbemühun-
gen des 16. Jahrhunderts etwa von Tory und Rabelais, die gegen die La-
tinismen gespottet hatten. Henri Etienne hatte schon in den siebziger
Jahren die bei Hofe grassierenden Italianismen bekämpft. Unter der
verhassten italienischen Königin Katharina von Medici war der Hof alles andere als rein gewesen: *ordures*.[7]

Der entscheidende Unterschied zu den Normvorstellungen der
Italiener besteht in den beiden Zügen der *Modernität* und der *Mündlichkeit*. Was das erste angeht, so waren nicht irgendwelche alten Texte
das Modell für die reine Sprache, etwa gar Texte des 14. Jahrhunderts
wie in Italien oder auch nur Texte des 16. Jahrhunderts. Die mittelalterliche Sprache Frankreichs war inzwischen unverständlich geworden,
zwischen dem 14. Jahrhundert und dem 16. Jahrhundert hatte sich das
Französische radikal gewandelt, grammatikalisch, aber auch phone-
tisch und lexikalisch. Aber auch das 16. Jahrhundert erschien den Aka-
demikern des 17. Jahrhunderts eher als eine Zeit des literarischen

Grauens, als Zeit der Mischungen und des tropischen Wildwuchses, denn einer vorbildlichen Literatur. Es ging also nicht um Imitation einer als klassisch betrachteten alten Literatur, sondern die Norm, die reine Sprache, befand sich in den sprachlichen Produkten der Modernen: *Jetzt* ist Klassik, nicht damals. *Wir* sind die Klassik, nicht Dante, Petrarca, Boccaccio.

Zweitens unterschied sich der, wie wir Linguisten sagen, diaphasische Bezugspunkt der Franzosen von dem der Italiener: Nicht geschriebene Texte waren die letzte Instanz, sondern die *gesprochene* Sprache des Hofes. Und hier waren es – und das ist ein viel zu wenig beachteter Gesichtspunkt – letztlich die *Frauen*, die wussten, was richtig war. Sie wussten es deswegen so gut, weil sie nicht von allzu viel lateinischer Gelehrsamkeit und Schriftlichkeit verdorben waren. Sie waren die Repräsentantinnen dessen, was Descartes die «raison naturelle toute pure», «die gänzlich reine natürliche Vernunft», genannt und gegen die alte lateinische Gelehrsamkeit ausgespielt hatte. Also Mündlichkeit – nach Vaugelas sogar weibliche Mündlichkeit – war die reinste Quelle der reinen Sprache, die die französische Akademie suchte. Die Schriftsteller waren nach Vaugelas nur die Notare dieser Mündlichkeit. Pariserisch, aristokratisch, modern, gesprochen und weiblich ist der *bon usage*.

Woher kommt nun die Beschränkung auf dieses sehr enge Register der Vornehmheit als Norm? Warum wird nicht eine diatopisch vielfältige, sozial gemischte und auch diachronisch reiche Sprache ins Auge gefasst? Eine solche offenere, polyphone Sprache hätte schon damals so etwas wie eine «Nationalsprache» sein können. Nun, es ist die Reaktion auf den Bürgerkrieg, der noch vor Kurzem Frankreich dreißig Jahre lang zerrissen und zerstört hatte, der Wunsch, das Chaos zu besiegen, die Wildheit der Passionen, der Politik und der Religion hinter sich zu lassen. Im Entwurf von Faret – aber auch in den Statuten der Akademie selbst – wird sehr deutlich, dass der Kampf gegen den Schmutz, die *ordures*, eine Reaktion auf die Erfahrungen des schmutzigen Krieges ist. Sogar das sprachliche Verhalten der Akademiker in den Akademiesitzungen wird reguliert und gedämpft, temperiert: Es darf nicht laut und leidenschaftlich gesprochen werden, alles muss schön der Reihe nach gehen, über Religion und Politik, diese Quellen lauten und wilden Sprechens, darf nicht geredet werden.

6.2.4. Arts et sciences Auch die andere Aufgabe der Akademie, «traiter les Arts et les Sciences», ist der gewollten Modernität geschuldet: Fachvokabular wird ja für alle Techniken und Wissenschaften gebraucht, die die Ökonomie des Landes vorantreiben. Hier muss sich ein modernes Land in vielen Bereichen vom Lateinischen emanzipieren.

Nun tritt allerdings diese Aufgabe der Akademie, die Sprache zur Behandlung von Künsten und Wissenschaften zu befähigen, in einen äußerst interessanten Konflikt mit dem Reinheitsgebot. Die Doppelformel «la rendre pure, [...] et capable de traiter les Arts, et les Sciences» entfaltet eine große Sprengkraft im Inneren der Akademie. Die aristokratisch-höfische Reinigung lässt sich nämlich soziologisch und funktionell nicht recht verbinden mit dem technisch-wissenschaftlichen Ausbau der Sprache: Zwei völlig verschiedene soziologische Typen treten hier auf den Plan: einerseits der Höfling, der *honnête homme*, und andererseits der Fachmann, der bestimmte technische und wissenschaftliche Kenntnisse und Fähigkeiten hat und der arbeitet. Mit Letzterem wird ein eher bürgerlicher Typus aufgerufen. Der *honnête homme* dagegen arbeitet nicht, er hat literarische Kenntnisse, er kann tanzen, fechten, musizieren, Konversation treiben, aber er kann kein Haus bauen, keinen Menschen medizinisch betreuen, keinen landwirtschaftlichen Betrieb leiten, keinen Prozess führen. Er hat also keine spezifischen *Sach*-Kenntnisse.

Die Akademie ihrerseits entledigte sich dieser beiden Aufgaben dadurch, dass sie *zwei* verschiedene Wörterbücher herausgab, das eigentliche Akademie-Wörterbuch und das Wörterbuch für die *Arts et Sciences*, das allerdings nicht die Académiciens gemeinsam, sondern eines ihrer Mitglieder, Thomas Corneille, der Bruder des Dichters, zusammengestellt hatte.[8] Der allgemeine Wortschatz oder die allgemeine Sprache wurde also deutlich vom Fachwortschatz getrennt. Im Vorwort des Akademie-Wörterbuchs wird ausdrücklich festgestellt, dass man sich auf die *langue commune*, auf die Gemeinsprache, beschränkt habe, wie sie im gewöhnlichen Umgang der *honnêtes gens* üblich ist:

Elle [die Akademie] s'est retranchée à la Langue commune, telle qu'elle est dans le commerce ordinaire des honnestes gens, et telle que les Orateurs et les Poëtes l'employent; Ce qui comprend tout ce qui peut servir à la Noblesse et à l'Elegance du discours. (Baum 1989: 41)

Die Akademie hat sich auf die gemeinsame Sprache beschränkt, so wie sie sich im gewöhnlichen Verkehr der Hofleute findet und wie die Redner und Dichter sie verwenden. Dies umfasst alles, was der Vornehmheit und der Eleganz der Rede dienen kann.

Als zweite Quelle der *langue commune* werden die Redner und Dichter genannt. Beide Sprechergruppen zusammengenommen, Höflinge und Dichter, garantieren Vornehmheit und Eleganz der Rede, «Noblesse et Elégance du discours».

6.2.5. Wörterbuch und Enzyklopädie Der Ausdruck *langue commune*, «gemeinsame Sprache», der ja die Vorstellung der griechischen *koinè*, der gemeinsamen Bildungssprache aller Griechenstämme, aufgreift, scheint schon etwas völlig Demokratisches zu bezeichnen, eine gemeinsame Sprache aller Franzosen, eine Nationalsprache gar. Aber es ist die *langue commune* der *honnêtes gens*, die gemeinsame Sprache also des höfischen Adels. Sie ist damit zwar durchaus «politisch» definiert, aber die Nation ist noch weit entfernt. Die Nation ist nicht der Sprach-Raum der Akademie.

Allerdings ist, was diese *langue commune* sein soll, auch von vornherein umstritten. Gefahr droht dem elitären Soziolekt, der hier den Ehrentitel einer *langue commune* erhält, aber nicht von seiten des niedrigen Volkes oder von der Gesamtheit der Nation, sondern vom gelehrten Fachmann. Der Typ des eleganten adeligen Generalisten ohne Fachwissen ist im Grunde schon beim Erscheinen des *Dictionnaire* überholt. Die Akademie wird daher von der zweiten Auflage des Wörterbuchs an immer mehr Fachvokabular in das Wörterbuch integrieren. Sie wird kein weiteres *Dictionnaire des Arts et des Sciences* mehr auflegen. Dies ist eine Aufgabe, die eine Sprachakademie, die ja keine Wissenschafts- oder Technik-Akademie ist, letztlich auch gar nicht leisten kann. Das heißt, die Akademie bleibt beim Konzept einer *langue commune* der Elite, sie wird dieses Konzept aber immer mehr auf eine *Bildung*selite ausweiten, die eben doch auch gewisse Sachkenntnisse in den Techniken und Wissenschaften haben muss.

In der Mitte des 18. Jahrhunderts wird dann die *Encyclopédie* das gesamte Wissen der Zeit darzustellen versuchen. Nicht die Wörter, sondern die *Sachen* stehen im Mittelpunkt der Episteme des 18. Jahrhunderts. Die *Encyclopédie* zeigt dabei schon in ihrer medialen Form diese Bewegung weg von den Wörtern hin zu den Sachen: Die Sachen werden nämlich gar nicht mehr nur sprachlich definiert, sondern viel besser in Abbildungen gezeigt. Das Leitmedium der Wissenschaft ist daher auch seit dem 18. Jahrhundert gar nicht mehr die Sprache, sondern zunehmend das *Bild*. Die *planche*s der *Encyclopédie* repräsentieren das maßgebliche Wissen der Zeit, nicht mehr die Wörter des Akademie-Wörterbuchs.

Natürlich beeinflusst diese Hinwendung zu den Sachen den Wortschatz der Elite, die die Académie nach wie vor repräsentiert. Dieser wird immer sachworthaltiger. Es bleibt nicht ohne Folgen, dass der Herausgeber der *Encyclopédie,* der Philosoph und Mathematiker d'Alembert, von 1772 bis zu seinem Tod 1783 auch der *secrétaire perpétuel* der Académie française gewesen ist. Die Opposition zwischen Höfling und Spezialist oder Wissenschaftler funktioniert im 18. Jahrhundert einfach nicht mehr so, wie sich das die Akademie noch 1694 vorgestellt hatte.

Auch im 18. Jahrhundert hütet also die Akademie nicht eigentlich die Sprache der Nation, sondern die Sprache einer Elite, die nun allerdings nicht mehr nur in der «plus saine partie de la cour» zu finden ist, sondern die sich soziologisch über die Aristokratie hinaus zu einer Bildungselite weitet. Dass in dieser Sprache keine «niedrigen» Wörter vorkommen, versteht sich von selbst, auch bleibt Paris der diatopische Bezugspunkt der Varietät des Französischen, die die Akademie hütet und pflegt, und auch die Modernität wird beibehalten. Eine Nationalsprache aber ist diese Sprache nicht. Denn die Nation beherrscht diese Sprache nur unzureichend.

6.3. *Langue nationale* und Akademie

6.3.1. Dies ist die bittere Erfahrung, die man im Moment der Französischen Revolution macht. Zwar gelangt mit ihr die Nation selbst an die Macht, die Nation wird der Souverän. Die Nation hat das Sagen. Aber der neue Souverän hat, wie wir gesehen haben, ein dreifaches Sprachproblem: Erstens kann der Souverän nur zu einem geringen Teil Französisch, zweitens kann der Souverän nicht lesen und schreiben, und wenn der Souverän Französisch kann, so spricht er es, drittens, nicht richtig. Das erste Problem haben wir im vorigen Kapitel ausführlich dargestellt. Die revolutionären Maßnahmen zur Verbreitung des Französischen sind natürlich immer auch Maßnahmen zur Lösung des zweiten Problems, des Analphabetismus-Problems. Im Zusammenhang mit der Akademiefrage beschäftigt uns hier aber insbesondere das dritte Sprachproblem: die «richtige» Sprache. Das Französische des Volkes ist oft falsch, es ist voller – mit dem schon erwähnten Faret gesagt – *ordures*, Müll, den es zu beseitigen gilt.

Das Französische enthält nämlich nach Auffassung der Revolutionäre – wie alle anderen Volkssprachen auch – falsches Denken, Vorurteile, altes Denken. *Idola fori*, Götzen des Marktes, nennt Bacon diese in den Sprachen sedimentierten falschen, nichtwissenschaftlichen Vorstellungen. Die Französische Revolution ist nun als politische Realisierung philosophisch-wissenschaftlicher Vernunft gleichsam die Ankunft des Wahren Geistes, des Richtigen Denkens in der politischen Wirklichkeit. Das Volk aber – oder mit dem uns hier interessierenden Ausdruck: die Nation –, selbst wenn es die Nationalsprache spricht, transportiert in seiner Sprache immer noch die falschen Vorstellungen der alten Zeiten. So denkt es z. B. den alten Herrscher immer noch als «roi», es müsste ihn aber als «tyran» denken.

Diese alten Vorstellungen sind die neuen *ordures*, sie sind der neue – nun vor allem semantische, nicht mehr diastratische, diatopische oder diachronische – Müll, von dem das Französische zu reinigen ist. Vorgeschlagen wird eine neue Reinigungsaktion der Sprache im Namen der Aufklärung: Die *langue nationale* ist im Sinne der Aufklärung und der Revolution von den alten Vorstellungen zu reinigen: «révolutionner le français» nennt das die Politik.[9] Gerade diese Reinigungsaktion der Revolution tritt nun aber in Konflikt mit der alten Akademie. Ja, der Konflikt wird geradezu handgreiflich im Streit um die fünfte Auflage des Wörterbuchs.[10] Die jakobinische Republik hatte im Jahre 1793 die Akademien des alten Frankreich – an erster Stelle die Sprachakademie – als Institutionen des Feudalregimes und als Horte alten Denkens schließen lassen. Der geschichtliche Zufall wollte es, dass zu diesem Zeitpunkt das Manuskript der fünften Auflage des Wörterbuchs der Akademie fertig war. Natürlich war dieses ungedruckte Buch sozusagen die gesamte Sprache des Ancien régime. Der Leitgedanke des Akademie-Wörterbuchs war nach wie vor der *bon usage*, es enthielt das, was die sogenannte gute Gesellschaft für richtig hielt, also die Sprache der gerade gestürzten herrschenden Klasse. Da nach der Sprachvorstellung der Aufklärung Sprache und Denken eng zusammenhängen, repräsentiert dieses Wörterbuch daher das *alte* Denken, die *alte* Semantik. Vom revolutionären Standpunkt aus musste geradezu dringend verhindert werden, dass dieses Dokument der alten Sprache und des alten Denkens publiziert wird. Die jakobinischen Sprachpolitiker wussten das tatsächlich zunächst auch zu verhindern: Die Akademie wird geschlossen und das Manuskript konfisziert.

Allerdings wurde im Jahre 1798 die fünfte Auflage dann doch gedruckt. Die jakobinische Zeit war vorbei, das *Institut National des Sciences et Arts*, die Nachfolgeinstitution der französischen Akademien, war inzwischen gegründet worden, und die zweite Klasse dieses *Institut* war für die Sprache zuständig. Was nun als fünfte Auflage gedruckt wurde, ist sicher die politisch interessanteste Version des Akademie-Wörterbuchs: Das Französische ist durch die Revolution zur *langue nationale* geworden, es gehört nicht mehr dem Hof – *la Cour* –, dem alten Souverän, dem König und dem Adel, sondern dem neuen Souverän, der Nation. 1798 wird nun ein genialer historischer Kompromiss zwischen der – nicht mehr existenten – alten Akademie und der neuen Nationalsprache geschlossen: Den Haupttext des *Dictionnaire* macht das vor der Revolution fertiggestellte und 1793 konfiszierte und nicht gedruckte Wörterbuch aus, also die Sprache der alten gesellschaftlichen Elite. Dieses Korpus wird aber nun durch zwei höchst bedeutsame Paratexte gleichsam zur Nationalsprache transformiert: durch das Vorwort von Dominique-Joseph Garat einerseits und durch ein *Supplément* andererseits. Garat, der überaus schlaue baskische Politiker und Philosoph, erklärt in seiner Vorrede kurzerhand die vorrevolutionäre Akademie zu einer demokratischen Institution, gleichsam zu einer Vorform der Republik und zu einem Ort der Aufklärung allemal. Damit wird das Wörterbuch zu einem Dokument der Sprache dieser demokratischen und aufgeklärten idealen Nation. Und auf das solchermaßen schon – wenn man so will – demokratisch geadelte bzw. «nationalisierte» Wörterbuch folgt als zweiter Paratext ein *Supplément*, in dem 300 neue Wörter und ihre Definitionen aufgeführt sind, die sich alle auf die neue politische Realität beziehen und folglich natürlich die «richtige» aufgeklärte, wissenschaftliche Semantik enthalten. Der alte Auftrag an die Akademie, die französische Sprache zu reinigen, ist hier im Sinne der Revolution, im Sinne also des aufgeklärten neuen Souveräns gelöst: Die neue Semantik des *Supplément* enthält keine *ordures*, kein altes Denken mehr. Der Eintrag *souveraineté* besagt z. B. Folgendes:

Suprématie; pouvoir de faire des Lois, et d'en assurer l'exécution. Cette Puissance est une, indivisible, inaliénable et imprescriptible. Elle appartient toute entière au Peuple qui l'exerce par lui-même, ou par ses Représentans. (Académie française 1798: 775)

Oberste Herrschaft; Macht, Gesetze zu erlassen und für deren Ausführung zu sorgen. Diese Macht ist eine, unteilbar, unveräußerlich und unverjährbar. Sie gehört gänzlich dem Volk, das sie selbst oder durch seine Vertreter ausübt.

Die Definition von *souveraineté*, «sie gehört gänzlich dem Volk», entspricht den neuen, philosophisch aufgeklärten und «richtigen» Sachverhalten. Wörterbuch und *Supplément* zusammengenommen sind dann auch die Verbindung von zwei verschiedenen Semantiken, der

Semantik der *langue commune* und des Fachwortschatzes bzw. einer Semantik der *Bedeutungen* und einer Semantik der *Referenz*.[11] Die neuen Wörter sind ja technische Termini, Fachwörter, die gemäß dem aufgeklärten Denken richtig, «wissenschaftlich» auf die Sachen verweisen.

Hier hat also so etwas wie die Vermählung von Akademie und Nationalsprache stattgefunden, wenn auch ein bisschen als Zwangsheirat. Es ist der äußerst interessante Versuch, die – traditionell extrem aristokratische – französische Sprache als demokratische zu denken, indem die Akademie selbst zur demokratischen Insel im feudalen Meer – gleichsam zu einer idealen Nation – stilisiert wird. Selbst wenn diese Verbindung von Sprache und Nation eine schwierige ist – das Französische bleibt zunächst auch im eigenen Volk eine Elitensprache –, so erwächst doch aus dieser politisch deklarierten Demokratisierung der Sprache der Auftrag, dass die Nation diese Sprache lernt und sich als die ihre tatsächlich aneignet.

Die französische Akademie kehrt nach ihrer Wiedereinrichtung 1816 wieder zur alten Aufgabe der Beschreibung des *bon usage* zurück. Den Versuch einer Einführung politisch korrekter Semantik wird sie nicht wieder aufnehmen. Nicht die Akademie macht das von ihr gehütete Französisch zur Nationalsprache, das macht die *Schule* der Republik, die sich dabei an dem von der Akademie symbolisierten *bon usage* orientiert. Insofern ist auch in Frankreich wie in Italien die Akademie der symbolische Ort, der jene Sprache hütete, die dann die Nation erlernt.

6.3.2. Ohne Zweifel ist die französische Akademie heute eine nationale Einrichtung, eine der ältesten Institutionen des Staates, der ein demokratischer Staat geworden ist, dessen *demos* inzwischen französisch spricht. Das Französische ist seit der Revolution tatsächlich die Sprache der Nation geworden, es ist nicht mehr nur die Sprache eines Teils des Landes, und es ist auch nicht mehr nur die Sprache einer bestimmten gesellschaftlichen Schicht wie bei ihrer Gründung. Die Aufgabe der Akademie ist es nach ihrer Selbstbeschreibung, über die französische Sprache zu wachen, «de veiller à la langue française». Das tut die Académie française durch Korpusarbeit und durch Statusarbeit, immer wieder, mit immer verschiedenen Aktivitäten. Sie schreibt immer noch an ihrem Wörterbuch, jetzt an der neunten Auflage. Sie mischt sich ein, um den Status des Französischen zu bewahren: gegen die Regionalsprachen, gegen das Englische. Gegen das Englische ist sie auch an der Korpusarbeit beteiligt.

Es sind, wie schon am Anfang gesagt, nicht immer Aktivitäten, die aufgeklärte Linguisten gut finden. Natürlich lehnen Linguisten jede Aktivität gegen Regionalsprachen ab, weil sie als Linguisten prinzipiell an der Verschiedenheit der Sprachen interessiert sind. Natürlich lieben Linguisten die hohe Schriftsprache nicht besonders, Linguisten sind seit ihren romantischen Anfängen volkstümlich, und die Linguistik ist eine Wissenschaft «richtiger», also gesprochener Sprache und nicht die Wissenschaft von hoher Literatursprache. Linguisten wissen, dass Sprachen sich durch die verschiedensten historischen Umstände mischen können, und betonen immer wieder, dies sei völlig natürlich, deshalb haben sie prinzipiell auch nichts gegen Einflüsse fremder Sprachen. Vor allem sind Linguisten natürlich gnadenlos deskriptivistisch und nicht normativ. Insofern ist eine Sprachakademie wie die französische geradezu ein Albtraum für richtige Linguisten. Wenn wir aber einmal über unseren linguistischen Schatten in die politische Realität springen, müssen wir zugestehen, dass der durch das hohe Prestige ihrer Mitglieder beförderte Einsatz für die Sprache ein Bewusstsein von der Bedeutung und der Kostbarkeit der Sprache wachhält, das dann eben letztlich auch der Sprache einer demokratischen Nation zugutekommt. Das Französische wird sich daher auch in der Konkurrenz mit dem Englischen einfach besser behaupten als das Deutsche, nicht nur wegen der kolonialen Vergangenheit und damit weltweiten Ausbreitung des Französischen, sondern auch durch das von der Akademie beförderte Bewusstsein, dass die französische Sprache etwas Wichtiges ist, das es zu bewahren gilt: «veiller à la langue française».

6.4. *Academia caremus*

Wir Deutsche dagegen geben zwar viel Geld für Museen, Theater und Denkmalschutz aus, unsere Sprache aber illustrieren und verteidigen wir nicht durch eine Akademie. Dante abwandelnd können wir sagen: *Academia caremus*. Die alten Versuche der Gründung einer Sprachakademie sind rasch gescheitert: Die Fruchtbringende Gesellschaft hat nur kurz existiert. Sie war ja auch – anders als die Leopoldina – keine kaiserliche Institution, sondern nur die kurzlebige Gründung eines unbedeutenden Duodezfürsten. Leibniz' Idee einer Pflege der deutschen Sprache an seiner Akademie in Berlin ist im Franzosentum des preußischen Königs untergegangen.

Natürlich ist auch die Geschichte der deutschen Nationalsprache ganz anders verlaufen als die der französischen: Das Deutsche ist ja tatsächlich von vornherein demokratischer als das Französische. Es ist nicht die Sprache einer winzig kleinen Adelsschicht, es ist eher das Medium einer bürgerlichen Emanzipationsbewegung, das sich viel früher als in Frankreich als Bildungssprache im Sprachraum verbreitete, der gar kein Staat war. «Deutschland» war zunächst eine sprachliche und kulturelle Wirklichkeit, bevor es zu einer politischen wurde. Und die deutsche Sprache fuhr eigentlich besser, bevor sich der Staat oder die Staaten ihrer bemächtigten. Sie war bei aller Gemeinsamkeit auch immer polyzentrisch. Was hätte denn eine Akademie «reinhalten» sollen, welches klassische literarische Textkorpus oder welche maßgeblichen hocharistokratischen Kreise hätte sie denn zur Richtschnur ihrer sprachpflegerischen Aktivitäten nehmen sollen? Das Deutsche gedieh eigentlich prächtig ohne Akademie.

Das war für die Vergangenheit sicher auch richtig. Heute aber ist das Deutsche, wie die anderen Sprachen auch, gewissen Gefahren ausgesetzt: Es ist evident, dass das globale Englisch das Deutsche massiv beeinflusst und aus den hohen Diskursen vertreibt, dass das Deutsche in Europa seine Stellung zunehmend verliert und dass die Standards seiner Schriftsprache, vornehm gesagt, erschüttert sind, dass der Status sinkt und dass der Ausbau zurückgeht. Vielleicht täte etwas Verteidigung und Illustration ganz gut.

Wir haben die Darmstädter Akademie für Sprache und Dichtung und das Mannheimer IDS. Aber die Darmstädter Akademie erfüllt doch eher den einen Teil ihres Namens, den einer Akademie für Dichtung. Natürlich hat sie auch hervorragende Sprachwissenschaftler unter ihren Mitgliedern, die sich von Fall zu Fall für die Sprache einsetzen, wie zuletzt Peter Eisenberg gegen die Rechtschreibreform. Aber sie hat keinen nationalen sprachpflegerischen Auftrag. Sie schreibt jetzt immerhin einen «Bericht» zur Lage der deutschen Sprache. Dass ein solcher nationaler Auftrag nicht unwichtig ist, sieht man gerade an der Erhöhung der Leopoldina zur Nationalakademie, die nun die deutsche Wissenschaft tatkräftig vertritt. Keine von einem Bundesministerium finanzierte nationale Akademie vertritt die deutsche Sprache. Das IDS ist ein professionelles Linguisten-Unternehmen. Es ist also überhaupt nicht mit literarischem Glanz symbolisch aufgeladen, es repräsentiert nicht das *vulgare illustre*, sondern ist per definitionem linguistisch, das heißt deskriptiv ausgerichtet: Es möchte gerade keinen *bon usage* definieren, sondern unterwirft sich einem *usage*, auch wenn er nicht so *bon* ist. Und weil es keine illustre Gesellschaft von großen Benutzern des Deutschen ist, unterwirft es sich auch der Macht des Staates, bzw. der Bürokratie, wie man bei der Rechtschreibreform gesehen hat. Wäre eine illustre Gesellschaft deutschsprachiger Dichter mit der Sache befasst gewesen statt eines etwas größenwahnsinnigen Linguisten und einiger Kultusbürokraten, wäre das Ergebnis sicher anders ausgefallen. In der Tat ist die Rechtsschreibreform nur durch den Noteinsatz der Darmstädter Gesellschaft etwas erträglicher geworden.

Academia caremus. Sicher. Wir könnten uns wie Dante bezüglich der *curia* damit trösten, dass wir eine ideale Sprachakademie haben, auch wenn sie «corporaliter dispersa» ist, nämlich die genannten Institutionen, zu denen dann noch die großen Vereine zur Verteidigung des Deutschen zu rechnen wären, und alle Menschen, denen die Sprache wichtig ist und die auf die Sprache achten, sie mit ihren Texten und Reden illustrieren und verteidigen. Dennoch macht sich gerade jetzt das Fehlen einer richtigen Akademie bemerkbar: Die französische Akademie kennt in Frankreich jedes Kind, das daher auch weiß, dass Sprache etwas Wichtiges ist. Wir wiegen uns – durch unsere verglichen mit Frankreich ältere, volkstümlichere Nationalsprachtradition – in Sicherheit. Wir brauchten sie bisher nicht zu verteidigen, also meinen wir, wir brauchen es auch in Zukunft nicht. Aber das scheint mir ein Irrtum: Die *ordures*, die auf diese Sprache zukommen, der Müllberg, der auf diese Sprache zurollt, ist so riesig, und die Akteure (der Werbung, der Technik, der Finanzwelt, der Wissenschaft), die diese Sprache aus vielen illustren Feldern der Rede entfernen, sind so mächtig, dass eine symbolische Institution zu ihrer Verteidigung nicht schlecht wäre. Aber wir haben keine, und das ist keine gute Nachricht für die deutsche Sprachgemeinschaft. *Academia caremus.*

Vielleicht ist aber auch die Zeit einer *nationalen* Sprachakademie vorbei. Die Gefahren, die die europäischen Sprachen bedrohen, – der Niedergang ihres Status, die Rücknahme ihres Ausbaus – sind europäisch allgemein, sie betreffen alle europäischen Kultursprachen, sodass vielleicht eine *europäische* Sprach-Akademie die richtige Alternative wäre. Nur: Welche Sprache sollte dort gesprochen werden? Natürlich alle europäischen Sprachen. Also brauchte die Akademie einen Übersetzungsdienst wie Brüssel. Niemand würde das finanzieren. In Wirklichkeit würden sich die Akademiker also in einer Sprache verständigen: auf Englisch. Sie würden also genau die Sprache verwenden, die sie bedroht. Das würde das Unternehmen ad absurdum führen. Hier könnte nur das Lateinische helfen, es ist die Vergangenheit und die Mutter aller europäischen Sprachen. Aber die Europäer können kein Latein mehr. Auch die europäische Akademie, die einen lateinischen Namen führt, die *Academia Europea*, spricht daher mitnichten lateinisch, sondern globalesisch.

MORGEN

7. ZUKUNFTSANSICHTEN DER SPRACHE

Ansichten von der Zukunft der Sprache und – damit verbunden – Ansichten von der Sprache der Zukunft sind zu allen Zeiten geäußert worden. Dabei gibt es prinzipiell zwei Haltungen gegenüber der Zukunft: Furcht oder Zuversicht, Horror oder Hoffnung. Wenn man die Gleichgültigkeit hinzurechnet, sind es sogar drei, aber die Gleichgültigkeit ist ja sozusagen Neutralität gegenüber der Zukunft und damit eine für die Frage nach der Zukunft der Sprache nicht sehr interessante Haltung, sie ist gewissermaßen emotionale Synchronie. Ich interessiere mich in diesem Buch aber für die Diachronie – für die noch bevorstehende Zeit. Furcht oder Zuversicht hängen nun des Weiteren davon ab, wie wir das Gegenwärtige (und die Vergangenheit) finden: herrlich oder schrecklich – zumindest nicht so besonders schön –, oder neutraler gesagt: positiv oder negativ. Es lassen sich in einer Kreuzklassifikation dieser beiden Parameter also vier verschiedene Ansichten von der Zukunft der Sprache unterscheiden: Wenn das Gegenwärtige herrlich ist, kann ich bei einem Blick in die Zukunft entweder meinen, dass es 1. weiter herrlich aufsteigt, oder ich kann 2. fürchten, dass es herabsinkt. Wenn ich das Gegenwärtige nicht besonders großartig oder gar scheußlich finde, kann ich 3. hoffen und mich dafür einsetzen, dass es in der Zukunft (wieder) besser wird, oder ich kann 4. fürchten, dass die scheußliche Gegenwart noch schlimmer wird.

Natürlich hängt, wie ich das Gegenwärtige finde, davon ab, wie die Vergangenheit war: Das Gegenwärtige kann herrlich sein, weil es eine armselige Vergangenheit überwunden hat oder weil es schon immer grandios war. Das Gegenwärtige kann scheußlich sein, weil schon die Vergangenheit grässlich war oder weil eine grandiose Vergangenheit verloren ging. Gerade Letzteres erzeugt besondere Schmerzen und Abwehrreaktionen und Aktionen für die Zukunft, und vermutlich treibt uns vor allem aus diesem Grund die Sorge um die Zukunft der Sprache um. Wieso das Gegenwärtige scheußlich oder großartig ist, werde ich von Fall zu Fall berichten.

Ich arbeite also im Wesentlichen die vier Typen ab, werde mich dabei in der Mitte aber ein bisschen in der Typologie verheddern, denn – wie es immer so ist – die Realität fügt sich nicht ganz unseren begrifflichen Unterscheidungen:

	Zukunft	+	–
Sprache	+	1. la compañera del imperio	2. la crise
	–	3. neue Paradiessprachen	4. das Ende

7.1. *La compañera del imperio*

7.1.1. Ich beginne mit der hemmungslos optimistischen Ansicht von der Zukunft der Sprache: Die Gegenwart ist herrlich, die Zukunft wird herrlich oder noch herrlicher sein. Diese Ansicht finden wir in den schönen alten Tagen des europäischen Imperialismus. Geradezu bilderbuchartig im Jahre des Herrn 1492, im Symboljahr des europäischen Kolonialismus: Spanien macht sich auf, andere Länder zu erobern und auch mit seiner Sprache zu beglücken. Das klassische Beispiel solch optimistischer Ansicht von der Zukunft einer grandiosen Sprache ist das Vorwort von Antonio de Nebrija zu seiner *Gramática de la lengua castellana*. Er widmet diese Grammatik der spanischen Königin Isabel, Reina y señora natural de España y de las islas de nuestro mar, 1492, als diese gerade die letzten Araber von der Halbinsel vertrieben und ihre kleine Flottille sich aufgemacht hatte, eine Neue Welt zu erobern. Zu diesem imperialen Unternehmen braucht sie nach

Nebrija nun auch eine Sprache, die das Reich und die Herrschaft begleitet: «que siempre la lengua fue compañera del imperio», «da die Sprache immer Gefährtin der Herrschaft war». Das Kastilische, das aus der Vergangenheit aufgestiegen ist zur Herrlichkeit der jetzigen Herrscherin, sieht einer glänzenden Zukunft entgegen. Es ist der Nachfolger des imperialen Lateins. Wie dieses wird es sich ausbreiten, und dazu braucht es eine Grammatik. Nebrija antwortet daher Folgendes auf die Frage der Königin nach dem Nutzen der Grammatik:

> después que vuestra Alteza metiesse debaxo de su iugo muchos pueblos bárbaros y naciones de peregrinas lenguas, y con el vencimiento aquellos ternían necessidad de recebir las leies quel vencedor pone al vencido, y con ellas nuestra lengua, entonces, por esta mi *Arte*, podrían venir en el conocimiento della. (Nebrija 1492: 101 f.)

> wenn Ihre Hoheit viele barbarische Völker und Nationen mit fremden Sprachen unter ihr Joch gezwungen haben wird und wenn diese sich dann mit der Besiegung in der Notwendigkeit befinden, die Gesetze zu empfangen, die der Sieger den Besiegten auferlegt, und mit ihnen unsere Sprache, dann können sie mit meiner *Grammatik* Kenntnis unserer Sprache erlangen.

Tatsächlich begleitet das Spanische das sich ausdehnende Imperium mit großem Erfolg. Das spanische Imperium kümmert sich nicht um die Sprachen der Unterworfenen, sondern verlangt deren sprachliche Unterwerfung. Die Gefährtin der Herrschaft hat sich in fünfhundert Jahren weit ausgebreitet – und sie breitet sich immer noch weiter aus. Sie wird in einigen Jahren mit der anderen «compañera del imperio», dem Englischen, gleichauf liegen, was die Zahl der Muttersprachler angeht.

Es scheint allerdings zumindest anfänglich doch einigen Widerstand gegeben zu haben. Alexander von Humboldt berichtet noch in seiner *Relation historique* zu Beginn des 19. Jahrhunderts, dass die amerikanischen Völker nur zögerlich und schlecht Spanisch lernten, dagegen mit einigem Erfolg und ohne großen Widerstand eine andere amerikanische Sprache, die sie dann als «lengua general», als amerikanische Koinè, benutzten. Als solche fungierte z. B. das Quechua schon zu Humboldts Zeiten. Alexander hat selbst, so schreibt er an seinen Bruder Wilhelm, Quechua («la langue Inca») gelernt, als er sich 1802 in Lima aufhielt. Auch die Jesuiten spielen nicht mit beim großen linguistischen Eroberungsspiel: Sie versuchen ganz offensichtlich, mit den amerikanischen Völkern in deren Sprachen zu sprechen. Die Jesuiten werden zu Recht als die ersten Linguisten betrachtet, sofern sie außereuropäische Sprachen in Grammatiken und Wörterbüchern aufzuschreiben versuchten. Sie taten dies natürlich nicht aus philosophisch-wissenschaftlichen, sondern aus pastoralen und missionarischen Gründen: Sie waren mit der Apostelgeschichte – pfingstlich – davon überzeugt, dass man den Glauben in allen Sprachen sagen kann – es ist ja *ein* Geist hinter allen Sprachen – und dass man das nicht unbedingt in der «compañera del imperio» tun muss, bzw. dass die Gefährtin der Macht nicht unbedingt eine gute Gefährtin des Glaubens ist.

Jedenfalls war die Sympathie für die amerikanischen Völker ein Grund dafür, warum die Jesuiten aus Amerika vertrieben wurden. Sie behinderten den Triumphzug der Herrschaft und ihrer herrlichen Gefährtin. Aber, wie gesagt, die «compañera del imperio» herrscht heute unangefochten im spanischen Amerika, und sie wird 2050 genauso viele muttersprachliche Sprecher haben wie Englisch, Arabisch und Hindi – nur Chinesisch wird noch stärker sein. Ein robustes imperialistisches Selbstvertrauen und die damit verbundenen optimistischen Ansichten von einer herrlichen Sprache scheinen die Zukunft einer Sprache also entschieden zu befördern.

7.1.2. Heute ist es natürlich nicht mehr angebracht, so unverblümt imperialistisch von den herrlichen Zukunftsaussichten einer Sprache zu sprechen. Wie heute über die Zukunft der allergrößten Siegerin im imperialen Wettbewerb der Sprachen gesprochen wird, zeigen Bücher und Reden von Vertretern des British Council. Der Vortrag von David Graddol (The English Company) auf einer Tagung des Goethe-Instituts in Berlin über die Macht der Sprache (15.6.2007) gab einen Eindruck davon, wie bei den Siegern heute gesprochen wird: mit sanfter Melancholie, mit der Melancholie der Erfüllung. Zunächst werden die Milliarden gezählt, die Englisch sprechen, lernen und in Zukunft sprechen werden. Die Ansicht könnte nicht grandioser sein. Dann wird das dunkle Wölkchen auf dieser strahlenden Ansicht erwähnt, nämlich die Tatsache, dass zukünftig die Zahl der englischsprachigen Muttersprachler relational sinkt angesichts der enormen demographischen Zuwächse bei den Arabophonen, Hindiphonen und Hispanophonen. Welche Folgen das für den globalen Triumph des Englischen hat, kann man noch nicht sagen. Wahrscheinlich keine. Allerdings kann man wohl jetzt schon vorhersehen, dass nicht mehr so viele britische *native speakers* Englisch unterrichten werden, sondern eher Englischsprecher nicht-britischer Herkunft, weil die es besser können.[1]

Die glänzenden Zukunftsaussichten werden also zumeist – wohl aus Rücksicht auf die empfindlichen Zuhörer, die weniger erfolgreiche Sprachen sprechen – mit der nötigen Ironie vorgetragen, man vermeidet Triumphalismus.[2] Dennoch ist die Zufriedenheit der Redner nicht zu überhören.

David Crystal, der in seinem Buch *English as a Global Language* natürlich – was soll er sonst anderes tun – zunächst den glorreichen Aufstieg des Englischen zur globalen Sprache beschreibt, betrachtet im Kapitel «The future of global English» die glänzende Zukunft des Englischen mit einiger Vorsicht. Er weiß, dass in der Sprachgeschichte nichts wirklich vorhersehbar ist. Sein Beispiel für einigermaßen überraschende Zukünfte von Weltsprachen sind der im Mittelalter kaum vorhersehbare Niedergang des Lateinischen als Gelehrtensprache und der im 18. Jahrhundert noch gänzlich unwahrscheinliche Abstieg des Französischen als internationaler Sprache der gehobenen Gesellschaft. Er weiß, dass das Englische Gegner hat (deren Kraft er allerdings gering einschätzt), er weist auch auf eine mögliche Fragmentierung der englischen Sprache hin (die aber die grundsätzliche Einheit nicht wirklich gefährdet). Vor allem aber kennt er die ultimative Gefahr des globalen Siegeszugs. Er kennt sie, weil er die Sprachen liebt und weiß, was sie sind. Ganz am Ende seiner Zukunftsansichten des Englischen spekuliert er nämlich über eine tatsächlich insgesamt anglophone Menschheit, in der schon den Neugeborenen oder gar schon den Embryonen intra-uterinär diese Sprache beigebracht wird. Diese globale Anglophonie sieht er aber in zwei ganz verschiedenen Szenarien: 1. Wenn die Englischkenntnisse dieser Menschen der Zukunft Teil einer vielsprachigen Erfahrung wären, dann könnte dies eine gute Sache sein. Man fragt sich allerdings, wie und warum denn andere Sprachen in die Gehirne kommen sollen, wenn dort schon bei Neugeborenen oder Embryonen das Englische ist? 2. Wenn allerdings dieses dann wirklich globale Englisch auch die totale, die einzige Sprache wäre, dann wäre das eine Katastrophe:

> If it is by then the only language left to be learned, it will have been the greatest intellectual disaster the planet has ever known. (Crystal 1997: 140)

Die großartige Zukunft einer Sprache kann also in einen Super-GAU für die Menschheit umschlagen. David Crystal sagt hier nicht genau, worin das intellektuelle Desaster für die Menschheit besteht. Folgendes könnte eine Begründung sein: Man kann sich ja durchaus darüber freuen, dass mit dem Verschwinden aller anderen Sprachen endlich die große menschheitliche Katastrophe verschwunden wäre – Babel. Wenn man eine rein kommunikativ-praktische Auffassung von Sprache hat, ist nichts verloren mit der sprachlichen Vereinheitlichung der Menschheit, im Gegenteil: Das *kommunikative* Desaster ist endlich beseitigt, und alle Menschen werden Brüder, wo der sanfte Flügel der englischen Sprache weilt.[3] Gegen diese kommunikative Paradies-Ansicht muss man aber, wie wir das in diesem Buch tun, annehmen, dass Sprachen nicht nur völlig gleichgültige Kommunikationsinstrumente sind, sondern verschiedene Ansichten von der Welt, und dass diese verschiedenen Ansichten von der Welt einen *kognitiven* Reichtum der Menschheit darstellen. Als solchen hat Humboldt mit seinen «Weltansichten» (IV: 27) die sprachliche Vielfalt gefasst. Wenn dieser Reichtum verschwände, wäre das damit realisierte kommunikative Paradies eben auch die größte kognitive Wüste des Planeten. [4]

7.1.3. Das dritte Beispiel für eine optimistische Ansicht von der Zukunft einer schönen Sprache unterscheidet sich von dem kastilischen und englischen Beispiel dadurch, dass die Gegenwart der betreffenden Sprache zwar positiv beurteilt, aber doch noch als bescheiden betrachtet wird. Das ist der Fall bei der klassischen *Défense et illustration de la langue française* von 1549. Der Dichter Joachim Du Bellay liebt sein Französisch, aber er muss zunächst erst einmal dafür kämpfen, dass es als genauso wertvoll angesehen wird wie das dominante Lateinische – das ist die «défense», die Verteidigung. Gleichzeitig gibt Du Bellay aber auch zu, dass das Französische noch ausgebaut werden muss, es muss «illustriert» werden. Aber er zweifelt natürlich keine Minute daran, dass dies auch geschehen wird, wir sind ja mitten im Optimismus des frühen 16. Jahrhunderts. In diesem Sinne wird auch die französische Akademie hundert Jahre später die Illustration der französischen Sprache auf ihre Fahnen schreiben. Die Beschreibung der Gegenwart dieser Sprache wird dann immer glorioser, bis auch sie als «compañera del imperio», als Gefährtin der Herrschaft Ludwigs XIV. nämlich, in den Dienst der imperialen Expansion gestellt wird.

7.2. La crise

7.2.1. Das Französische ist nun aber auch mein Beispiel zur Illustration der zweiten Ansicht von der Zukunft der Sprache, der pessimistischen Zukunftsansicht einer schönen Gegenwart. Nirgendwo wird bekanntlich die Sprache so gefeiert wie in Frankreich. Niemand findet die eigene Sprache so grandios wie die Franzosen. Und niemand kann daher auch so verzweifelt finstere Ansichten von der Zukunft ihrer Sprache haben wie Franzosen. *La crise* ist das Thema des französischen Sprachdiskurses seit 1919. Es gibt zwar eine jahrhundertelange Lobpreisung dieser Sprache, die mit Du Bellay 1549 – mit der *Défense et illustration de la langue française* – beginnt und die sicher mit Sarkozys größenwahnsinniger Überhöhung nicht enden wird. Ich zitiere aus einer Rede des ehemaligen französischen Präsidenten vom 9. März 2007 in Caen:

La France c'est une langue, une langue qu'elle met à la disposition de tous les hommes.

Le français, disait Rivarol, ce n'est plus la langue française, c'est la langue humaine.

Le français c'est l'âme de la France, c'est son esprit, c'est sa culture, c'est sa pensée, c'est sa liberté. [...]

Nous avons le devoir pour nos enfants, pour l'avenir de la civilisation mondiale, pour la défense d'une certaine idée de l'homme, de promouvoir la langue française. [...]

Je me battrai pour que dans les instances européennes et à l'ONU le français continue d'être employé.[5]

Frankreich das ist eine Sprache, eine Sprache, die es allen Menschen zur Verfügung stellt.

Das Französische, sagte Rivarol, ist nicht mehr die französische Sprache, es ist die menschliche Sprache.

Das Französische ist die Seele Frankreichs, sein Geist, seine Kultur, sein Denken, seine Freiheit. [...]

Wir sind es unseren Kindern, der Zukunft der menschlichen Zivilisation, der Verteidigung einer bestimmten Vorstellung vom Menschen schuldig, die französische Sprache zu fördern. [...]

Ich werde dafür kämpfen, dass in den europäischen Institutionen und in der UNO weiter französisch gesprochen wird.

Aber, der kämpferische Ton des Präsidenten sagt es: Gefahr ist im Anzug, Ungemach droht der schönen Sprache. Der Präsident will sich schlagen: «Je me battrai.»

Man macht sich oft nicht so recht klar, warum die Franzosen eigentlich ihre Sprache so feiern und so vehement verteidigen, warum eigentlich ein ständiger Krieg herrscht – die militärischen Metaphern beherrschen diesen Diskurs: «Verteidigung», «sich schlagen», «Kampf» – und warum die französischen Ansichten von der Zukunft ihrer Sprache rasch so besonders finster sind. Man meint im Allgemeinen, die Franzosen seien eben nationalstolz und dazu gehöre nun einmal ihre hohe Meinung von ihrer Sprache – wie von ihrer

Küche und ihrer Lebenskunst. Aber das ist nur die halbe Wahrheit. Das Französische wird von den Franzosen deshalb so eifersüchtig bewacht, weil es eine extrem prekäre und späte Errungenschaft der Nation ist: Wir haben im fünften Kapitel gesehen, dass erst etwa seit der Mitte des 20. Jahrhunderts alle Franzosen französisch sprechen oder zumindest lesen und schreiben können. Im sechsten Kapitel habe ich gezeigt, dass das, was wir Französisch nennen, etwas sehr Prekäres ist: Französisch, gutes Französisch, *le bon usage*, war diatopisch eng pariserisch, es war diastratisch höchst elitär, aristokratisch, und es war diaphasisch auf den Diskurs der Höflinge reduziert. Diese geographisch, sozial und diskursiv extrem limitierte Varietät des Französischen wird dann von der siegreichen Bourgeoisie als ihre Sprache betrachtet, die Revolution setzt durchaus keine volkstümlicheren Normvorstellungen durch. Französisch ist also im eigenen Land nicht eigentlich eine volkstümliche Sprache. Die französische Schule, die der Dritten Republik, orientiert sich am aristokratischen *bon usage*.

Kurzum, das Großartige, die französische Sprache, ist etwas schwer Erworbenes, dessen man sich immer wieder versichern muss, dessen Zukunft man also sozusagen immerzu durch ideologische Aufwendungen absichern muss. Die «défense et illustration de la langue française», also der Aufruf, die schwer errungene herrliche Gegenwart weiter zu befördern und zu neuen Höhen zu führen, begleitet die französische Sprachgeschichte permanent. Daher werden Zukunftsansichten dieser Sprache bei den geringsten Anzeichen der Gefährdung aufs Finsterste ausgemalt: Der ehemalige Sekretär der Académie française konnte dabei besonders kassandramäßige Rufe ausstoßen (wobei er im ersten Satz auf Renans Nationenrede anspielt):

Parmi les grandes choses faites ensemble, il y a primordialement, la langue française. Or celle-ci, à l'évidence et depuis quelques décennies, se dégrade, se désagrège, se délite, quand encore vous ne choisissez pas de l'abandonner purement et simplement. Vous perdez votre âme. (Druon 1994: 25)

Unter den großen Dingen, die wir gemeinsam geschaffen haben, steht die französische Sprache an erster Stelle. Nun, ganz offensichtlich und seit einigen Jahrzehnten schon verkommt, zerfällt und löst sich diese auf, ja Ihr entscheidet Euch anscheinend sogar dafür, sie schlicht und ergreifend aufzugeben. So verliert Ihr Eure Seele.

Das heißt, es gibt Zeichen, die die Zukunft der großen, wunderbaren französischen Sprache als eine unabwendbare Katastrophe erscheinen lassen: Sie löst sich auf, und die Franzosen selbst (die sie doch gerade erst gelernt hatten) geben sie freiwillig auf – und sie geben sich dabei selber auf. *La crise.*

Diese finstere Zukunftsansicht basiert auf bestimmten Tendenzen der aktuellen französischen Sprachentwicklung: Die genannte große literarische Norm ist erschüttert, die kulturellen und politischen Verschiebungen innerhalb der französischen Welt sind so, dass sich das gute Französisch diatopisch, diastratisch und diaphasisch diversifiziert, die Weltgeltung des Französischen ist an das Englische übergegangen, die Prestigediskurse – Wissenschaft, Technik, Geschäfte – emigrieren ebenfalls aus dem Französischen, das Englische strömt ins Französische ein. Vor allem hat der globale Siegeszug des Englischen die Verzweiflung der französischen Futorologen ausgelöst. Der berühmteste Text über die Zukunft des Französischen – der übrigens nur ein Vorbild aus dem 16. Jahrhundert imitiert, wo das reine Französische schon einmal vor dem Aus stand – ist René Etiembles *Parlez-vous franglais?* von 1964. Etiemble war es, der in seiner Schilderung von der dunklen Zukunft des Französischen das *mot-valise* für hybride Sprachbezeichnungen populär gemacht hat: *franglais*.[6] Nach diesem Vorbild gibt es jetzt auch andernorts *denglisch, italese, spanglish* und Ähnliches.

7.2.2. Eigentlich bin ich mit meinem französischen Beispiel schon bei einem anderen Typ von Ansichten der Sprache gelandet: bei den pessimistischen Ansichten von der Zukunft einer schlechten Gegenwart (Typ 4). Dennoch möchte ich es eher hier beim zweiten Typ von Zukunftsansicht ansiedeln – große Gegenwart, dunkle Zukunftsaussichten –, denn die Kritiker sind ja zutiefst davon überzeugt, dass die gloriose Vergangenheit noch Teil der Gegenwart ist. Und im Grunde besteht deswegen auch Grund zur Hoffnung. Die dunklen Aussichten werden ja beschworen, um die Wolken zu vertreiben. Das heißt, letztlich glaubt doch keiner der französischen Sprachfuturologen, dass es wirklich so weit kommt, wie der Kassandra-Sekretär der Académie ruft. Und so treibt dieser Diskurs sogar wieder dem ersten Typ zu: Die Gegenwart ist bei näherem Hinsehen doch nicht so schlecht, sondern eigentlich nach wie vor herrlich, die Zukunft ist daher auch gar nicht so dunkel. Allerdings: man muss aufpassen.

So hat Claude Hagège in seinem Buch über die Zukunftsaussichten der europäischen Sprachen, *Voies et destins des parlers d'Europe* (1992), die Gefahr relativiert. Nachdem er schon früher nachgewiesen hatte, dass die Struktur des Französischen durch den Einfluss des Englischen überhaupt nicht gefährdet ist, stellt er nun fest, dass das Französische – trotz des globalen Triumphs des Englischen – eine geopolitische Funktion in den frankophonen Ländern habe, die fest verankert sei (wenn er sich da mal nicht täuscht). Allerdings kämpft er daher umso leidenschaftlicher für den Erhalt des Französischen als Bildungs-, Erziehungs- und Wissenschaftssprache. Hagège geht dabei von der richtigen Analyse aus, dass, wenn eine Sprache dort, also als Bildungs-, Erziehungs- und Wissenschaftssprache, nicht voll funktioniert, ihre Zukunft nicht groß sein kann, sondern dass dann ihr Status sinkt und sie sich auf die niederen und privaten Gebräuche zurückzieht. Damit verschwindet sie zwar nicht, sie ist aber eben nur noch ein *Vulgare* und kein *Vulgare illustre* mehr, auf das ich gleich zu sprechen komme.

Genau dieser Meinung ist auch der italienische Sprachwissenschaftler Gian Luigi Beccaria, der ein schönes Buch über Gegenwart und Zukunft der italienischen Sprache geschrieben hat: *Per difesa e per amore* (den Titel sollte einmal ein deutscher Germanist über das Deutsche wagen!). Auch Beccaria schreibt eher zuversichtlich – aus meiner Sicht ein bisschen zu fröhlich – von der Gegenwart des Italienischen: Es verändert sich und wandelt sich, aber das ist auch gut so, das zeigt die Lebendigkeit des Italienischen. Insofern gehört Beccarias Buch in die optimistische Abteilung. Aber auch Beccarias freundliches Zukunftsbild des Italienischen hängt sozusagen ab von einem prekären strukturellen Schlussstein: Wenn – so Beccaria – die Universitäten beginnen, Wissenschaft auf Englisch zu betreiben, dann ist das der Anfang vom Ende des Italienischen als Kultursprache (Beccaria 2004: 194), dann bricht allmählich das ganze Gebäude zusammen, dann fällt die Sprache unweigerlich auf die Stufe einer Vernakularsprache mit einem niedrigeren Status, die Talfahrt beginnt.

Pierre Encrevé, der 2007 ein schönes kleines Buch, *Conversations sur la langue française*, publiziert hat, malt wieder ein uneingeschränkt optimistisches Bild von der Gegenwart des Französischen, sodass auch die Zukunft sich wieder aufhellt: Noch nie hätten so viele Menschen Französisch gesprochen auf der Welt, die vielen Varietäten des Französischen seien ein innerer Reichtum, und das Englische sei keine wirkliche Gefahr, da es ja nur als internationales kommunikatives Hilfsinstrument genutzt werde und somit die (anscheinend höheren?) Funktionen des Französischen gar nicht tangiere. Allerdings insistiert auch er darauf, dass man das Französische als «volles» Ausdrucksmittel bewahren müsse, als «langue de plein emploi», auch für die höchsten Prestigediskurse, für die Wissenschaft, für die höhere und höchste Erziehung.

Das Englische gleichsam von oben herab, von der hohen französischen Kultur herab nämlich, in die Ecke des internationalen Kommunikations-Hilfsmittels zu stellen, das kann so natürlich nur ein kulturstolzer Franzose, der unerschütterlich an seine Sprache glaubt. Ohne kulturelle Herablassung würde ich allerdings durchaus für die gesamte europäische Sprachfrage diese Haltung gegenüber dem Englischen empfehlen. Ich plädiere ja für eine funktionale Einhegung des Englischen als Sprache der praktischen internationalen Kommunikation. Ob der Besen des Zauberlehrlings ruhig in der Ecke bleiben wird, ist allerdings die Frage. Es sieht nicht danach aus.

Die tröstlichen Botschaften über die Lebendigkeit der europäischen Kultursprachen sind jetzt offensichtlich europaweit üblich. Der Globalisierungsschock, wie ihn die französische *crise* modellhaft durchlebt hat, scheint überwunden. Auch die deutschen Germanisten und andere offiziell mit der Pflege des Deutschen Betraute schreiben seit ein paar Jahren vorwiegend Optimistisches über die Zukunft des

Deutschen und verbinden dies ebenso gern mit der Beschimpfung derer, die dunklere Ansichten – etwa unserem Typ 4 entsprechend – haben.[7] Die ehemalige Präsidentin des Goethe-Instituts preist die internationale Präsenz des Deutschen.[8] Der Direktor des Mannheimer Instituts für Deutsche Sprache kann durch Umfragen beweisen, dass die Deutschen ihre Sprache lieben (wieso behandeln sie sie dann so schlecht?).[9] Wie vor ihm schon Hagège beweist Eisenberg (2011) die Harmlosigkeit der englischen Einflüsse, indem er zeigt, dass das Deutsche die Anglizismen strukturell kräftig integriert. Besonders das Mannheimer Institut für Deutsche Sprache lässt keine Gelegenheit aus, die Kraft und Lebendigkeit des Deutschen zu feiern und die Sorgen der Sprachpfleger lächerlich zu machen.[10]

Ich komme damit zur dritten und vierten Ansicht von der Zukunft der Sprache: zu den beiden Zukunftsansichten von schlechter Gegenwart der Sprache. Die optimistische Vision ist eindeutig die stärkere. Ich möchte zwei davon vorstellen, die Zukunftsvision Dantes und die sprachliche Zukunftsansicht der Aufklärung. Die völlig depressive Ansicht von der Zukunft der Sprache – schlechte Gegenwart, schlechte Zukunft – ist zwar (noch) relativ selten. Sie hat aber vermutlich Zukunft.

7.3.   Neue Paradiessprachen

7.3.1.   Dante findet in seinem Sprachtraktat *De vulgari eloquentia*, «Über die Dichtkunst in der Volkssprache», den aktuellen Zustand seiner Sprache, des italienischen *Vulgare*, einfach scheußlich.[11] Er braucht aber eine Sprache für die Dichtung, das heißt, er sucht für die Zukunft eine schöne Sprache, die er sich zunächst idealtypisch konstruiert, das *Vulgare illustre*, um sie dann selbst in seinen Gedichten zu schaffen. Die Gegenwart ist scheußlich, weil es nur hässliche kleine Mundarten der Volkssprache gibt. Diese grässliche Gegenwart hängt natürlich mit der Vergangenheit der Sprache zusammen. Gott gab dem Menschen nicht nur Sprache überhaupt, sondern eine bestimmte Sprache, das Hebräische, dieses ist in Adams Seele mitgeschaffen, «concreata cum anima prima». Dieses Geschenk Gottes geht aber in Babel durch die Strafe Gottes verloren (außer für Heber und seine Nachkommen bis zu Christus, von dem Dante annahm, dass er hebräisch gesprochen hat). Die Menschen müssen daher nach dem Verlust der gottgegebenen Sprache die Sprachen wiedererfinden, und sie tun das nach ihrer Willkür, ihrem «beneplacitum». Da der Mensch ein «variabilissimum animal» ist, ein höchst wandelbares Lebewesen, ist auch seine Spracherfindung von unendlicher Vielfalt. Jeder Mensch ist geistig etwas ganz Besonderes, ein Individuum. Darüber hinaus differieren die Menschen in der Weite des Raums und verändern sich in der Zeit. Nichts ist fest an der Sprache, weder diatopisch noch diachronisch: Dante spricht von einer «millena variatio», einer tausendfachen Variation.

Genauer stellt er sich das so vor, dass sich nach Babel die Sprache in drei Himmelsrichtungen aufspaltet. Die Sprache im Westen ist ihrerseits dreifach, «tripharium»: Griechisch, Germanisch und ein «tertium idioma» (dem er keinen Namen gibt, das wir aber Lateinisch nennen). Dieses ist wieder «tripharium» und gliedert sich aus in *lingua oil* (Nordfrankreich), *lingua oc* (Südfrankreich und Südwesten) und *lingua si* (Italien). Letztere nun teilt sich in sieben links- und sieben rechts-apenninische Dialekte, die sich ihrerseits weiter spalten, eben zu einer «millena variatio».

Diese Variation ist nun aber für Dante nichts Positives, sondern der Horror schlechthin. Nicht nur sind die «variationes» – er zeigt das ganz genau an den italienischen Dialekten – alle hässlich und schlecht klingend. Da sie außerdem ja nur einen kleinen geographischen Raum abdecken und in ihrem ständigen Wandel nur kurze Zeit bestehen, gefährden sie auch noch seinen Dichterberuf. Der Dichter strebt nämlich nach Ruhm, nach *gloria*, das heißt nach größtmöglicher räumlicher und zeitlicher Reichweite. Dantes Sprache der Zukunft muss in räumlicher und in zeitlicher Hinsicht eine Sprache der Distanz sein: Sie muss geographisch weit reichen, und sie muss zeitlich haltbar sein. Dafür muss sie in ihrem Wandel angehalten werden. Diese unwandelbare Sprache der Zukunft konstruiert sich Dante in seiner idealen Sprache, die er *Vulgare illustre, cardinale, aulicum, curiale* nennt.

Was nun diese Sprache der Zukunft angeht, so ist Dante ganz optimistisch: Es gibt sie ja schon ansatzweise in seiner eigenen Dichtung, und sie wird sich auch tatsächlich einstellen. Allerdings wundert man sich, woher Dante die Zuversicht für eine solche Sprache der Zukunft nehmen kann, wo er doch gerade den Horror der Vergangenheit und der Gegenwart so drastisch ausgemalt hat. Den Optimismus nimmt er einerseits aus seiner Auffassung vom Wesen der Sprache und andererseits von zwei Vorbildern. Was das Erste angeht, so ist Dante einer der ganz wenigen Denker der Sprache, für die Sprache grundsätzlich und von Anfang an etwas Positives ist: Sprache ist, wie er schreibt, ein «egregius actus humani generis», eine hervorragende Handlung des Menschengeschlechts. Dies ist sie wegen ihrer Grundfunktion. Nach Dante ist die Grundfunktion der Sprache nämlich, Gott zu preisen: «ut gloriaretur». Alle Sprache – vor allem die des Dichters – dient dem Lobpreis Gottes. Diese hohe religiöse Funktion der Dichtung grundiert seine prinzipiell optimistische Sprachauffassung.

Zweitens gibt es für diese Sprache der Zukunft zwei Modelle in der Vergangenheit: die unwandelbare und einheitliche Sprache des Paradieses einerseits und die *gramatica* andererseits. *Gramatica* ist die in der griechischen und lateinischen Welt dem historischen Wandel und der geographischen Diversität entzogene Sprache der Gelehrten, die die Sprache festgelegt und reguliert haben in «inalterabilis identitas», in unveränderlicher Selbigkeit. Was einmal gelungen ist, kann natürlich wieder gelingen, eben im *Vulgare illustre, cardinale, aulicum, curiale*. Nun allerdings nicht für die Gelehrsamkeit, sondern für die Dichtung: eine neue poetische Paradiessprache.

7.3.2. Als zweiten Fall für diesen Typ von optimistischer Zukunftsansicht einer trüben Gegenwart möchte ich die im dritten Kapitel skizzierte Sprachkritik der europäischen Aufklärung anführen. Auch hier ist es – ähnlich wie bei Dante – so, dass einer höchst problematischen sprachlichen Gegenwart eine neue Sprache der Zukunft, eine neue Paradiessprache, entgegengestellt wird. Das beginnt beim Vater der Aufklärung, bei Francis Bacon. Bacon (1620) erkennt ganz genau, dass die Sprache des Volkes, des «vulgus», volkstümliches Denken enthält, das nicht wissenschaftlichem Denken entspricht. Bacon sagt, dass das Volk eben die Dinge nach seinem volkstümlichen Verstand, also schlecht, erkennt. Diese schlechte Semantik in der Volkssprache nennt er die «idola fori», «Götzen des Marktplatzes». Es sind die schlimmsten «idola», die schlimmsten Götzen der Vergangenheit, die der Ankunft des einen neuen Gottes, der Wissenschaft, entgegenstehen. Diese in der natürlichen Sprache sedimentierten Vorurteile müssen durch eine Sprachreform vertrieben werden. Dass die Sprache dem wahren Wissen im Wege steht, ist eine alte Klage Platons. Hier haben wir sie aber schon in ihrer modernen Form: als «Verhexung» des Denkens, wie das Wittgenstein genau in dieser Baconschen Tradition nennen wird. Und sie ist ein noch tieferes Hindernis als bei Dante: Sie ist nämlich nicht nur ein hässlicher Klang, sondern sie ist falsches *Denken* in den Köpfen der Menschen. «Verba obstrepunt», die Wörter schreien gegen die Wahrheit und verstellen sie. Der unmittelbare Nachfolger Bacons, Locke, betrachtet diese volkstümliche Semantik als eine Krankheit. Aber, wie gesagt, auch hier haben die Herren Doktoren wieder eine optimistische Antwort parat. Die Krankheit der Sprache kann geheilt werden, es gibt *remedies*. Die Zukunft der Sprache ist ihre Reform, die Sprache der Zukunft ist die reformierte Sprache der Wissenschaft.

Die konkreten Reformvorschläge sind ganz verschieden, von sanften Reparaturen der natürlichen Sprachen bis hin zur Konstruktion formaler Wissenschaftssprachen. So glaubt Condillac etwa, dass sich die Semantik der Wörter für die natürlichen Gegenstände ohnehin mit der Forschung selbst verbessert: Was Gold z. B. ist, wird immer klarer, je besser die Wissenschaft das Gold erforscht. Bei den Termini für gesellschaftliche Zustände (Lockes *mixed modes*) ist das etwas schwieriger, aber auch machbar: Hier müssen sich die vernünftigen Menschen nur absprechen, was sie mit bestimmten Wörtern meinen, das heißt, man einigt sich sozusagen über die essentiellen semantischen Marker von Begriffen, dann ist auch ein vernünftiges Sprechen im gesellschaftlich-politischen Bereich möglich.

Es ist evident, dass nicht nur die explizite Festlegung der Semantik der Wörter in den Wissenschaften hier ihren Ursprung hat, sondern dass auch sämtliche politischen Zugriffe auf die Sprache sich dieser Ansicht von der Zukunft der Sprache verdanken: Die französischen Revolutionäre führten nicht nur tatsächlich viele neue wissenschaftliche Begriffe für Gegenstände der Natur und der Kultur ein, sie träumten auch von einer Sprache der Republik, aus der alle *préjugés*, alle unwissenschaftlichen Vorurteile, ausgemerzt sind. Orwell hat diesen Typ einer politisch korrekten Sprache im *newspeak* seines Zukunftsstaates beschrieben.

7.3.3. Wie Dantes neue *gramatica* so sind auch diese Sprachen der Zukunft dem freien Sprachwandel, dem volkstümlichen Gebrauch auf dem Marktplatz, entzogen und einer «inalterabilis identitas» unterworfen. Das heißt aber nichts anderes, als dass die reformierte Sprache der Zukunft *keine Sprache* mehr ist. Die Zukunft der Sprache ist in dieser optimistischen Vision das *Ende* der Sprache. Denn diese Zukunft der Sprache eliminiert zwei ganz entscheidende Wesenszüge der Sprache: ihre Subjektivität und ihre Historizität. Dante hatte ganz richtig erkannt, dass der Mensch ein «variabilissimum animal» ist, ein höchst veränderliches Wesen, und zwar sofern er ein Individuum ist und damit ein nur ihm eigenes «placitum» hat, eine unveräußerliche Eigenheit, die es überhaupt erst nötig macht, dass der Mensch spricht. Der Mensch muss sprechen, um diese individuellen Gedanken nach außen zu bringen und dem anderen mitzuteilen. Deswegen verändert dann dieses höchst veränderliche Wesen seine Sprache ständig in Zeit und Raum. Diversität und Wandel – Historizität – sind gerade das Wesen der Sprache.

Das Anhalten von Diversität und Wandel ist daher eindeutig ein Akt *gegen* die Sprache. Wenn ich ihre Subjektivität und ihre Historizität eliminiere und anhalte, habe ich keine Sprache mehr. Ich habe zwar noch *Zeichen*, aber keine Sprache. Humboldt hat dies deutlich beschrieben, wo er von der Reduktion der Sprache auf Zeichen spricht (IV: 28 ff.). Natürlich, so sagt er, kann man die Sprache auf Zeichenhaftigkeit reduzieren – irgendein Signifikant bezeichnet dann ganz genau einen ganz bestimmten Gegenstand oder einen präzise abgegrenzten Begriff. Aber die Sprache ist dann eben nicht mehr Sprache. Sie wird völlig durchsichtig auf den Begriff und zerstört sich damit auch in ihrer phonetisch-semantischen Doppelnatur. Diese herrliche Zukunft der Sprache ist also ihr Ende.

7.3.4. Im Gegensatz zum ersten Szenario – das koloniale Spanisch, das siegreiche Englisch –, wo die *positiv* bewertete Sprache durchaus *als Sprache* in eine große Zukunft aufsteigt, ist die große Zukunft, die der kritisierten *schlechten* Sprache entgegengesetzt wird, die Zukunft als ideale oder konstruierte Sprache, im Grunde ein Ausstieg aus der Sprache. Die Ansichten vom Typ 3 setzen dem schlechten Existierenden, das sie völlig richtig analysieren (Sprache ist unendlich diversifiziert und wandelbar, Sprache hat eine undeutliche, unwissenschaftliche Semantik), etwas entgegen, was nicht mehr Sprache ist: Zeichen.

In diesem Zug unterscheiden sich diese herrlichen Zukunftsansichten der schlechten Gegenwartssprache auch von denen, die ich als Typ 2 behandelt habe: Jene dunklen Ansichten von der Zukunft, die von einer großen Gegenwart der Sprache ausgehen, gezeigt am Französischen, wollen die Sprache gerade *als Sprache* retten und bewahren. Sie wehren sich immer auch gegen technizistische Reduzierungen des Sprachlichen aufs Zeichenhafte und treten für eine Restituierung der Gesamtfunktionen der Sprache ein.

Es ist damit vielleicht auch schon klar geworden, dass hier beim dritten Typ der Zukunftsansichten der Sprache von «Sprache» in einem anderen Sinne als in den beiden ersten Fällen die Rede war: Waren bei den ersten Szenarien bestimmte Einzelsprachen – Spanisch, Englisch, Französisch, Italienisch – die bewunderte oder kritisierte Gegenwart, so geht es bei diesem dritten Typ nicht um Einzelsprachen, sondern um die Sprache überhaupt, es geht um *langage*, nicht um *langue*. Dante kritisiert nämlich nicht so sehr eine bestimmte Einzelsprache – das tut er auch – als vielmehr die Subjektivität und Historizität von Sprache überhaupt. Diese möchte er eliminieren in einer transsubjektiven und transhistorischen – ewigen – Sprache der Poesie. Auch die Sprachkritik seit Bacon agitiert nicht so sehr gegen bestimmte Einzelsprachen, das Deutsche, das Englisch oder das Französische, sondern gegen die natürliche

Sprache überhaupt, gegen deren Subjektivität und Ungenauigkeit – also gegen das Wesen von *langage*, das diese Kritik in etwas Anderes verwandeln möchte.

7.4. Das Ende

Nun hat sich der optimistische Blick auf die schlechte Sprache gerade als besonders sprachfeindlich herausgestellt. Schauen wir uns also noch die letzte Ansicht an: jene Ansicht, bei der eine schlechte Gegenwart einen pessimistischen Blick auf die Zukunft hervorruft. Diese völlig depressive Ansicht der Sprache, bei der die Gegenwart und die Zukunft scheußlich sind, scheint eher selten zu sein. Anscheinend sinnen die Betrachter des Scheußlichen doch eher auf Abhilfe und streben nach einer besseren Zukunft. Man will ja nicht weiterleiden, sondern sucht – und findet – Heilmittel wie bei einer Krankheit, Lockes «remedies».

7.4.1. Vielleicht kann man den Heiligen Augustinus als Vertreter einer solchen total depressiven Ansicht der Zukunft der Sprache anführen? Sprache ist bei ihm, wie alles Leibliche, ein Zeichen unserer Sündhaftigkeit. Sie ist bei Augustinus des Weiteren auch noch Teil seiner eigenen sündigen heidnischen Vergangenheit, er war ja Lehrer der Rhetorik. Der konvertierte Redner Augustinus wendet sich vehement gegen seine eigene Vergangenheit, und damit auch gegen das laute Gerede, dessen Meister er war. Zwar kommt auch der Christ um die Sprache nicht herum, Gottes Wort wird zunächst über die äußere Sprache vermittelt. Aber letztlich, so Augustinus, brauchen wir sie nicht: Was wir suchen, ist schon in uns, in unserem Herzen – «cor» – sitzt der Glaube und der sprechende Meister: Jesus Christus. Die Sprache der Zukunft ist also die rein innere Sprache, die «lingua cordis» (fast wie bei Chomsky). Oder, anders gesagt: die Zukunft der wirklichen, körperlichen und daher schlechten Sprache ist ihre Auflösung: Sprachlosigkeit ist die Zukunft der Sprache. Als Platoniker ist Augustinus sich hierin natürlich mit Platon einig, der – am Ende des *Kratylos* – ebenfalls die Sprachlosigkeit als schöne Alternative imaginiert: Die Sprache

stört bei der Erkenntnis der Wahrheit, gleich, ob sie die Dinge natürlich abbildet oder konventionell nicht abbildet. Da sie in jedem Fall
das wahre Wesen der Dinge verstellt, wäre es doch am besten, sie würde ganz verschwinden. Dieser noch als Frage formulierten Ansicht des
Sokrates stimmt Kratylos begeistert zu.

Ich hatte depressive Ansichten von der Zukunft der Sprache an-
gekündigt, und in der Tat wird hier als Zukunft der schlechten Sprache
die Sprachlosigkeit ins Auge gefasst. Wir sehen aber, dass dies für die
Proponenten dieser Ansicht gar keine Horrorvision ist, weder beim
Kirchenvater noch beim griechischen Philosophen, sondern im Gegenteil gerade die Lösung des Problems. Also gehören diese beiden
Denker eher zum dritten Typ, zu den Überwindern der scheußlichen
Sprachlichkeit. Sie sind in Wirklichkeit ja auch deren Modell: Sprachkritik und Sprachhass ist gut platonisch und fromm. Die beiden Väter
des Abendlandes sind sozusagen besonders radikale Vertreter dieser –
optimistischen – Zukunftsansicht: Während aber Locke und die ganze
analytische Sprachphilosophie der Sprache ein unveränderliches bzw.
ein präziseres Zeichensystem entgegensetzen, das immerhin noch ein
Zeichen-System ist, löst sich hier die Sprache in die Sprachlosigkeit auf.
Es gibt auch keine Zeichen mehr.

7.4.2. Also bleibt als Vertreter der pessimistischen Ansicht von
der Sprache nur noch einer übrig: ich selbst – mit ein paar anderen depressiven Freunden. Ich will es daher kurz machen. Meine Traurigkeit
bezieht sich auf beide Aspekte des Sprachlichen: einerseits auf die Zukunft einer *langue*, einer Einzelsprache, des Deutschen, und andererseits auf die Sprache überhaupt, *langage*.

Was das Erste angeht, so habe ich in diesem Buch ja schon öfter
den drohenden Niedergang des Deutschen beschworen und sehe – im
Gegensatz zu meinen französischen Freunden bezüglich des Französischen oder zu den optimistischen Germanisten – auch keinerlei Anlass
zu großen Hoffnungen: Das vormals großartige Deutsche wird durch
die historisch motivierte Depressivität seiner Sprecher, durch eine völlig verfehlte Schul-Sprachpolitik und durch die Globalisierungseupho-
rie der Eliten der deutschsprachigen Länder weiter hinabsinken auf die

Ebene einer Vernakularsprache. Der Schlussstein, der das Haus der Kultursprache nach Hagège, Beccaria und Encrevé zusammenhält, die Sprache der Wissenschaften und der Bildung, ist in Deutschland ja schon gefallen. Das Haus hat schon kein Dach mehr: Es regnet hinein und ist nicht mehr zu retten – jedenfalls als «große», als «Kultursprache».

Des Weiteren aber bin ich auch pessimistisch, was die Zukunft der Sprache überhaupt – *langage* – angeht, also die Sprachlichkeit des Menschen überhaupt. Diese war schon immer gefährdet, aber sie scheint mir in der gegenwärtigen Kultur zu zerbrechen, gleichsam auseinanderzubrechen. Es droht der Sprache in ihrer Doppelnatur Gefahr von zwei Seiten. Sie ist in ihrer phonetiko-semantischen Doppeltheit ja ein kognitiv-kommunikatives, körperlich-geistiges, emotional-rationales Doppelwesen. Dieses drohte schon immer auseinanderzufallen, aber gegenwärtig driftet es brutal auseinander: und zwar einerseits in die extrem rationale Sprachverwendung in den Techniken und Wissenschaften und andererseits in ein pragmatisch-emotionales Verhalten ohne Rationalität.

In der einen Hinsicht reduziert sich Sprache auf präzise Bezeichnungssysteme, bei denen die subjektive Semantik, die ästhetische Qualität, die Historizität und auch die gesellschaftsbildende Funktion der Sprache getilgt sind. Das haben wir gerade bei unserem Typ 3 gesehen: Das menschliche Wesen, das Sprache nur auf diese zeichenhafte Weise gebraucht, ist eigentlich nur eine bezeichnende Denkmaschine. Dies ist ein anthropologischer Wandel von einiger Dramatik. Giambattista Vico, der sich gut auskannte mit Zukunftsvisionen, hat diese Gefahr der totalen Rationalität als «Barbarei der Reflexion» bezeichnet. Wir alle kennen solche Anthropoiden, Barbaren der Reflexion, die Sprache so verwenden, es werden immer mehr. Auf diese Gefahr der technizistisch-rational-kognitiven Reduktion von Sprache auf Zeichen haben Judet de la Combe und Wismann (2004) in ihrem Buch über die Zukunft der Sprache hingewiesen. Sie plädieren für eine Besinnung auf die volle Funktionalität von Sprache im Erziehungsprozess. Ich sehe aber weder in Frankreich noch in Deutschland irgendein Anzeichen für eine entsprechende erzieherische Reform, das Gegenteil ist der Fall:

Dichtung, Literatur, Spracherlernung um der Spracherlernung willen, also Sprache als «Bildung», wird immer mehr aus den Lehrplänen entfernt.

Auf der anderen Seite gibt es die Gefahr einer völligen Entleerung der Sprache von Weltbezug und Rationalität. Ich beziehe mich an dieser Stelle auf die extrem pessimistischen Ansichten der französischen Literaturwissenschaftlerin Hélène Merlin-Kajman (2003). Sie gibt Folgendes zu bedenken: Unter jungen Leuten, insbesondere unter jungen Männern, sind die bevorzugten Kommunikationsformen nicht die artikulierte Sprache, sondern Berührungen, Balgen, Spucken, Gebärden, Tätowierungen, bei lautlichen Äußerungen kommt es nicht auf Artikulation an, unartikulierte Lautproduktionen genügen zur Kommunikation. In diesen kommunikativen Verhaltensformen der Jungen fungiert Sprache nur noch als *actio*, als kommunikatives Signal, als Mittel zur Herstellung einer Gruppe oder Herde, nicht mehr als darstellendes oder semantisch-kognitives Symbol.[12] Das Sprachliche reduziert sich also nach den Beobachtungen von Merlin-Kajman auf Kundgabe und Appell (Bühler), auf die emotionalen und «politischen» Machtbeziehungen zwischen Ich und Du: Ich drücke meine eigenen Passionen aus und appelliere an dich, um deine Hilfe oder deine Unterwerfung zu erreichen. Die «Darstellung» spielt keine Rolle mehr.[13] Gerade die «Darstellung», also der Bezug auf die Welt, ist aber nicht nur nach Herder, sondern auch nach neueren Forschungen, etwa denen Tomasellos (2002, 2008), das eigentlich Menschliche der Sprache. Auch nicht-menschliche Primaten kommunizieren natürlich, sie stellen aber nicht dar, genau das aber tut menschliche Sprache. Was Merlin-Kajman also in der Zukunft sieht, ist ein Rückfall ins Animalisch-Gregäre. Auch auf dieser Seite scheint der Mensch gerade seinen anthropologischen Typus zu ändern: weg von einer – sprachlich artikulierten – Rationalität, hin zu einer – gestisch-unartikulierten – Emotionalität. Alles auf Anfang: In der Geschichte vom Ursprung der Sprache stand bei dem französischen Philosophen Condillac der *cri des passions*, ein Schrei der (rein körperlichen) Leidenschaften, begleitet von einer Gebärde (*action*), die der von körperlichen Bedürfnissen getriebene Urmensch dem anderen Urmenschen zu hören und zu sehen gab. Schrei der Leidenschaft und Gebärden scheinen wieder die dominante Semiose zu werden. Ein Rückfall zum wilden Anfang der Menschheit beziehungsweise hinter diesen zurück.

Zwischen diesen beiden Polen also zerfällt Sprache: Druon sagte von der französischen Sprache (*langue*): «elle se dégrade, se désagrège, se délite». Ich sage das von der Sprache der Menschen überhaupt (*langage*): «sie verkommt, zerfällt und löst sich auf». Angesichts dieser Ansichten von der Zukunft der Sprache der Menschheit ist die Zukunft des Deutschen das harmlosere Problem. Da kann uns nur noch Giambattista Vico retten, der nach jedem historischen Rückfall in die Bestialität die Möglichkeit eines Wiederaufstiegs zu denken erlaubt, einen *ricorso* des menschlichen Aufstiegs aus der Tierhaftigkeit zu menschlicher Kultur, also auch zu Artikulation und Sprachlichkeit.

7.5. Coda

Um nach diesem dunklen Ende noch einmal kurz zum Anfang dieses Buches zurückzukehren: Die optimistischen Propagandisten des globalen Englisch vertreten natürlich Zukunftsaussichten vom ersten Typ (der nicht zufällig mit Kolonialismus und innerer republikanischer Zwangsvereinheitlichung koinzidiert): Das kommunikative Potential dieser Sprache, dieser *compañera del imperio* bzw. *companion of the Empire*, übertrifft alles bisher Dagewesene. Sie wirft enorme «Rendite» ab, und sie schafft, wie wir im letzten Kapitel sehen werden, auch noch eine gerechte soziale Zukunft und eine echte europäische oder globale Demokratie. Diese wunderbare allgemeine Verbreitung des Globalesischen ist vermutlich nicht mehr aufzuhalten. Man soll uns nur nicht erzählen, dass es um «Mehrsprachigkeit» geht. Es geht um Einsprachigkeit. Man erzähle uns auch nichts von «Gerechtigkeit», in deren Namen man sich für die Verbreitung des Englischen einsetzen müsse, sogar als politische Pflicht. Es ist wie im republikanischen Frankreich: Eine Elite schafft sich und ihren wirtschaftlichen Zwecken einen politischen Raum und erzieht sich dann noch ihren *demos* dazu. Die Akteure der Globalisierung erschaffen sich ein zum Wirtschaftsraum passendes

Volk. Die Verluste, die diese herrliche goldene, ja paradiesische Zukunft verursacht, werden klein geredet. Verlierer sind alle anderen Sprachen. Deren kognitiver und kultureller Wert wird propagandistisch als gering betrachtet, ja sogar lächerlich gemacht. Deren anthropologische Tiefe wird geleugnet. Der Jubel über das neue Paradies übertönt die Schreie der Opfer und ihr Verstummen.

Weil ich gegen soviel kapitalistischen, sozialistischen und demokratischen Optimismus, dem alle mächtigen politischen und ökonomischen Kräfte zum unweigerlichen Sieg verhelfen werden, nichts setzen kann außer meiner Trauer um den Verlust von etwas unendlich Teurem und Kostbarem, schließt dies Kapitel mit dem Ende der Sprache (*langue* und *langage*). Ein solches Ende ist aber, was dieses Buch fürchtet, nicht was es wünscht. Ich plädiere ja nicht für das Ende der Sprache, sondern für eine europäische Mehrsprachigkeit, die ein solches Ende gerade verhindern soll: Europäische Mehrsprachigkeit, wie ich sie in diesem Buch vertrete, würde die alten Nationalsprachen als Kultursprachen hegen und pflegen, sie würde das unvermeidliche Englisch einfach ohne großes Getue als zweite, rein praktische Verkehrssprache oder Kopfsprache verwenden, und sie würde viel Energie und Liebe in die Pflege der Brudersprache investieren. Dies ist eigentlich eine fröhliche babelische Version der dritten Zukunftsansicht, die uns in den verschiedenen – poetischen, intellektuellen, emotionalen – sprachlichen Praktiken auch vor dem Auseinanderfallen der Sprachlichkeit des Menschen in Zeichen und Schrei bewahrt.

8. GLOBALESISCHE GERECHTIGKEIT ODER ÜBER DAS VERKLINGEN DER EUROPÄI-SCHEN SPRACHEN IN IHREN AKZENTEN

Der globale Siegeszug des Globalesischen kann – je nach Gesichts-punkt – als Fall 1 oder als Fall 4 der sprachlichen Zukunft betrach-tet werden: Vom Standpunkt des Englischen ist es der triumphale Sieg einer «compañera del imperio». Das Englische hat zunächst das Britische Empire und dann das amerikanische Imperium in die ganze Welt begleitet und ist so die Sprache der Welt geworden. Vom Stand-punkt unterlegener Sprachen, die gerade wegen dieses Siegeszugs des Globalesischen in die Vernakularität, das heißt in die kulturelle Be-deutungslosigkeit absinken oder gar ganz verschwinden, ist das der Fall 4, ein deprimierender Niedergang oder gar das Ende. Den imperi-alen Siegeszug des Englischen feiert der Journalist Robert McCrum (2010) als den weltweiten Triumph seiner Sprache. Er widmet sein Buch *Globish* seiner Mutter: «To my mother who gave me English». Damit streckt er uns Nicht-Muttersprachlern sozusagen die globa-lesische Zunge heraus, um uns zu zeigen, was er im Gegensatz zu unseren Eingeborenen-Müttern für eine tolle Sprach-Mutter hatte. Der Sprachwissenschaftler David Crystal beschreibt den Aufstieg des Englischen zur Globalsprache und die damit ermöglichte weltweite Verbindung der Menschen dagegen ohne größere Siegesmeldung und bedenkt auch die Verluste, die die globale Sprache verursacht, gerade wenn sie zu erfolgreich wird, also wenn sie andere Sprachen zerstört. Vor allem hält er eine völlige sprachliche Vereinheitlichung der Menschheit, den Sieg eines globalen sprachlichen Jakobinismus, die

Monolingualisierung der Welt, für eine geistige Katastrophe, «the greatest intellectual disaster the planet has ever known» (Crystal 1997: 140).

Eine intellektuelle Katastrophe kann dagegen der belgische Sozialphilosoph Philipp van Parijs, der sich der Frage der Ausbreitung des Englischen in einem fulminanten, natürlich auf Globalesisch geschriebenen Buch – *Linguistic Justice* – gewidmet hat, in einer solchen Entwicklung gerade nicht sehen. Eine sprachliche Vereinheitlichung der Welt wäre für ihn die ultimative sprachliche Gerechtigkeit (*linguistic justice*) und die Basis für globale soziale Gerechtigkeit. Während Gerhards die europäische Ausbreitung des globalen Englischen als Gewinnung von «Mehrsprachigkeit» anpreist (sich aber um die anderen Sprachen gar nicht kümmert), befördert bei van Parijs die Verbreitung des Globalesischen als gemeinsamer Sprache Europas und der Menschheit nun sogar «Gerechtigkeit», also ein noch höheres Gut. Die gesamte moderne Sozialethik dreht sich seit John Rawls (1971) um diesen Begriff. Und diesen ruft van Parijs emphatisch auf zur Propagierung der Verbreitung des Englischen. So wie niemand etwas gegen Mehrsprachigkeit haben kann, so kann man noch weniger etwas gegen Gerechtigkeit haben. Wie man aber fragen kann, wie mehrsprachig die beschworene Mehrsprachigkeit denn ist, so kann man nun auch fragen, wie gerecht die anvisierte Gerechtigkeit ist, die durch die Verbreitung des Globalesischen erreicht werden soll. Und wie ich in diesem Buch den Gedanken einer wirklichen europäischen Mehrsprachigkeit gegen den «Mehrsprachigkeits»-Kapitalismus verteidigt habe, der allein auf die kommunikative Rendite der Globalsprache schaut, so möchte ich mit der Suche nach Gerechtigkeit nun auch für eine andere Sprachen-Gerechtigkeit eintreten. Auch hier ist das Hauptargument ein anderes Verständnis dessen, was Sprache ist.

8.1. Ungerechtigkeiten: Trittbrettfahren und Chancenungleichheit

Das Buch von van Parijs setzt dort ein, wo Gerhards aufhört, nämlich bei den *Problemen*, die die Ausbreitung des globalen Englisch erzeugt, bei den Ungerechtigkeiten, die dieser Prozess mit sich bringt und die von mir mehrfach explizit und implizit beklagt worden sind. Deswegen ist diese Untersuchung natürlich ein enorm wichtiger Beitrag zur neuen europäischen *questione della lingua*. Nur: die überraschende Lösung aller Probleme ist bei van Parijs gleichsam die Überbietung der Krankheit, nämlich die radikale und rasche Verallgemeinerung dieser Sprache: Englisch für alle, more of the same, die totale Globalisierung des Englischen als *lingua franca* Europas und der Welt. Der Ausdruck «lingua franca» hat sich eingebürgert zur Bezeichnung eines Kommunikationsmittels für Verschiedensprachige. Dieser moderne Gebrauch des Terminus dehnt zwar den ursprünglichen Begriff, der eigentlich nur ein extrem reduziertes Mittel für sehr beschränkte Kommunikations-Situationen bezeichnete, über Gebühr aus.[1] Er erweitert sich so, dass er durchaus eine elaborierte gemeinsame Sprache Anderssprachiger und nicht nur einen Code zur Bewältigung unmittelbarer elementarer kommunikativer Notwendigkeiten bezeichnet. Der Ausdruck «lingua franca» ist aber insofern gerechtfertigt, als er – wie auch der Begriff «Sprache» – auch bei van Parijs (wie schon bei Gerhards) nur ein praktisches Kommunikationsmittel bezeichnet.

Wie Gerhards geht auch van Parijs von dem Befund aus, dass das Englische sich in Europa rapide ausbreitet, und noch eindringlicher als dieser propagiert er diese «Universalisierung» des Englischen. Der Verlag wirbt für die deutsche Übersetzung seines Buches mit dem Slogan «Warum wir Englisch zu unserer gemeinsamen Sprache machen sollten». Natürlich ist van Parijs zuzustimmen, dass das Globalesische ein großartiges Kommunikationsinstrument ist, das wir in der globalisierten Welt brauchen und das auch niemand mehr missen möchte. Das Problem dieses Prozesses sind aber die Kosten und Ungerechtigkeiten, die er erzeugt.

Nach van Parijs erzeugt die Ausbreitung des Englischen im Wesentlichen drei Arten von Ungerechtigkeiten. Die erste besteht darin, dass die Nicht-Anglophonen die Mühe des Englischlernens auf sich nehmen und erhebliche Zeit, Mühe und Geld investieren, die Anglophonen aber die dadurch ermöglichte kommunikative Erweiterung ihrer Aktivitäten (mit allem, was das an Gewinnen bedeutet) als Trittbrettfahrer ohne Geld und Mühe genießen.

Die zweite Ungerechtigkeit besteht in den krassen Vorzügen, die Anglophone im ökonomischen Bereich haben, in einer gravierenden Ungleichheit der Chancen: Sie bekommen bessere Jobs, sie machen enorme Gewinne als Sprachlehrer der Welt, sie dominieren in internationalen Kommunikationssituationen und beherrschen die Medien. Genau diese Vorteile erwerben ja die neuen anglophonen Eliten in unserer Mitte, wenn sie ihre Kinder ein englischsprachiges Curriculum durchlaufen lassen.

Die dritte Ungerechtigkeit besteht darin, dass durch die immer wichtiger werdende Position des Englischen die anderen Sprachen in eine Unterlegenheitsposition gelangen und zum Beispiel, was ich hier immer beklage, in die Rolle von Vernakularsprachen hinabsteigen.

Van Parijs macht höchst bedenkenswerte Vorschläge zur Aufhebung der genannten Ungerechtigkeiten. Was das erste Problem angeht, so könnten zum Beispiel die anglophonen Länder den nicht-anglophonen einen finanziellen Beitrag leisten für die Aufwendungen zur Erlernung des Englischen. Nach den Berechnungen von van Parijs schuldet das Vereinigte Königreich den nicht-anglophonen Ländern jährlich 30 Milliarden Euro. Am schönsten finde ich den Vorschlag, dass Großbritannien den nicht-anglophonen Ländern der EU hierfür schon einmal einen jährlichen Beitrag von 5 Milliarden Euro zahlen soll (van Parijs 2011: 77). Ein guter und witziger Vorschlag! Nur sind mir entsprechende Zusagen aus Großbritannien und der sonstigen englischsprachigen Welt bisher nicht bekannt.

Was, zweitens, die sprachbedingten Ungerechtigkeiten in den genannten wirtschaftlichen Bereichen angeht, so sollen diese aufgehoben und Chancengleichheit hergestellt werden durch ein radikales englisches Sprachbad für alle Nicht-Anglophonen: Es muss eine gleichsam muttersprachliche Englischkompetenz hergestellt und damit der ungerechte Unterschied zu den Anglophonen aufgehoben werden durch Immersionsunterricht in den Schulen und durch ubiquitären englischsprachigen Medienkonsum. Zur Ermöglichung des Letzteren sind Synchronisierungen von Film und Fernsehen zu unterbinden.

Obwohl dies ganz außergewöhnlich radikal klingt, sind dies eigentlich keine neuen Vorschläge, sondern bewährte Mittel zur Verbreitung einer gemeinsamen Sprache, wie sie die Nationalstaaten eingesetzt haben. Immersionsunterricht war und ist immer noch die bewährte Methode der nationalsprachlichen Vereinheitlichung: In der nationalen Schule wird (im Prinzip) keine Regionalsprache und kein Dialekt gesprochen und geschrieben. Die Schule ist der Ort der Einführung in die nationale Hochsprache, deren egalitäre Verbreitung auch dem Ziel der ökonomischen und demokratischen Partizipation und damit der sozialen Gerechtigkeit dient. Dieselbe Methode wird nun auch für die Globalsprache empfohlen.

Die schulische Immersion wird verstärkt durch den Einsatz globalsprachlicher Medien, die van Parijs zu Recht «die zweite Mutter» nennt. Wie wir gesehen haben, schlug schon der Abbé Grégoire in der Französischen Revolution solche medialen Bäder – Almanache, Feste, Lieder, Theater auf Französisch – zur Uniformierung Frankreichs vor. Und in allen modernen Nationalstaaten waren die Medien – Theater, Oper, Radio, Presse, Fernsehen – höchst wirkungsvolle Agenten der Verbreitung der Nationalsprache. Die massive Präsenz audiovisueller Medien in unserer modernen Gesellschaft lässt nun eine noch größere Wirkung erwarten als in der medial altmodischen Welt der Nationalstaaten.

Durch die schulischen und medialen Agenten der Verbreitung der Nationalsprache wurden die unerwünschten Regionalsprachen und Dialekte ins Haus, ins Private gedrängt, dort wurden sie dann auch oft aufgegeben. Die deutsche Bourgeoisie (des Nordens) zum Beispiel hat die Dialekte hinter sich gelassen und das Hochdeutsche nicht nur für die «hohen» und «offiziellen» Gebrauchsfelder angenommen (wie im Süden des deutschsprachigen Raums), sondern auch zu ihrer Vernakularsprache gemacht. In Frankreich ist das am radikalsten gelungen: Die Dialekte des Französischen sind so gut wie ausgelöscht, vor allem im Zentrum, und die nicht-französischen Regionalsprachen fristen ein kärgliches folkloristisches Leben (im Wesentlichen bei öko-regionalistischen Intellektuellen).

Dasselbe empfiehlt nun also – im Namen der Gerechtigkeit – van Parijs für Europa und die Welt: Lernt alle Englisch, sprecht alle Englisch, dann sind die Chancenungleichheiten beseitigt, die durch die Bevorzugung von Anglophonen bestanden. Wenn alle (quasi-) muttersprachlich globalesisch sprechen, schwindet der ungerechte Vorteil durch muttersprachliche Anglophonie. Dies löst gleichzeitig auch das erste Problem (Kosten der Spracherlernung und Trittbrettfahren): Da sich bei den globalsprachlich Beschulten und Beschallten das Globalesische allmählich auch als Muttersprache einstellen wird, entfallen letztendlich auch die Aufwendungen fürs Globalesischlernen.

8.2. Gegen den Turm zu Babel

Nun propagiert van Parijs nicht direkt eine Aufgabe der alten Sprachen zugunsten des Englischen, wie dies die nationalsprachliche Sprachpolitik getan hat. Auch er denkt wie Gerhards zunächst an einen Zustand allgemeiner Zweisprachigkeit der europäischen Bevölkerung. Da seine Propaganda für das Englische die alten Sprachen noch zulässt, scheint er kein Jakobiner zu sein, die ja von vornherein auf die Vernichtung der anderen Sprachen aus waren: «anéantir les patois». Es ist aber klar, dass auch die post-jakobinische Gerechtigkeitspropaganda letztlich zur Eliminierung der anderen Sprachen Europas und der Welt führt. In den visionären Passagen seines Buches wird genau dies mehrfach als ultimative «gerechte» Sprachsituation geträumt. Ich zitiere [und kommentiere] diese poetischen Stellen in diesem ansonsten unpoetischen Buch. An der besonderen rhetorischen Kraft dieser Passagen wie an der Freude am quasi-blasphemischen Widerspruch gegen die Bibel erkennt man, dass hier sein Eros liegt:

If a powerful language [es geht nur um die eine mächtige Sprache, das globale Englisch] were to drive all others into gradual extinction, not only would we all enjoy [enjoy!] the convenience of being able to use our mother tongue in all the conference rooms and hotel lobbies of the world [das sind die Orte, an denen sich die heutige globalisierte Elite tummelt], but incomparably more would become possible: even in the most remote bazaars, farmyards and playgrounds [das sind offensichtlich die demokratischen Orte des globalisierten Volkes], we would be able to understand directly what the locals are telling each other. [...] Once again, all humans would ‹speak the same language and form a single people›, and hence conceivably ‹no goal will be unachievable for them› (Genesis 11:6) [eine etwas freie Bibel-Übersetzung!]. Is there anything to prevent us from looking forward to this new stage in the progress of mankind, apart from the irrational fear that a jealous Yahweh may strike once more and cruelly thwart our neo-Babelian hubris? (van Parijs 2011: 189)

Das kommunikative Paradies, von dem ja auch die Bibel träumt, wäre wieder erreicht. Und dieses ist nicht nur ein kommunikatives Eden, sondern auch die Bedingung für ein soziales Paradies, für eine gerechte Welt:

We need a lingua franca, and only one, if we are to be able to work out and implement efficient and fair solutions for our common problems on a European and on a global scale. (van Parijs 2011: 209)

Von den Sprachen der Welt bleiben in diesem einsprachigen Paradies nur noch *Akzente* übrig; nur noch Spuren künden von den im Globalesischen untergegangenen alten Sprachen:

A peculiar yet intelligible English accent might one day become just as good a marker of the linguistic dimension of one's collective identity as one's ancestral language, and the curse of Babel will then at long last be undone. (van Parijs 2011: 209)

In den Akzenten, in diesen Resten der alten Sprachen in der neuen, sind die alten Sprachen offensichtlich gut und hinreichend aufgehoben. Diesen selbst wird keine Träne nachgeweint. Aber genau diese Träne ist die Differenz, auf die es ankommt in einer gerechten Sprachenwelt.

8.3. Die dritte Ungerechtigkeit

Bevor es soweit ist, «for the time being», wie er bedauernd feststellt (206), ist sich van Parijs allerdings der Tatsache bewusst, dass die Völker Europas (oder sagen wir besser: manche) an ihren Sprachen festhalten wollen, dass also die Sprachen Europas und der Welt doch noch ein bisschen weiterleben werden. Und das führt ihn zur Diskussion der dritten Ungerechtigkeit. Sprachgemeinschaften finden es nämlich im Allgemeinen ungerecht, wenn ihre Sprachen im Vergleich zu anderen gering geschätzt werden. Wenn sie selbst das tun, haben sie im Wettbewerb der Sprachen schon verloren. Genau dies ist ja der Fall der Dialekte und Regionalsprachen in den Nationalstaaten gewesen: Es ist den «höheren» Sprachgemeinschaften gelungen, den regionalen Sprachgemeinschaften das Gefühl ihrer Inferiorität gegenüber der Standard- und Nationalsprache zu vermitteln.[2] Aber bestimmte Sprachgemeinschaften wie zum Beispiel die katalanische oder auch die der süddeutschen Dialekte lassen sich nicht unterkriegen und behaupten sich tapfer (offensichtlich dann, wenn sie in der Vergangenheit eine bedeutende Schriftkultur gehabt haben oder wenn sie eine starke lokale politische Kultur haben). Hier schlägt sozusagen der Gerechtigkeitssinn der Völker Alarm. Und hier spricht auch der flämische Belgier van Parijs, dessen Sprachgemeinschaft sich in neuerer Zeit zunehmend gegen die Arroganz der frankophonen Belgier behauptet hat, die meinten, eine «höhere» Sprache zu sprechen. In diesem Streit ergreift van Parijs Partei für das Recht der Völker, sich sprachlich zu behaupten und ihre sprachliche Identität zu verteidigen. Andere Sprachen als «niedriger» und weniger wertvoll zu betrachten ist ungerecht und unerträglich. Nichts ist an einer Sprache, was sie als «höher» gegenüber einer anderen ausweist. Van Parijs sagt das richtigerweise auch vom Englischen: Nichts ist am Englischen, was besser wäre als irgendeine andere Sprache. Und zu Recht kritisiert er altmodische, vorwiegend französische Zelebritäten (Meillet, Benda), die das Französische für «höher» hielten als die anderen Sprachen Frankreichs und der Welt. Als Gerechtigkeitsmaxime zwischen Sprachen ist daher eine Gleichheit der Wertschätzung, «parity of esteem», zu fordern. Dieser Grundsatz erlaubt es Sprachgemeinschaften, ein territoriales Regime der Herrschaft ihrer Sprache aufzustellen und dieses gegenüber «kolonialen» Übergriffen zu verteidigen, sowohl nach unten als auch nach oben. Das heißt, die territorial herrschende Sprache kann sich sowohl gegenüber integrationsunwilligen, also gleichsam stillschweigend kolonialistischen Einwanderern, als auch gegenüber arrogant und explizit kolonialistisch auftretenden globalsprachlichen Eliten behaupten. Ein festes territoriales Sprachregime ist ein guter Schutz gegen die Auflösung und Schwächung von Sprachen von oben wie von unten.

Aber – und das ist van Parijs letztlich wichtiger als die Bewahrung der territorialen Sprache – eine sicher auf ihrem Territorium (als «Königin») herrschende Sprache ist eben gerade auch eine gute Basis für eine großzügige und intensive Erlernung der globalen *lingua franca*. Auf der soliden Basis einer Nationalsprache kann tatsächlich echte Zweisprachigkeit angestrebt werden. Van Parijs toleriert also in der jetzigen politischen Situation – *for the time being* – die Existenz europäischer Nationalsprachen, deren Sprecher aber gleichzeitig gut Globalesisch können sollen, um den genannten Ungerechtigkeiten 1 und 2 zu begegnen.

Weil er ein kräftiges nationalsprachliches System überzeugend verteidigt, vertritt van Parijs die allgemeine europäische Mehrsprachigkeit bzw. Zweisprachigkeit (denn auch ihn interessieren Kenntnisse anderer Sprachen nicht im Geringsten) zunächst auch sehr glaubwürdig. Die Basis des Rechts der Sprachen auf Weiterexistenz ist ihre identitätsbegründende Funktion für eine Gesellschaft. Allerdings lugt hinter dieser zweisprachigen Situation immer schon die globalophone Zukunft hervor, von der van Parijs träumt. Van Parijs hat nämlich auch deswegen Sympathien für territoriale Sprachen, weil sie im engeren geographischen Rahmen im Grunde schon das Prinzip repräsentieren, das er global durchsetzen möchte: Die territorial herrschenden Sprachen reduzieren nämlich ihrerseits schon die Mehrsprachigkeit eines Territoriums im Namen von Demokratie und Fortschritt. Sie ermöglichen politische und ökonomische Partizipation, so wie die französische revolutionäre Sprachpolitik das beispielhaft vertreten hat. Van Parijs gesteht daher – gleichsam zähneknirschend und wie zur Belohnung – den Nationalsprachen zu, sich auch gegenüber dem Englischen zu behaupten.

8.4. Auf ins Paradies

Aber auch bei einer großzügigen und offenen Haltung gegenüber dem Englischen auf der Basis einer sicheren und starken Behauptung der Eigensprachlichkeit – also einer wirklichen Zweisprachigkeit der Bevölkerung – bleiben natürlich die Ungerechtigkeit 1 (Trittbrettfahren) und die Ungerechtigkeit 2 (Chancenungleichheit) noch bestehen: Die Sprecher anderer Sprachen müssen ja das Englische lernen, und sie stehen in der Konkurrenz mit den englischen Muttersprachlern, auch wenn sie glänzend beide Sprachen können. Daher visiert van Parijs, wie wir schon gesehen haben, als letzte und wirklich gerechte Lösung der Sprachfrage die sprachliche Vereinheitlichung der Menschheit an. Konsequenter globaler Demokratismus und Egalitarismus – die Ermöglichung von politischer Partizipation und ökonomischer Chancengleichheit – verlangen nach dem sprachlichen Paradies, nach einer einzigen Sprache. Die Vielfalt der Sprachen ist einfach das Grundübel, das diesem irdischen Paradies entgegensteht. Die Strafe von Babel sei endlich zu überwinden und die «einerlei» Sprache und Zunge, also die Sprache des Paradieses wiederzuerlangen, die so herrliche Taten wie den gemeinsamen Turmbau ermöglicht hatte. Das hatten auch die französischen Revolutionäre so gesehen: Demokratie und Gleichheit gebieten sprachliche Uniformität. Gegen den Babelturm des Ancien régime, also gegen die Rückständigkeit, Ungerechtigkeit und Dummheit des vielsprachigen Frankreich, sei das Paradies des Französischen zu errichten. Der Abbé Grégoire klagt daher:

Ainsi, avec trente patois différents, nous sommes encore, pour le langage, à la tour de Babel, tandis que, pour la liberté, nous formons
l'avant-garde des nations (de Certeau 1975: 302).

So sind wir, was die Sprache angeht, mit dreißig verschiedenen Regionalsprachen immer noch beim Turm zu Babel, während wir doch hinsichtlich der Freiheit die Avantgarde der Nationen bilden.

Heute ist es die Aufgabe der neuen «Avantgarde der Nationen», also aufgeklärter Weltphilosophen, gegen die immer noch nicht beseitigte Babel-Verwirrung und die damit verbundene Rückständigkeit und Dummheit des alten Europa zu agitieren und die Sprache der Welt zu verbreiten, die die Bedingung für globale Gerechtigkeit ist.

Der Erhalt der verschiedenen Sprachen, den die «parity of es-teem» erlaubt, ist also letztlich doch kein Anliegen der Sprachgerech-tigkeits-These: Die Sprachen werden hier nur aus vorübergehenden politischen Gründen toleriert. Sie dienen den Völkern als Identitäts-ausweis und damit als Stützen ihres kollektiven Selbst. Diese sollen sie bewahren, wenn sie es wollen. Wenn sie es nicht wollen, ist dies auch kein Schaden. Ein Achselzucken begleitet den Untergang der Sprachen: «there is nothing wrong with linguistic suicide» (van Parijs 2011: 168). Imperialistische oder koloniale Unterdrückungen von Sprachen sind der Gerechtigkeitstheorie zunächst einmal unerträglich. Aber letztlich sind die verschiedenen Sprachen eben doch nur Kommunikationshin-dernisse, genau wie es die Babel-Geschichte erzählt. Nur wenn die Sprachen etwas wären, das erhaltenswert wäre, müsste man sie ernst-haft gegen das vordringende Globalesische verteidigen.

Aber van Parijs kann nichts finden, was Sprachen einen Wert an sich gibt und sie daher verteidigenswert macht. Van Parijs prüft, ob die Argumente der Verteidiger der Sprachen standhalten. Den in dieser Diskussion gern bemühten Parallelismus von Biodiversität und Glos-sodiversität, Sprachverschiedenheit, weist er zurück. Van Parijs sucht auch nach dem kognitiven Wert von Sprachen. Dabei diskutiert er die These der «Weltansichten», die die Sprachen seien. Aber er versteht nicht, was damit gemeint ist. Er sucht nach einem besonderen «Wissen», das die Sprachen transportieren, und kann es nicht finden: Er kann keine historische Weisheit und kein ökologisches Wissen in den Sprachen entdecken. Er sucht also besondere *Aussagen* über die Welt, die man nicht auch in anderen Sprachen ausdrücken könnte. Aber die Sprachen sind ja auch keine Aussagen über die Welt. Sprachen unterscheiden sich, wie Roman Jakobson in einem berühmten Satz gesagt hat, nicht dadurch, was man in ihnen ausdrücken *kann*, sondern was man in ihnen ausdrücken *muss*.[3] Deswegen hat van Parijs Recht, dass man zum Beipiel eine in einer Indianersprache gemachte Aussage auch auf Englisch machen *kann*. Aussagen sind übersetzbar, beziehungsweise *nur* Aussagen sind übersetzbar, nicht Sprachen. Das Besondere, das Wertvolle also, das van Parijs nicht sehen kann, ist aber das, was eine Sprache sagen *muss*, ihre ganz besondere Struktur: Eine Sprache ist ein Ensemble von Strukturen – Wörtern, Morphemen, syntaktischen Regeln, Lauten –, um damit die Welt zu denken, um mit anderen die Welt zu denken und Aussagen zu formen. Und jede Sprache tut dies auf verschiedene Art und Weise. Auf diese Art und Weise kommt es an: Wenn eine Sprache verschwindet, so verschwindet nicht die Möglichkeit, über die Welt alles sagen zu können, das kann jede Sprache. Es verschwindet aber die Möglichkeit, es *auf diese je besondere Weise* zu denken und zu sagen. Und darin liegt ihr Reichtum. Ihn nutzt und feiert eine Philosophie, die Sprachen nicht auf bloße Kommunikationsmittel reduziert, sondern als Basis des Denkens versteht.[4] Und deswegen wollen Menschen – nicht nur Linguisten – Sprachen, diese Weisen des Denkens und Kommunizierens, bewahren. Und deswegen ist es – wie David Crystal sagt – eine intellektuelle Katastrophe, wenn alles nur noch auf eine und dieselbe Art und Weise gesagt werden kann.

Es ist also nicht nur ein Gefühl der Zusammengehörigkeit, das heißt eine pragmatische Eigenschaft der Sprache, und die darauf basierende kollektive Identität einer Sprachgemeinschaft, also etwas Subjektives, das den Wert einer Sprache begründet, sondern es ist eine *objektive* Eigenschaft der Sprachen, nämlich – emphatisch gesagt – die Entfaltung des menschlichen Geistes in seiner weltgestaltenden Funktion. Und in dieser Hinsicht ist Glossodiversität ebenso wichtig wie Biodiversität. Wie für den Genpool der Natur die verschiedenen Genome, so sind für die Möglichkeiten des menschlichen Geistes, für den Denkpool, die Sprachen von fundamentaler Bedeutung für seine Gesundheit und Kraft.

Sprachengerechtigkeit als «parity of esteem» müsste sich also gerade auf diese verschiedenen Weisen des Denkens und Sagens beziehen, nicht nur auf das kollektive Gefühl hiervon, auf das Identitäre. Wenn ein kostbares Gefäß menschlichen Denkens zerbrochen wird, das ebenso wertvoll ist wie jedes andere, so kann diese Zerstörung doch nur als ein Akt extremer Ungerechtigkeit betrachtet werden.

Darüber hinaus ist es ja auch nicht so, dass das in einer bestimmten Sprache Gesagte oder Geschriebene, das in die siegreiche Sprache übersetzt werden *könnte*, auch tatsächlich übersetzt wird. In einem gewissen Sinn war dies der Fall, als die europäischen Völker die griechischen und lateinischen Texte in ihre siegreichen Sprachen übertrugen. Aber dies ist eher eine Ausnahme. Normal ist, dass durch das Verstummen von Sprachen ganze Bibliotheken – oder in oralen Kulturen: bedeutsame orale Traditionen – und das in ihnen aufgehobene Wissen untergehen. Unseren Bibliotheken und dem in ihnen aufgehobenen Wissen wird es nicht anders ergehen, wenn unsere Sprachen untergehen. Riesige Wissenswelten werden unübersetzt und unlesbar in den Orkus des Vergessens gestürzt. Auch über diese schreiende Ungerechtigkeit tröstet die kommunikative Gleichheit nur ungenügend hinweg.

Ich sehe natürlich, dass es die historische Entwicklung, die Modernisierung und die Demokratisierung mit sich bringen, dass Sprachen verschwinden. Natürlich war die sprachliche Vereinheitlichung Frankreichs durch die Schule der Republik und die nationalen Medien auch eine Bedingung für den demokratischen Fortschritt. Sicher befreite sich der bretonische Bauernbub aus einer rückständigen ländlichen Welt, als er seine Sprache aufgab, als er Französisch lernte, als er sich bildete, eine Universität besuchte und schließlich Minister in Paris wurde, als seine französische Frau und er ihre Kinder auf Französisch aufzogen – und als damit das Bretonische verschwand. Dennoch ist der Verlust des Bretonischen ein ungerechter Verlust in diesem Prozess, weil es ebenso wertvoll ist wie das Französische, weil es eine ganz besondere «Weltansicht» ist, die eigentlich nicht verschwinden dürfte, weil, wie Humboldt gesagt hat, «jede Sprache etwas Neues entdeckt» (III: 168), also eine Bereicherung des menschlichen Geistes ist. Der Fortschritt, die größere soziale «Gerechtigkeit», ist durch den Verlust kostbarer menschlicher Entdeckungstechniken erkauft. Der Gleichheit liegt eine höchst ungerechte Niederlage des politisch – nicht geistig – schwächeren kognitiven Systems zugrunde. Das kann man ja nicht einfach wie Jenny aus der Dreigroschenoper mit einem zynischen «Hopla!» kommentieren. Diese Tragödie – es ist in seiner Auswegslosigkeit eine wirkliche Tragödie – verlangt zumindest die oben schon angesprochene Träne. Die *linguistic justice* ist einfach nicht ohne schwere Ungerechtigkeiten zu haben. Daher frage ich: Will ich diese Gerechtigkeit? Der Preis ist mir zu hoch. Deswegen plädiere ich für einen anderen Weg, für eine Mehrsprachigkeit, die nicht nur ein Durchgangsstadium zur Einsprachigkeit ist, sondern die verschiedenen Stimmen der Menschheit wirklich respektiert und in ihnen wohnt.

8.5. Sprachphilosophische Schlussbemerkungen

8.5.1. *Linguistic Justice* ist sicher das derzeit wichtigste Buch über die Zukunft der Sprachen Europas und der Welt. Und es ist das gefährlichste. Weil es in eiskalt utilitaristischer Logik die Notwendigkeit der Verbreitung des Englischen als gemeinsamer Sprache Europas und der Welt behauptet und damit ebenso unerbittlich und herzlos das Ende der Sprachen Europas einläutet. Es wird genauso kommen, wie dieses Buch es vorhersagt. Die ökonomischen Gegebenheiten – und meinetwegen auch das herrliche Voranschreiten einer weltweiten egalitären Gerechtigkeit – erzwingen die sprachliche Vereinheitlichung der Welt. Dabei spricht der Autor nicht im Namen des Kapitals, das ohnehin schon längst global agiert, sondern im Namen der Arbeitenden, im Namen einer demokratischen europäischen oder Weltgesellschaft. Es ist ein sozialistisches, kein kapitalistisches Buch.

Die eiskalte Stärke des Buchs, seine praktische Rationalität, ist allerdings auch seine Schwäche: Es versteht nicht, was Sprache ist. Es nimmt an, Sprache sei eine Technik der Kommunikation, also ein

Übertragungsmittel von Information vom Sprecher zum Hörer, und deswegen, also weil notwendigerweise zwei Kommunizierende beteiligt sind, allenfalls noch eine Markierung sozialer Zugehörigkeiten. Praktische Informationsübertragung und Gemeinschaftlichkeit (Identität) sind die beiden Parameter dieser Sprachauffassung (dabei ist dem Autor allerdings das erste wichtiger als das zweite).

Natürlich ist das so, natürlich ist das Miteinandersprechen eine der beiden Grunddimensionen der Sprache, die pragmatische Dimension, mit allem, was sie impliziert. Sprache ist aber auch – und das ist ihre eigentlich menschliche Seite – eine Technik zur geistigen Bearbeitung der Welt, zum «Denken» der Welt. *Hierfür* hat der *Mensch* die komplizierte Technik der Sprache erfunden. Zum Kommunizieren und zum Bilden von Gemeinschaft brauchen Lebewesen eigentlich keine Sprache. Alle gemeinschaftlich lebenden Tiere kommunizieren und bilden Gesellschaften auch ohne Sprache. Aber das Denken der Welt, die semantische Dimension, ist das Besondere der menschlichen Kommunikation und damit der Sprache: Aus dem Zeigen auf die Welt (Tomasello), aus dem «Nach-Bilden» der Welt, aus der «Darstellung» (Bühler) und aus der Spezialisierung des kommunikativen oder expressiven Schreis auf die Darstellung der Welt (Semantik) entsteht menschliche Sprache, die sich auch noch durch eine ganz besondere strukturelle Eigenschaft (doppelte Artikulation) von den kommunikativ-expressiven Schreien der Tiere unterscheidet. Und schließlich wird diese universelle kognitiv-kommunikative artikulatorische Tätigkeit auf die verschiedensten Arten und Weisen realisiert, die der menschliche Geist erlaubt. Nicht weil es den Linguisten gefällt, sondern weil es der menschlichen Natur so gefällt, gibt es so viele Sprachen. Die Sprachlichkeit des Menschen enthält also notwendigerweise eine Spannung zwischen kognitivem Reichtum und kommunikativer Effizienz. Diese Spannung ist auszuhalten als *conditio humana* und nicht zugunsten der totalen Effizienz der Kommunikation aufzugeben.

8.5.2. Es ist kein Zufall, dass der gnadenlos «gerechte» Weg zur Einsprachigkeit von einem Philosophen gedacht wird. Bis auf eine minoritäre Strömung der Philosophie – die ungefähr mit den Namen

Leibniz, Herder, Humboldt, Nietzsche, Cassirer bezeichnet ist – haben die Philosophen, wie ich im dritten Kapitel gezeigt habe, die Sprache von Anfang an als kognitives Werkzeug scharf kritisiert. Und diese philosophische Sprachkritik hat sich innig mit der Bibel-Religion und ihrer Propaganda gegen die Vielfalt der Sprachen verbunden. Philosophie und Religion des Westens sind immer Feinde der Sprachen gewesen. Von diesem Erbe kann sich offensichtlich kaum ein Philosoph befreien. Deswegen werden sich Philosophen immer über die Reduzierung von sprachlicher Vielfalt freuen, die den vom Ur-Philosophen Platon festgestellten Wahnsinn des schlechten Abbildes der Welt auch noch multiplizierte. Diese Freude an sprachlicher Vereinheitlichung, an der Beseitigung wenigstens des einen – des kommunikativen – Hindernisses, ist ja auch nicht ganz unberechtigt. Aber dies ist eben nur die eine Seite der Medaille. Denn hinsichtlich der Sprache gilt das, was ich die Antinomie der sprachlichen Vernunft nenne. Diese besagt, dass Sprache einerseits ein Mittel zur Kommunikation ist, ein System von Zeichen, welches die Übertragung einer objektiven Information ermöglicht, und dass sie andererseits aber auch (und aus meiner Sicht: vor allem) eine kognitive und lautliche Form der Weltaneignung ist, die in ihrer je eigenen – geistigen und körperlichen – Gestalt ein kostbares Werk des menschlichen Geistes ist. Beide Aussagen über die Sprache treffen gleichermaßen zu, sie stehen aber in einem konfliktuellen Verhältnis zueinander. Die Antinomie ist als unauflösbar auszuhalten und nicht zugunsten einer der beiden Aussagen zu erledigen.

Den Weg in die Zeichenhaftigkeit der Sprache ist in der europäischen Sprachengeschichte die französische Sprachpolitik gegangen, die, wie wir gesehen haben, ein Kampf gegen sprachliche Vielfalt und für die «Universalisierung» des Französischen war und die darüber hinaus auch noch eine philosophische Sprachreform, eine «richtige», wissenschaftliche Sprache, anvisierte. Van Parijs gibt sich mit der «Universalisierung» des Globalesischen zufrieden. Die philosophische Reform des Globalesischen hat er nicht mehr im Programm. Aber daran arbeitet die gesamte analytische Philosophie, die nun im Medium der Einen Sprache ihre schönste Erfüllung findet. Einsprachigkeit vereinfacht ihr Geschäft erheblich, da sie nur noch eine Sprache zu «analysieren» hat und nicht mehr die Vielzahl der Sprachen der Welt.

Die Welt strahlt also an ihrem «gerechten» Ende einsprachig im erbarmungslosen Licht hellster Aufklärung, aus der es kein Entrinnen mehr in die Klänge und Semantiken anderer Sprachen gibt. Nur noch im unterdrückten Untergrund murmeln die Sprachen der Welt. Es wird schließlich weltweit so sein wie in der Bretagne heute: Dort hört man kaum jemals im alltäglichen Leben, beim Bäcker, in der Schule, auf der Post, Bretonisch. Diese Sprache ist in ihrem Land verklungen. Die neue Sprache des Paradieses – in diesem Fall Französisch – hat die alte Babelsprache verdrängt. Aber wenn beim Hochzeitsmahl, in der Nacht, alle betrunken sind, erschallen plötzlich noch die alten Lieder in der verklungenen Sprache. Das Gespenst der alten Sprache rumpelt also noch im Keller des kollektiven Unbewussten der Sprecher der Sprache des Neuen Paradieses, es kündet vom Verlust, von der großen Ungerechtigkeit des Verstummens der Sprachen. Und – van Parijs hat es richtig erkannt – im Akzent klingt dieses Unabgegoltene noch nach. Er ist die letzte Spur des Verlassenen, dessen sich die Nachgeborenen noch schämen.

ANHANG

ANMERKUNGEN

1. KAPITEL

1 Den von Ferguson (1959) eingeführten Terminus verwende ich hier in einem weiteren Sinn als Ferguson, bei dem es nur um High- und Low-Varietäten «derselben» Sprache ging.

2 Für eine andere Sprachauffassung vgl. zum Beispiel Trabant (2008a).

3 Genaueres hierzu siehe unten Kapitel 5.

4 Siehe unten Kapitel 2.

5 Sprachunterricht in den Regionalsprachen ist in Frankreich sehr zögerlich und sehr kleinlich erlaubt worden, vgl. Moliner (2010). Seit Kurzem aber hat die staatliche Sprachbehörde Frankreichs ihre Sorge um die Sprache auch auf die besiegten Regionalsprachen ausgedehnt, und die Regionalsprachen wurden 2008 sogar als schützenswertes kulturelles Erbe in die Verfassung aufgenommen.

6 Siehe Kapitel 4.3.

7 Zur neueren Diskussion dieses zentralen Humboldtschen Begriffs vgl. Underhill (2009 und 2011) und Trabant (2012a).

8 Im letzten Kapitel gehe ich näher auf die «linguistic justice» ein, die van Parijs (2011) durch die globale Ausbreitung des Englischen erreichen will.

9 Wie relativistisch und deterministisch Whorf selbst tatsächlich gewesen ist, ist einigermaßen umstritten.

10 Ich beziehe mich hier auf eine ganze Richtung der kognitiven Linguistik, die man «neo-whorfianisch» nennen kann.

11 Vgl. auch Evans (2010: 179): «The construals of the world that our languages make, whether with their grammars or their lexicons, do after all turn out to have a powerful influence on how we attend to and represent what is going on around us.»

12 Im nächsten Kapitel geht es um das europäische Tafelsilber, das damit verscherbelt wird.

2. KAPITEL

1   Dass allerdings nicht einmal der Sprachverkehr zwischen Brüssel und den Institutionen der Mitgliedsländer, hier dem Deutschen Bundestag, ordentlich funktioniert, haben Ammon und Kruse (2013) gezeigt. Das ist kein gutes Zeichen für den Umgang mit den Bürgern der Union.

2   Die Sprecherzahlen variieren leicht in der einschlägigen Literatur.

3   Siehe Kapitel 6.

4   Über diese Verbindung von Sprache und Nation siehe unten Kapitel 5.

5   Vgl. das Kapitel 10 über die «gebellte Sprache» in Trabant (2008a).

6   Siehe unten Kapitel 5.

7   Ich beziehe mich hier auf die berühmten «lieux de mémoire», die der französische Historiker Pierre Nora (1984–1992) für die französische Nation in einem monumentalen Werk versammelt hat. Wir werden uns in Europa der Tatsache bewusst, dass es auch Erinnerungsorte Europas gibt, vgl. den Boer u. a. (Hrsg. 2012). Die Sprachen sind ganz gewiss ein solcher.

8   Zur Geschichte des Lateinischen als Weltsprache vgl. Leonhardt (2009).

9   Ich glaube, es war Calvet (1974), der den Begriff der «Glottophagie», der Sprachenfresserei, in die sprachpolitische Diskussion eingebracht hat, damals in Bezug auf das Französische, das die anderen Sprachen in Frankreich vertilgt hat.

10   Siehe unten Kapitel 4.

3. KAPITEL

1   Weiteres zu Dante siehe Kapitel 7.3.

2   Inwiefern dies ein Ende der Sprache ist, erläutere ich in Kapitel 7.

3   Vgl. Trabant (2008a: Kap. 11).

4   De Swaan (2004: 575): «The more languages, the more English.»

4. KAPITEL

1   Zur Opposition von «Nähesprache» und «Distanzsprache» vgl. Koch/Oesterreicher (1985).

2   Vgl. Steiner (1975: 115 ff.).

5. KAPITEL

1   Diese idée reçue wird zum Beispiel von Fehrenbach (1986) wiederholt, die einfach den jakobinischen Diskurs über die Nation ausblendet.

2   Vgl. Bruebaker (1999).

3   Vgl. Naguschewski (2002).

4   Die Regionalsprachen fristen seitdem ein klägliches Leben in Frankreich,

auch wenn Bernard Cerquiglini (1999 und 2003) im Rahmen der Abkehr von der jakobinischen Vereinheitlichungspolitik heute nicht nur die oben erwähnten sieben, sondern stolze 75 Sprachen zählt.

5   Siehe oben Kapitel 1.5.

6   Die Parallele zur Argumentation des globalen Sprachkapitalismus ist auffällig, aber sie ist nicht wirklich überraschend: Der sprachphilosophische Aristotelismus ist die durch Philosophie und Religion tief verwurzelte europäische Basistheorie.

7   Diesen erhellenden Vergleich zwischen den griechischen Göttern und den Sprachen zieht Humboldt (IV: 33) in seiner ersten Akademie-Rede.

8   Vgl. Koselleck (1992).

9   Die Zahlen stammen von Sieyès (1789/1970: 147).

10 Vgl. Schlieben-Lange (1990).

11 Barères and Grégoires Reden über die sprachliche Revolution Frankreichs finden sich in de Certeau et al. (1975: 289–317), Domergues Aufruf in Busse (1992: 183–186).

12 Schulische und mediale Immersion sind auch die Wege, die die aktuelle Propaganda für die globalesische Vereinheitlichung vorschlägt, siehe Kapitel 8.

13 «Le fédéralisme et la superstition parlent bas-breton, l'émigration et la haine de la République parlent allemand, la contre-révolution parle l'italien, et le fanatisme parle le basque» (de Certeau et al. 1975: 295).

14 Diese Sprach-Revolution ist die Quelle des Politisch-Korrekten, das wir in seiner finstersten Version aus *1984* kennen, wo Newspeak nichts anderes ist als die von Vorurteilen gereinigte, «richtige» Sprache.

15 Dies waren die Motive der Sprachpflege der alten Akademie, siehe das nächste Kapitel.

16 Vgl. hierzu Pabst/Trabant (Hrsg. 2007).

17 Vgl. Steinfeld (2010).

18 http://www.dglf.culture.gouv.fr

6. KAPITEL

1   Vgl. Trabant (2008b).

2   Vgl. De Mauro (1983: 43).

3   Zu den italienischen Akademien und zur Crusca vgl. Buck (1977).

4   Vgl. Druon (1994).

5   Zur Geschichte der Académie française vgl. z. B. Caput (1986).

6   Vgl. Auerbach (1933).

7   Vgl. Trabant (2002: 23 ff.).

8   Vgl. Académie française (1694) und Corneille (1694/95).

9   Siehe oben Kap. 5.2.4.

10   Vgl. Tasker (1997).

11   Vgl. hierzu Blank (2001: 129 ff.).

7. KAPITEL

1   Vgl. Graddol (1997/2000 und 2004).

2   Diesen gibt es natürlich auch, wie z. B. in der Propagandaschrift des weniger feinfühligen Journalisten McCrum (2010).

3   Diese Ansicht vertritt jetzt besonders enthusiastisch van Parijs (2011), auf den ich im nächsten Kapitel eingehe.

4   Im zweiten Kapitel seines späteren Buchs über den Tod der Sprachen geht Crystal dann ausführlich der Frage nach, warum das Verschwinden von Sprachen nicht gleichgültig ist, vgl. Crystal (2000: 27–67).

5   http://sites.univ-provence.fr/veronis/Discours2007/transcript.php?n=Sarkozy&p=2007-03-09 (23.3.2013).

6   Erfunden hat es wohl Maurice Rat.

7   Vgl. Göttert (2010: 353, 370) und Eisenberg (2008).

8   Vgl. Limbach (2008).

9   Pressemitteilung von Ludwig Eichinger vom 7. Juni 2009. http://www1.ids-mannheim.de/aktuell/presse/pr090617.html.

10   Vgl. den Artikel von Thomas Gross in der FAZ vom 20.3.2013 über eine Tagung über «Sprachverfall?» am IDS im März 2013: «Amalia's Tochter mag schöne Auto's».

11   Vgl. zum Folgenden Trabant (2006: Kap. 2) und Trabant (2010).

12   Diesen tiefen Wandel des Sprachverhaltens und der damit verbundenen außer- oder parasprachlichen Kommunikationsformen, der *hexis* (Bourdieu 1982), berücsichtigen die Forschungen zu Kiez-Sprachen (z. B. Wiese 2012) so gut wie überhaupt nicht. Sie beziehen sich ausschließlich auf strukturelle linguistische Züge und bleiben damit an der Oberfläche dessen, was hier geschieht.

13   Ich bin mir durchaus der Tatsache bewusst, dass diese körperlichen Ausdrucksformen in der Jugendkultur zu höchster Artistik getrieben werden können – ein Hoffnungsschimmer.

8. KAPITEL

1   Vgl. Trabant (2012b).

2   Von diesem Prozess der symbolischen Erhöhung der dominierenden Sprache im Rahmen des Nationalstaats handelt Bourdieu (1982), den van Parijs merkwürdigerweise nicht heranzieht.

3   «Languages differ essentially in what they must convey and not in what they
     can convey» (Jakobson 1959/71: 264).
4   Vgl. Elberfeld (2012).

BIBLIOGRAPHIE

Académie française
    1694: *Le Dictionnaire de l'Académie française.* 2 Bde. Paris: Coignard.
    1798: *Dictionnaire de l'Académie Française. Cinquième édition.* Paris: Smits
    et Cie.

Ammon, Ulrich / Kruse, Jan
    2013: Does translation support multilingualism in the EU? Promises and
    reality – the example of German. In: *International Journal of Applied
    Linguistics* 23,1: 15–30.

Anderson, Benedict
    1983: *Imagined Communities: Reflections on the Origin and Spread of
    Nationalism.* London: Verso.

Aristoteles
    1554: Aristotelis *Stagiritae Organum, hoc est libri ad logicam attinentes,
    Boëthio Severino interprete, nuper ex optimis exemplaribus Graecis recogniti.*
    Venedig: Officina Erasmiana.
    1962: *The Categories. On Interpretation. Prior Analytics.* London: Heine-
    mann / Cambridge, Mass.: Harvard University Press (Loeb's Classics).
    1994: *Poetik.* Griechisch / Deutsch (Hrsg. Manfred Fuhrmann). Stuttgart:
    Reclam.
    1999: *Rhetorik* (Hrsg. Gernot Krapinger). Stuttgart: Reclam.

Auerbach, Erich
    (1933): La cour et la ville. In: *Vier Untersuchungen zur Geschichte der
    französischen Bildung.* Bern: Francke 1951: 12–50.

Augustinus
    1974: *Der Lehrer. De magistro* (Hrsg. Carl Johann Perl). [3]Paderborn:
    Schöningh.
    1984: *Confessiones. Bekenntnisse* (Hrsg. Joseph Bernhart). Darmstadt:
    Wissenschaftliche Buchgesellschaft.

Auroux, Sylvain

1995: *La révolution technologique de la grammatisation.* Liège: Mardaga.

Auroux, Sylvain (Hrsg.)

1989–2000: *Histoire des idées linguistiques.* 3 Bde. Liège: Mardaga.

Austin, John L.

1962: *How to do things with words.* London / Oxford / New York: Oxford University Press.

Bacon, Francis

(1620): *Neues Organon* (Hrsg. Wolfgang Krohn). Darmstadt: Wissenschaftliche Buchgesellschaft 1990.

Baum, Richard (Hrsg.)

1989: *Sprachkultur in Frankreich. Texte aus dem Wirkungsbereich der Académie française.* Bonn: Romanistischer Verlag.

Beccaria, Gian Luigi

2006: *Per difesa e per amore. La lingua italiana oggi.* Milano: Garzanti.

Bembo, Pietro

(1525): *Prose della volgar lingua. Gli Asolani. Rime* (Hrsg. Carlo Dionisotti). Milano: TEA 1989.

Benfey, Theodor

1969: *Geschichte der Sprachwissenschaft und orientalischen Philologie in Deutschland seit dem Anfange des 19. Jahrhunderts mit einem Rückblick auf die früheren Zeiten.* München: Cotta.

Blank, Andreas

2001: *Einführung in die lexikalische Semantik für Romanisten.* Tübingen: Niemeyer.

Bloomfield, Leonard

(1933): *Language.* [12]London: Allen & Unwin 1970.

Boer, Pim den / Duchhardt, Heinz / Kreis, Georg / Schmale, Wolfgang (Hrsg.)

2012: *Europäische Erinerungsorte.* 3 Bde. München: Oldenbourg.

Bopp, Franz

1816: *Über das Conjugationssystem der Sanskritsprache in Vergleichung mit jenem der griechischen, lateinischen, persischen und germanischen Sprache.* Frankfurt am Main: Andreä.

1833–52: *Vergleichende Grammatik des Sanskrit, Zend, Griechischen, Lateinischen, Litthauischen, Gothischen und Deutschen.* 6 Bde. Berlin: Dümmler.

Borsche, Tilman (Hrsg.)

1996: *Klassiker der Sprachphilosophie.* München: Beck.

Borst, Arno

1957–63: *Der Turmbau von Babel. Geschichte der Meinungen über Ursprung und Vielfalt der Sprachen und Völker.* 4 Bde. Stuttgart: Hiersemann.

Bourdieu, Pierre

1979: *La Distinction. Critique sociale du jugement.* Paris: Minuit.

1982: *Ce que parler veut dire: L'économie des échanges linguistiques.* Paris: Fayard.

Bruebaker, Rogers

1999: The Manichean Myth: Rethinking the Distinction between ‹Civic› and ‹Ethnic› Nationalism. In: Hanspeter Kriesi u. a. (Hrsg.): *Nation and National Identity. The European Experience in Perspective.* Zürich: Rüegger: 55–71.

Buck, August

1977: Die humanistischen Akademien in Italien. In: Hartmann / Vierhaus (Hrsg.): 5–19.

Bühler, Karl

(1934): *Sprachtheorie. Die Darstellungsfunktion der Sprache.* [3]Stuttgart: Lucius & Lucius 1999.

Busse, Winfried / Dougnac, Françoise

1992: *François-Urbain Domergue. Le grammairien patriote (1745–1810).* Tübingen: Narr.

Calvet, Louis-Jean

1974: *Linguistique et colonialisme. Petit traité de glottophagie.* Paris: Payot.

Caput, Jean-Pol

1986: *L'Académie française.* Paris: PUF (Que sais-je?).

Cassirer, Ernst

(1923–29): *Philosophie der symbolischen Formen.* 3 Bde. [6]Darmstadt: Wissenschaftliche Buchgesellschaft 1973.

Castiglione, Baldassar

(1528): *Il Libro del Cortegiano* (Hrsg. Amedeo Quondam). [8]Milano: Garzanti 1999.

Cerquiglini, Bernard

1999: *Les langues de la France. Rapport au Ministre de L'Education Nationale, de la Recherche et de la Technologie et à la Ministre de la Culture et de la Communication.* www.dglf.culture.gouv.fr

Cerquiglini, Bernard (Hrsg.)

2003: *Les langues de France.* Paris: PUF.

Certeau, Michel de / Julia, Dominique / Revel, Jacques
1975: *Une politique de la langue. La Révolution française et les patois.* Paris: Gallimard.
Chevalier, Jean-Claude
1994: *Histoire de la grammaire française.* Paris: PUF.
Chomsky, Noam
1966: *Cartesian Linguistics. A Chapter in the History of Rational Thought.* New York: Harper & Row.
1986: *Knowledge of Language: Its Nature, Origin, and Use.* New York: Praeger.
Christmann, Hans Helmut (Hrsg.)
1977: *Sprachwissenschaft des 19. Jahrhunderts.* Darmstadt: Wissenschaftliche Buchgesellschaft.
Cicero
1981: *De oratore. Über den Redner* (Hrsg. Harald Merklin). ²Stuttgart: Reclam.
Condillac, Etienne Bonnot de
(1746): *Essai sur l'origine des connaissances humaines* (Hrsg. Charles Porset). Auvers-sur-Oise: Galilée 1973.
Corneille, Thomas
1694/95: *Le Dictionnaire des Arts et des Sciences.* 2 Bde. Paris: Coignard (Nachdruck Genf: Slatkine 1968).
Coseriu, Eugenio
2003: *Geschichte der Sprachphilosophie.* ²Tübingen / Basel: Francke.
Crystal, David
1997: *English as a Global Language.* Cambridge: Cambridge Univ. Press.
2000: *Language Death.* Cambridge: Cambridge Univ. Press.
Curtius, Ernst Robert
1963: *Europäische Literatur und lateinisches Mittelalter.* ⁴Bern / München: Francke.

Dante Alighieri
1979: *De vulgari eloquentia.* In: Dante Alighieri: *Opere minori* II (Hrsg. Pier Vincenzo Mengaldo). Milano / Napoli: Ricciardi: 1–237.
1988: *Convivio.* In: Dante Alighieri, *Opere minori* I/2 (Hrsg. Cesare Vasoli / Domenico De Robertis). Milano / Napoli: Ricciardi.
Dascal, Marcelo u. a. (Hrsg.)
1992/96: *Sprachphilosophie. Ein internationales Handbuch zeitgenössischer Forschung.* 2 Bde. Berlin / New York: de Gruyter.

De Mauro, Tullio
   1983: *Storia linguistica dell'Italia unita.* [3]Bari: Laterza.
Derrida, Jacques
   1967: *De la grammatologie.* Paris: Minuit.
   1996: *Le monolinguisme de l'autre ou la prothèse d'origine.* Paris: Galilée.
Descartes, René
   (1637): *Discours de la méthode pour bien conduire sa raison et chercher la*
   vérité dans les sciences. In: Œuvres de Descartes (Hrsg. Charles Adam / Paul
   Tannery). Bd. VI. Paris: Garnier 1973: 1–78.
Deutscher, Guy
   2010: *Im Spiegel der Sprache.* München: Beck.
Druon, Maurice
   1994: *Lettre aux Français sur leur langue et leur âme.* Paris: Julliard.
Du Bellay, Joachim
   (1549): *La deffence et illustration de la langue francoyse* (Hrsg. Henri
   Chamard). Paris: Fontemoing 1904.
Dummett, Michael
   1992: *Ursprünge der analytischen Philosophie.* Frankfurt am Main: Suhrkamp.

Eisenberg, Peter
   2008: *Schweigt still, plaudert nicht. Der öffentliche Diskurs über die deutsche*
   Sprache (Rede anlässlich der Verleihung des Konrad-Duden-Preises am
   12.3.2008). Mannheim: Dudenverlag.
   2011: *Das Fremdwort im Deutschen.* Berlin / New York: de Gruyter.
Elberfeld, Rolf
   2012: *Sprache und Sprachen. Eine philosophische Grundorientierung.*
   Freiburg / München: Alber.
Encrevé, Pierre / Braudeau, Michel
   2007: *Conversations sur la langue française.* Paris: Gallimard.
Etiemble, René
   1964: *Parlez-vous franglais?* Paris: Gallimard.
Europäische Kommission
   2006: *Die Europäer und ihre Sprachen. Eurobarometer Spezial 243.*
   http://ec.europa.eu/education/languages/pdf/doc631_de.pdf
   2012: *Die europäischen Bürger und ihre Sprachen. Spezial Eurobarometer*
   386. http://ec.europa.eu/public_opinion/archives/ebs/ebs_386_de.pdf
Evans, Nicholas
   2010: *Dying Words. Endangered Languages and What They Have to Tell Us.*
   Chichester: Wiley-Blackwell.

Faret, Nicolas

(1630): *L'honnete homme ou l'art de plaire à la Cour* (Hrsg. Maurice Magendie). Genève: Slatkine 1970.

1983: *Projet de l'Académie pour servir de Préface à ses Statuts* (Hrsg. Jean Rousselet). Saint-Etienne: Université de Saint-Etienne.

Fehrenbach, Elisabeth

1986: Nation. In: Rolf Reichardt / Eberhard Schmitt (Hrsg.): *Handbuch politisch-sozialer Grundbegriffe in Frankreich 1680–1820.* Heft 7. München: Oldenbourg: 75–107.

Ferguson, Charles A.

1959: Diglossia. In: *Word* 15: 325–340.

Formigari, Lia

2001: *Il linguaggio. Storia delle teorie.* Roma / Bari: Laterza.

Foucault, Michel

1966: *Les mots et les choses. Une archéologie des sciences humaines.* Paris: Gallimard.

François, Etienne

2010: Sind Vergebung und Vergessen politische Kategorien? (Vortrag vor der Geisteswissenschaftlichen Klasse der Berlin-Brandenburgischen Akademie der Wissenschaften am 15. April 2010).

Frege, Gottlob

1879: *Begriffsschrift.* Halle: Nebert.

1994: *Funktion, Begriff, Bedeutung. Fünf logische Studien* (Hrsg. Günther Patzig). [7]Göttingen: Vandenhoeck & Ruprecht.

Fuhrmann, Manfred

1995: *Die antike Rhetorik.* [4]Zürich: Artemis & Winkler.

Furetière, Antoine

1690: *Dictionnaire universel.* 3 Bde. La Haye / Rotterdam (Nachdruck Paris: Le Robert 1978).

Gardt, Andreas

1999: *Geschichte der Sprachwissenschaft in Deutschland. Vom Mittelalter bis ins 20. Jahrhundert.* Berlin / New York: de Gruyter.

Gardt, Andreas (Hrsg.)

2000: *Nation und Sprache. Die Diskussion ihres Verhältnisses in Geschichte und Gegenwart.* Berlin / New York: de Gruyter.

Geier, Manfred

1992: *Der Wiener Kreis.* Reinbek bei Hamburg: Rowohlt.

Gellner, Ernest

1997: *Nationalism*. London: Weidenfeld & Nicholson.

Gerhards, Jürgen

2010: *Mehrsprachigkeit im vereinten Europa. Transnationales sprachliches Kapital als Ressource in einer globalisierten Welt.* Wiesbaden: VS Verlag.

Gesner, Conrad

1555: *Mithridates. De differentiis linguarum tum veterum tum quae hodie apud diuersas nationes in toto orbe terrarum in usu sunt.* Zürich: Froschauer.

Gessinger, Joachim / Rahden, Wolfert von (Hrsg.)

1989: *Theorien vom Ursprung der Sprache.* 2 Bde. Berlin / New York: de Gruyter.

Göttert, Karl-Heinz

2010: *Deutsch. Biografie einer Sprache.* Berlin: Ullstein.

Graddol, David

1997/2000: *The Future of English?* British Council.

2004: The Future of Language. In: *Science* 303 (27. Februar 2004).

Grimm, Jacob

1822–37: *Deutsche Grammatik.* 4 Bde. Göttingen: Dieterich.

Haarmann, Harald

1975: *Soziologie und Politik der Sprachen Europas.* München: Deutscher Taschenbuchverlag.

1993: *Die Sprachenwelt Europas. Geschichte und Zukunft der Sprachnationen zwischen Atlantik und Ural.* Darmstadt: Wissenschaftliche Buchgesellschaft.

Habermas. Jürgen

1981: *Theorie des kommunikativen Handelns.* 2 Bde. Frankfurt am Main: Suhrkamp.

2008: *Ach, Europa.* Frankfurt am Main: Suhrkamp.

Hagège, Claude

1992: *Le souffle de la langue. Voies et destins des parlers d'Europe.* Paris: Odile Jacob.

Hartmann, Fritz / Vierhaus, Rudolf (Hrsg.)

1977: *Der Akademiegedanke im 17. und 18. Jahrhundert.* Bremen / Wolfenbüttel: Jacobi.

Haspelmath, Martin

2001: The European Linguistic Area: Standard Average European. In:

Martin Haspelmath u. a. (Hrsg.): *Language Typology and Language Universals*. Bd. 1. Berlin: de Gruyter: 1492–1510.

Haspelmath, Martin u. a. (Hrsg.)
2005: *The World Atlas of Language Structures*. Oxford: Oxford Univ. Press.

Hegel, Georg Wilhelm Friedrich
1986: *Werke*. Bd. 4: *Nürnberger und Heidelberger Schriften: 1808–1817* (Hrsg. Eva Moldenhauer / Karl Markus Michel). Frankfurt am Main: Suhrkamp.

Heidegger, Martin
1959: *Unterwegs zur Sprache*. Pfullingen: Neske.

Heine, Bernd / Kuteva, Tania
2006: *The Changing Languages of Europe*. New York / Oxford: Oxford Univ. Press.

Hennigfeld, Jochem
1982: *Die Sprachphilosophie des 20. Jahrhunderts. Grundpositionen und -probleme*. Berlin / New York: de Gruyter.

Herder, Johann Gottfried
(1772): *Abhandlung über den Ursprung der Sprache* (Hrsg. Wolfgang Proß). München: Hanser 1978.

Hinrichs, Uwe (Hrsg.)
2010: *Handbuch der Eurolinguistik*. Wiesbaden: Harassowitz.

Hjelmslev, Louis
1928: *Principes de grammaire générale*. Kopenhagen: Høst & Søn.
1963: *Prolegomena to a Theory of Language*. ²Madison, Wisc.: University of Wisconsin Press.

Humboldt, Alexander von
1814–25: *Relation historique du voyage aux régions équinoxiales du Nouveau Continent*. 3 Bde. Paris: Dufour (Nachdruck Stuttgart: Brockhaus 1970).

Humboldt, Wilhelm von
1836–39: *Über die Kawi-Sprache auf der Insel Java*. 3 Bde. Berlin: Druckerei der Königl. Akademie.
1903–36: *Gesammelte Schriften*. 17 Bde. (Hrsg. Albert Leitzmann u. a.). Berlin: Behr. (Nachdruck: Berlin: de Gruyter 1967).
1994: *Über die Sprache* (Hrsg. Jürgen Trabant). Tübingen / Basel: Francke.

Jakobson, Roman
(1959): On Linguistic Aspects of Translation. In: *Selected Writings* II. Den Haag / Paris: Mouton 1971: 260–266.

Janich, Nina / Greule, Albrecht (Hrsg.)

2002: *Sprachkulturen in Europa. Ein internationales Handbuch.* Tübingen: Narr.

Joseph, John E.

2006: *Language and Politics.* Edinburgh: Edinburgh Univ. Press.

Jostes, Brigitte

2009: Einsprachigkeit – Skizze eines unpopulären Forschungsprogramms. In: Markus Messling / Ute Tintemann (Hrsg.): *Der Mensch ist nur Mensch durch Sprache. Zur Sprachlichkeit des Menschen.* München: Fink: 183–202.

Judet de la Combe, Pierre / Wismann, Heinz

2004: *L'avenir des langues. Repenser les Humanités.* Paris: Cerf.

Koch, Peter / Oesterreicher, Wulf

1985: Sprache der Nähe – Sprache der Distanz. Mündlichkeit und Schriftlichkeit im Spannungsfeld von Sprachtheorie und Sprachgeschichte. In: *Romanistisches Jahrbuch* 36: 15–43.

Koselleck, Reinhart

1992: Volk, Nation, Nationalismus, Masse. In: Otto Brunner / Werner Conze / Reinhart Koselleck (Hrsg.): *Geschichtliche Grundbegriffe.* Bd. 7. Stuttgart: Klett-Cotta: 141–431.

Leibniz, Gottfried Wilhelm

(1765): *Nouveaux essais sur l'entendement humain* (Hrsg. Jacques Brunschwig). Paris: Garnier-Flammarion 1966.

Leonhardt, Jürgen

2009: *Latein. Geschichte einer Weltsprache.* München: Beck.

Limbach, Jutta

2008: *Hat Deutsch eine Zukunft? Unsere Sprache in der globalisierten Welt.* München: Beck.

Locke, John

(1690): *An Essay Concerning Human Understanding.* 2 Bde. (Hrsg. John W. Yolton). London: Dent / New York: Dutton 1971–74.

Maalouf, Amin

2008: *Eine lohnende Herausforderung. Wie die Mehrsprachigkeit zur Konsolidierung Europas beitragen kann.* Brüssel: Europäische Kommission. http://ec.europa.eu/languages/documents/report_de.pdf

Marx, Karl / Engels, Friedrich

(1848): *Manifest der Kommunistischen Partei.* In: *Werke.* Bd. 4. Berlin: Dietz 1972: 459–493.

McCrum, Robert

2010: *Globish. How the English Language Became the World's Language*. New York / London: Norton.

Meier-Brügger, Michael

2010: *Indogermanische Sprachwissenschaft*. [9]Berlin: de Gruyter.

Meigret, Louis

(1550) *Le Traité de la Grammaire Française* (Hrsg. Franz Josef Hausmann). Tübingen: Narr 1980.

Mercier, Pascal

1997: *Perlmanns Schweigen*. München: btb Verlag.

Merlin-Kajman, Hélène

2003: *La langue est-elle fasciste? Langue, pouvoir, enseignement*. Paris: Seuil.

Messling, Markus / Ette, Ottmar (Hrsg.)

(2012) *Wort Macht Stamm. Rassismus und Determinismus in der Philologie (18./19. Jh.)*. München: Fink.

Moliner, Olivier

2010: *Frankreichs Regionalsprachen im Parlament. Von der Pétition pour les langues provinciales 1870 zur Loi Deixonne 1951*. Wien: Praesens.

Naguschewski, Dirk

2002: La Loi 118 du 2 Thermidor, l'an II de la République française. Zur Bedeutung und Rezeption eines Sprachgesetzes. In: *Zeitschrift für Romanische Philologie* 118: 31–46.

Nebrija, Antonio de

(1492): *Gramática de la lengua castellana* (Hrsg. Antonio Quilis). Madrid: Editora Nacional 1980.

Nietzsche, Friedrich

1988: *Sämtliche Werke. Kritische Studienausgabe* (Hrsg. Giorgio Colli / Mazzino Montinari). 15 Bde. [2]München / Berlin / New York: Deutscher Taschenbuch Verlag.

Nora, Pierre (Hrsg.)

1984–92: *Les lieux de mémoire*. Paris: L'Harmattan.

Pabst, Ilona / Trabant, Jürgen (Hrsg.)

Corpus de la Grammaire générale dans les Écoles centrales (1795–1802). http:// www.geisteswissenschaften.fu-berlin.de/v/grammaire_generale/index.html

Palsgrave, John

1530: *Lesclarcissement de la langue francoyse*. London: Johan Haukyns.

Parijs, Philipp van
2011: *Linguistic Justice for Europe and for the World*. Oxford: Oxford Univ. Press.

Pinborg, Jan
1967: *Die Entwicklung der Sprachtheorie im Mittelalter*. Münster/Westf.: Aschendorff.

Pinker, Steven
1994: *The Language Instinct. The New Science of Language and Mind*. New York: Morrow.

Platon
1974: *Werke in acht Bänden. Griechisch und deutsch* (Hrsg. Günther Eigler). Darmstadt: Wissenschaftliche Buchgesellschaft.

Port-Royal (Arnauld, Antoine / Lancelot, Claude)
(1666): *Grammaire générale et raisonnée*. Nachdruck Paris: Faulet 1969.

Quemada, Bernard (Hrsg.)
1997: *Les préfaces du Dictionnaire de l'Académie française*. Paris: Champion.

Rawls, John
1971: *A Theory of Justice*. Cambridge: Cambridge Univ. Press.

Renan, Ernest
(1882): Qu'est-ce qu'une nation? In: *Discours et conférences*. Paris: Calmann Lévy 1887: 277–310.

Rosier-Catach, Irène
2004: *La parole efficace. Signe, rituel, sacré*. Paris: Seuil.

Saussure, Ferdinand de
(1916): *Cours de linguistique générale* (Hrsg. Tullio De Mauro). Paris: Payot 1975.

Schirrmacher, Frank
2013: *Ego. Das Spiel des Lebens*. München: Karl Blessing.

Schlegel, Friedrich
1808: *Über die Sprache und Weisheit der Indier. Ein Beitrag zur Begründung der Alterthumskunde*. Heidelberg: Mohr und Zimmer (Nachdruck Amsterdam: Benjamins 1977).

Schleicher, August
(1861): *Compendium der vergleichenden Grammatik der indogermanischen Sprachen*. [4]Weimar: Böhlau 1876.

Schlieben-Lange, Brigitte

(1990): Sprachpolitik der Französischen Revolution – Uniformierung in Zeit, Raum und Gesellschaft. Jetzt in: *Kleine Schriften*. Tübingen: Narr 2010: 119–140.

Searle, John R.

1969: *Speech Acts. An Essay in the Philosophy of Language*. Cambridge: Cambridge Univ. Press.

Sieyès, Emmanuel

(1789): *Qu'est-ce que le Tiers état?* (Hrsg. Roberto Zapperi). Genf: Droz 1970.

Siguan, Miquel

2001: *Die Sprachen im vereinten Europa*. Tübingen: Stauffenburg.

Speroni, Sperone

(1542): *Dialogo delle lingue*. In: Mario Pozzi (Hrsg.): *Discussioni linguistiche del Cinquecento*. Turin: UTET: 279–335.

Stackelberg, Jürgen

1977: *Die Académie française*. In: Hartmann / Vierhaus (Hrsg. 1977): 27–46.

Steiner, George:

1975: *After Babel. Aspects of Language and Translation*. Oxford: Oxford Univ. Press.

Steinfeld, Thomas

2010: *Die Sprachverführer. Die deutsche Sprache: was sie ist, was sie kann*. München: Hanser.

Steinthal, Heymann

1863: *Geschichte der Sprachwissenschaft bei den Griechen und Römern mit besonderer Rücksicht auf die Logik*. Berlin: Dümmler.

Swaan, Abram de

2004: Endangered languages, sociolinguistics, and linguistic sentimentalism. In: *European Review* 12: 567–580.

Swiggers, Pierre

1997: *Histoire de la pensée linguistique*. Paris: Presses Universitaires de France.

Tasker, Liliane

1997: Cinquième édition 1798. Discours préliminaire et pièces annexes. Introduction et notes. In: Quemada (Hrsg.): 217–307.

Therborn, Göran

2011: *The World. A Beginner's Guide*. Cambridge: Polity.

Tomasello, Michael

2002: *Die kulturelle Entwicklung des menschlichen Denkens. Zur Evolution der Kognition.* Frankfurt am Main: Suhrkamp.

2008: *Origins of Human Communication.* Cambridge, London: MIT Press.

Trabant, Jürgen

1986: *Apeliotes oder Der Sinn der Sprache. Wilhelm von Humboldts Sprach-Bild.* München: Fink.

1990: *Traditionen Humboldts.* Frankfurt am Main: Suhrkamp.

2002: *Der Gallische Herkules. Über Sprache und Politik in Frankreich und Deutschland.* Tübingen / Basel: Francke.

2003: *Mithridates im Paradies. Kleine Geschichte des Sprachdenkens.* München: Beck.

2006: *Europäisches Sprachdenken. Von Platon bis Wittgenstein.* München: Beck.

2006: Langue et Révolution. http://www.sens-texte-histoire.paris-sorbonne.fr

2008a: *Was ist Sprache?* München: Beck.

2008b: Excellentissimi, dignissima, in cantionibus: Über Dantes Welt-Sprache der Poesie. In: Peter von Moos (Hrsg.): *Zwischen Babel und Pfingsten. Sprachdifferenzen und Gesprächsverständigung in der Vormoderne (8.–16. Jahrhundert).* Münster: LIT: 205–221.

2010: Millena variatio: Overcoming the Horror of Variation. In: Sara Fortuna / Manuele Gragnolati / Jürgen Trabant (Hrsg.): *Dante's Plurilingualism. Authority, Knowledge, Subjectivity.* London: Legenda: 24–33.

2012a: *Weltansichten. Wilhelm von Humboldts Sprachprojekt.* München: Beck.

2012b: Über die Lingua franca der Wissenschaft. In: Heinrich Oberreuter / Wilhelm Krull / Hans Joachim Meyer / Konrad Ehlich (Hrsg.): *Deutsch in der Wissenschaft. Ein politischer und wissenschaftlicher Diskurs.* München: Olzog: 101–107.

Underhill, James W.

2009: *Humboldt, Worldview and Language.* Edinburgh: Edinburg Univ. Press.

2011: *Creating Worldviews. Metaphor, Ideology and Language.* Edinburgh: Edinburgh Univ. Press.

Valla, Laurentius

1540: *Laurentii Vallae Elegantiarum latinae linguae libri sex.* Lugduni apud Seb. Gryphium.

Vaugelas, Claude Favre de

    (1647): *Remarques sur la langue française.* Paris: Ivrea 1996.

Vico, Giambattista

    1744: *Principj di Scienza Nuova di Giambattista Vico d'intorno alla comune natura delle nazioni.* Napoli: Stamperia Muziana.

    1990: *Opere.* 2 Bde. (Hrsg. Andrea Battistini). Milano: Arnoldo Mondadori.

Whorf, Benjamin Lee

    1956: *Language, Thought, and Reality.* Cambridge, Mass.: MIT Press.

Wiese, Heike

    2012: *Kiezdeutsch. Ein neuer Dialekt entsteht.* München: Beck.

Wittgenstein, Ludwig

    (1921): *Tractatus logico-philosophicus.* Frankfurt am Main: Suhrkamp 1963.

    (1953): *Philosophische Untersuchungen.* Frankfurt am Main: Suhrkamp 1971.

Wolf, Lothar (Hrsg.)

    1969: *Texte und Dokumente zur französischen Sprachgeschichte. 16. Jahrhundert.* Tübingen: Niemeyer.

NACHWEISE

Erste Fassungen der Kapitel 2, 3, und 6 des vorliegenden Buches sind an folgenden Stellen erschienen:

Kap. 2:

Sprachenvielfalt. In: Pim den Boer / Heinz Duchhardt / Georg Kreis / Wolfgang Schmale (Hrsg.): *Europäische Erinnerungsorte 1. Mythen und Grundbegriffe des europäischen Selbstverständnisses*. München: Oldenbourg 2012: 257–271.

Kap. 3:

Europäisches Sprachdenken. In: Uwe Hinrichs (Hrsg.): *Handbuch der Eurolinguistik*. Wiesbaden: Harassowitz 2010: 881–898.

Kap. 6:

Akademie und Nationalsprache. In: Volker Selling (Hrsg.): *Das Europa der Akademien*. Heidelberg: Winter 2010: 43–75.

Karte auf S. 44:

Wikimedia Commons, auf der Basis eines Entwurfs von Urion Argador.

NAMENREGISTER

Sprache und Sprachwissenschaft

Uwe Hinrichs
Multi Kulti Deutsch
Wie Migration die deutsche Sprache verändert
2013. 294 Seiten mit 6 Karten. Klappenbroschur
Beck'sche Reihe Band 6106

Heike Wiese
Kiezdeutsch
Ein neuer Dialekt entsteht
2., durchgesehene Auflage. 2012. 280 Seiten mit 18 Abbildungen. Paperback
Beck'sche Reihe Band 6034

Hans Ulrich Schmid
Bairisch
Das Wichtigste in Kürze
2012. 255 Seiten mit 10 Abbildungen. Paperback
Beck'sche Reihe Band 6067

Guy Deutscher
Im Spiegel der Sprache
Warum die Welt in anderen Sprachen anders aussieht
Aus dem Englischen von Martin Pfeiffer
5. Auflage. 2013. 320 Seiten mit 14 Abbildungen und 8 Seiten Farbteil. Gebunden

Guy Deutscher
Du Jane, ich Goethe
Eine Geschichte der Sprache
Aus dem Englischen von Martin Pfeiffer
2008. 381 Seiten. Gebunden

Verlag C.H.Beck München